Friedrich Schorlemmer

Lass es gut sein

Ermutigung
zu einem gelingenden Leben

Aufbau-Verlag

ISBN 978-3-351-02646-2

Aufbau ist eine Marke der Aufbau Verlagsgruppe GmbH

1. Auflage 2007
© Aufbau Verlagsgruppe GmbH, Berlin 2007
Einbandgestaltung Andreas Heilmann, Hamburg
Druck und Binden Pustet, Regensburg
Printed in Germany

www.aufbau-verlag.de

Inhalt

Lass es gut sein 9

FREIHEIT ohne Grenzen ist Willkür

Freiheit und Brot 15
Die Moral des Marktes 17
Moderne Almosen: Hartz IV 21
Nicht resignieren – protestieren! 32
Arbeit los – Brot los – Sinn los 37
Der in sich reiche Mensch 39
Durch freies Wachstum in die Wüste 43
Aus der Wüste in die Freiheit 49

Demokratie braucht VERTRAUEN und PARTIZIPATION

Einen Staat machen 51
Alles Lug und Trug? Das Vertrauen in die Demokratie ... 55
Agenten im Dienst der Demokratie 63
Von Niedergang und Notwendigkeit der Bürgerbewegung 66
Widerspruch wagen 71
Schnauze voll! Wahlverweigerung in der Demokratie 78

Zusammenleben gelingt durch SOLIDARITÄT

Das glücklichste Volk der Welt 83
Wie Gräben ausgehoben wurden 85
Verstehen, was uns trennt 94

Mit der Vergangenheit leben – Wandlungen zutrauen 99
Mit enttäuschten Hoffnungen umgehen 105
Trümmer der Vergangenheit? Bausteine für die Zukunft! . 110
Sucht, was eint: Symbole der Solidarität 118
Solidarisches Handeln im Angesicht der Flut 122
Naturkatastrophen und globale Solidarität 127
Mit Verlierern umgehen 131

Ohne FRIEDEN ist alles nichts

Haben Sie Feinde? 133
Kain und Abel in mir (an)erkennen 135
Freund oder Feind – Hass macht alle blind 138
Tapferkeit vor dem Freund 143
Dem Hass widerstehen – Frieden machen 145
Zeichen setzen 1: Umschmieden und umdenken 150
Zeichen setzen 2: Eine Kirche des Friedens 152
Die Logik des Friedens 154
Soldatsein als Gefährdung unseres Menschseins 157
Der Krieg gegen den Terror als Gefährdung unserer Gesellschaft 160

Dass ein gutes DEUTSCHLAND blühe

Nach-Sicht und Weit-Blick 165
Lieb dein Land 166
Mein schönstes deutsches Wort 172
Christlicher Patriotismus 173
Niederlage – Befreiung – Neubeginn 176
Respekt gegenüber anderen Kulturen 186
Toleranz üben 189

WERTE finden, SINN entdecken, MUT gewinnen

Was mir etwas wert ist 198
Den Rhythmus des Lebens wiederentdecken 199
Fastenkult in der Übersättigungsgesellschaft 204
Scham als Sensorium des Gewissens 207
Mose und die Sorge für die Alten 210
Leben lassen und sterben lassen 213
Keine Angst vor der Angst 217
Nimm dich wichtig 233
Dankbar leben – glücklich werden 236

Der künftigen Generation ins Stammbuch geschrieben 243

Lass es gut sein

»Let it be, let it be …« – wer hat diese Zeile aus dem berühmten Beatles-Song nicht schon als befreienden Seufzer mitgesungen – und dabei auf seine ganz eigene Lebenslage übertragen?! Seit über vier Jahrzehnten begleitet der Paul-McCartney-Song die ganze Welt, die Generationen und Lebenskulturen verbindend.

Das ist ja keineswegs ein resignativer Gestus nach dem melancholischen Refrain »Lass es, es hat doch keinen Zweck«, sondern es bedeutet »Ach, lass getrost geschehen, was will.« Lass ab, steigere dich nicht in etwas hinein, hör' auf, lass es gut sein. Bewahre dich davor, dich heillos zu verrennen. Gewinne eine durch Selbstironie angereicherte Distanz zu dir selbst, zu deinem Konfliktpartner oder zu dem dir unlösbar erscheinenden Problem, das dich belastet oder niederschmettert. Vertrau darauf, dass es schließlich gut werden kann.

Solch eine einfache Lebensmaxime vermag einen Rasenden zu besänftigen. Denn hinter jeder Tür eines Recht-Habenden lauert ein Michael Kohlhaas. Solch eine Redewendung ist so einfach wie doppelbödig – ein wohlmeinender Rat und ein Angebot zum Frieden im Streit. Das ist ein Ruf zur Gelassenheit: »Komm, lass es jetzt ruhen.« Das kann im guten Sinne beschwichtigen, kann am Eingang einer Sackgasse warnen und vor Schlimmerem rechtzeitig bewahren.

Wer spürt, dass er deshalb nicht aufgibt und schon gar nicht sich selbst aufgibt, erlebt sein Abstandgewinnen als etwas Bestärkendes, als einen Akt gewonnener Souveränität.

Lass es gut sein, tu du selbst Gutes, meine es gut, und lass das den anderen spüren. Und sei darauf aus, dass ihr beide es gut habt. Das verbindet doch alle Streitenden letztendlich.

– Wer will es nicht gern gut haben und einfach von allem Bedrückenden einmal absehen.
– Wer will nicht gut sein – gar besser als die anderen.
– Wer tut nicht gern Gutes und will, dass es von anderen gesehen wird.
– Wer will nicht Gutes erfahren, da die Welt so voll von niederdrückenden Nachrichten ist. Und wer will nicht gern Gutes (über sich) hören, und wer weiß nicht, wie schwer es oft ist, für einen anderen ein gutes Wort einzulegen, wo alle sich über »den Schuft« einig sind. Und wie gut tut es, nicht nachträglich wegen seines feigen Schweigens ein schlechtes Gewissen zu haben.

Eine auf den ersten Blick sehr einleuchtende Zeile Erich Kästners wird ständig als der Weisheit letzter Schluss zitiert: »Es gibt nichts Gutes: Außer man tut es!« Das hört sich gut an, ist aber nur die halbe Wahrheit. Wenn es nichts Gutes gibt oder wenn man nicht weiß, was das Gute ist, kann man es auch nicht tun. An dem, was wir für das Gute halten, wird unser praktisches Verhalten gemessen. Das Gute ist stets mehr, als wir tun oder zu tun vermögen, weil alles menschliche Handeln ambivalent bleibt und bestenfalls am Guten teilhat.

Die »goldene Regel« kann als allgemeinste (die Religionen und Kulturen übergreifende) Maxime für das Gute gelten:

> Alles, was ihr wollt,
> daß euch die Leute tun sollen,
> das tut ihnen auch.
> (Matthäus 7,12)

Wir leben in einer unübersichtlichen, von permanenter Informations- und Reizflut überrollten Welt, in der jedem suggeriert wird, er wisse alles Wichtige und hätte teil am Leben. Zugleich erfährt sich der Einzelne oft als nichtig, überflüssig und ohnmächtig. Die meisten interessieren sich überhaupt nicht für die Frage, was »wichtig« ist, sie führen ihr Leben, als ob es nicht vom Ganzen abhängig wäre.

Wir leben in einer Welt, die den »flexiblen Menschen« fordert, den überall einsatzbereiten, »funktionierenden« Menschentyp.

Flexibilität (als ein Tarnwort für Biegsamkeit und Beugsamkeit) erfordert ein feines Gespür für jedes Drehen des Windes.

Was wollen wir, was sollen wir, was können wir in dieser uns vorgegebenen und vom Menschen in einem jahrtausendelangen Prozess umgestalteten Welt tun? *Woher* soll der Einzelne wissen, was er sein muss, um ein Mensch zu sein? Ist Menschsein eine zu erfüllende Aufgabe und nicht bloß etwas Vorgegebenes? Diese beiden Fragen gehören zu den Herausforderungen für jede Generation. Die Grundfrage ist, wie unser bloß instrumenteller Verstand zur (Über-)Lebensvernunft kommt?

»Die höchste Angelegenheit des Menschen ist, wie der Mensch seine Stellung in der Schöpfung gehörig erfülle und wisse, was man sein muß, um ein Mensch zu sein«, sagt Immanuel Kant. Der Mensch habe den Mut aufzubringen, sich seines eigenen Verstandes ohne Anleitung eines anderen zu bedienen. So hatte der Königsberger Philosoph die Frage »Was ist Aufklärung?« selber beantwortet.

Voraussetzung für gelebte »Aufklärung« ist das so bescheidene wie anspruchsvolle, das so selbstkritische wie selbstgewisse, das so in-sich-gekehrte wie der Welt in praktischer Vernunft zugewandte Individuum.

Der Einzelne bedarf eines gesellschaftlichen Leibes, also auch der Institutionen, in denen unsere Verantwortung für das Ganze wie für uns selbst gleichermaßen gefordert wird. Freiheitssinn mit Gemeinsinn zu verknüpfen, das bleibt eine Grundvoraussetzung gedeihlichen Zusammenlebens. Selbstverwirklichung ohne Bezug zur Gemeinschaft produziert Selbstdurchsetzung in einer Ellbogengesellschaft.

»Was hülfe es dem Menschen, wenn er die ganze Welt gewönne und nähme doch Schaden an seiner Seele«, diese Botschaft Jesu mahnt alle, die materiellen Gewinn mit Lebensglück, Lebenssinn, Lebenserfüllung verwechseln. Leo Tolstoi hat dazu eine eindrückliche Parabelgeschichte geschrieben. »Wieviel Erde braucht der Mensch?« – schließlich so viel, wie man braucht, um ihn hineinzulegen.

Die Verführbarkeit durch materielle Glücksversprechen hat Menschen stets davon abgehalten, sich mit sich selbst zu beschäftigen, den Reichtum zu entfalten, der sie selber sind. Wer nur nach Gewinn fragt, den kümmern (Neben-)Folgen seines Tuns wenig.

Demgegenüber gilt es – in unserer Zeit noch dringlicher als früher –, diejenigen Lebenswerte herauszufiltern, die ein Leben wert-voll machen.

Wer sich dabei die Kulturgeschichte vergegenwärtigt, nach geistigen Ursprüngen fragt, soziale, politische bzw. nationalistische und religiöse Interessenkonstellationen überprüft und in allem nach den zu beherzigenden Lehren aus menschlicher Geschichte fragt, ist nicht rückwärtsgewandt – sofern er versucht, das aufzuheben, was an bewährten Lebensweisheiten, Lebenswerten und Lebensaufgaben überliefert ist.

Wir sind als vergängliche Menschen lebensfrohe und todesbewusste Wesen, die das Glück gerade wegen seiner Vergänglichkeit erfahren können. Glück scheint auf im Genießen wie im Sich-Freimachen von den Dingen der Welt. Freiwilliges Maßhalten und bewusste Askese, also der freiwillige Akt, auf vieles zu verzichten, was möglich oder angenehm ist, ist keine Forderung von griesgrämigen Sinnenverächtern, sondern Ausdruck innerer Freiheit, die äußere Bewährung sucht – mit Willenskraft und Geduld.

Der autonome, der freie Mensch ist zugleich der auf den anderen Menschen und dessen Glück bezogene Mensch. Glück haben wir nie nur für uns selber.

> Das ist gut
> Keinen verderben lassen,
> auch sich nicht
> Jeden mit Glück erfüllen,
> auch sich
> das ist gut.
> (Bertolt Brecht)

Freiheit ist ebenso an Verantwortung gekoppelt, wie der Einzelne an das Leben in der Gemeinschaft gebunden ist.

Bloße Freiheit führt zu Selbstbezogenheit und Willkür; bloße Verantwortung zu »Gesetz« und außenbestimmtem Gehorsam. Bloße Betonung des Individuums würde Egoismus bedeuten, bloße Betonung der Gemeinschaft Verlust des ganz Individuellen. Wer sich mit anderen zusammen bildet, bindet sich zugleich an die anderen – als ein Freier, der sich dessen bewusst bleibt, dass er seine Freiheit anderen verdankt, die ihm Entfaltungsfreiheit lassen.

Geben-Können ist genauso zu lernen wie das Nehmen-Können.

Aber dem ethischen Dilemma entgehen wir auch mit der schönsten Maxime nicht. Was ich zum Beispiel dem einen zuwende, entziehe ich dem anderen, obwohl beide meines Einsatzes bedurft hätten. Oder: oft spüre ich, dass all mein Tun und Lassen »falsch« ist – und trotzdem versuche ich, wenigstens das mir besser Erscheinende zu tun, die Schere zwischen Wollen und Vollbringen nicht verschweigend. Manche schmerzliche Maßnahme ist nötig, wird aber erst in längerer oder späterer Perspektive als etwas Förderliches erfahren. Und was ist, wenn die Mehrheit der Leute etwas für gut hält, was nur (gruppen-)egoistisch, inhuman oder letztlich für alle zerstörerisch ist? Schließlich reicht heute eine nur am Menschen und seinen (kurzfristigen) Bedürfnisse orientierte Ethik nicht mehr aus – Ethik muss das Eigenrecht der Natur sowie deren längerfristige Regenerationsfähigkeit umfassen. Auch zum Nutzen der Menschen.

Und das Unlösbare wird nicht dadurch besser, dass du dir daran die Zähne ausbeißt, deine Nerven zermürbst, dir deinen Schlaf raubst oder rauben lässt.

Dem Pietisten Oetinger wird die wunderbar entlastende Gebetsweisheit zugeschrieben:

> Gib mir die Gelassenheit,
> Dinge hinzunehmen,
> die ich nicht ändern kann;
> gib mir den Mut, Dinge zu ändern,
> die ich ändern kann,
> und gib mir die Weisheit,
> das eine vom andern zu unterscheiden.

Es muss eben nicht alles geändert werden. Das Neue ist nicht eo ipso das Bessere. Was sich bewährt hat, soll bewahrt und das gestern Errungene nicht einfach als etwas Altes qualifiziert werden. Es ist nicht »alles frisch«, was so dekoriert wird, ob im Laden, auf dem Bildschirm oder in der Zeitung.

In unserer ziellos rasenden Welt ist eine Ethik der Bewahrung vonnöten – in radikaler und selbstkritischer Prüfung aller Daten, Fakten, Erfahrungen und Prognosen. Und ohne Rückbindungen an Überkommenes und Unverfügbares, also ohne Re-ligio, wird das kaum gelingen, aber auch nicht ohne kommunizierbare Vernunft, die auf freie Einsicht möglichst vieler in das Notwendige aus ist.

Das Aktive und das Kontemplative brauchen und bedingen sich gegenseitig. Gelassenheit wird zur Kraftquelle für das Tun.

Lass es gut sein – und lass es nicht so sein, wenn es nicht gut ist.

Du kannst nicht viel tun, aber was du tun kannst, das tu. Das Eigene.

FREIHEIT ohne Grenzen ist Willkür

Freiheit und Brot

Jedem Einzelnen wird etwas zugetraut – zugetraut, an der Befreiung anderer teilzunehmen: nicht auf bessere Zeiten zu warten, nicht auf die Großen zu warten, nicht mehr endlos darüber nachzudenken, was anders werden müsste, nicht bloß zu appellieren und demonstrieren, sondern selber etwas zu tun, etwas zu riskieren. Der Prophet Jesaja rief dem Volk zu:

»Laß los, die du mit Unrecht gebunden hast, laß ledig, auf die du das Joch gelegt hast! Gib frei, die du bedrückst. Reiß jedes Joch weg! Brich dem Hungrigen dein Brot, und die im Elend ohne Obdach sind, führe ins Haus! Wenn du einen nackt siehst, so kleide ihn, und entzieh dich nicht deinem Fleisch und Blut. Dann wird dein Licht hervorbrechen wie die Morgenröte.« (Jesaja 58, 6–8)

Das Erste, für das wir einzustehen haben, ist die Freiheit: den anderen aus dem Joch lösen. Es folgt sogleich die Gerechtigkeit – genauer gesagt: Dem Befreien folgt das Mahl der Freien. Es gibt keine Freiheit ohne Brot. Die Freiheit, die das Brot nachordnet, ist immer die Freiheit der Habenden. Und umgekehrt gilt auch: Nicht zuerst das Brot, wenn um des Brotes willen die Freiheit verkauft wird. Albert Camus meinte, dass es für uns nur eine einzige Parole geben könne: »In nichts nachgeben, was die Gerechtigkeit betrifft, und auf nichts verzichten, was die Freiheit angeht. Die Freiheit wählen heißt nicht, gegen die Gerechtigkeit wählen. Wenn euch jemand euer Brot entzieht, beraubt ihr euch gleich eurer Freiheit, aber wenn jemand euch eurer Freiheit beraubt, dann wisst, dass euer Brot bedroht ist, denn es hängt nicht mehr von euch und eurem Kampf ab, sondern von der Eigenmächtigkeit irgendeines Herrn. Je weiter die Freiheit an Boden verliert, desto mehr wächst das Elend und umgekehrt.

Die Unterdrückten wollen nicht mehr nur von ihrem Hunger befreit sein, sondern auch von ihren Herren.«

Soweit Camus. Freilich: Wer erst einmal wohltemperiert lebt, dem vergehen die radikalen Gedanken. »Nur wer im Wohlstand lebt, lebt angenehm«, singt Mäckie Messer in der »Dreigroschenoper«. Aber Wohlstand verführt dazu zu vergessen, woher man kommt, was man hinter sich hat, wofür man und wem man dankbar sein kann. Wo es Menschen zu gut geht, geht es um nichts mehr als um *noch* mehr. Hohem Blutfettspiegel folgt alsbald Herzverfettung. Und Fettprobleme haben sicherlich viele Deutsche. Daher boomt die Fitnessreligion als Leibesexerzitium.

Nie ist man im Denken träger als nach einem fulminanten Essen. Das hat wohl jeder schon erlebt: Da fließt alles Blut in den Magen und nicht mehr in den Kopf. Wer zu satt ist, verdrängt allzu schnell, wie es zuzeiten von Hunger und Unterdrückung gewesen war. Vergessen wir in Deutschland nie die wiedergewonnene und gefahrenüberwindende Freiheit – ob in Erinnerung an zwölf Schreckensjahre rassistischer (Selbst-)Versklavung oder an vierzig Jahre Welterlösungsdiktatur.

Satte Zeit kann unmerklich tote Zeit werden. Nie ist es langweiliger, als wenn man alles *hat* und nichts mehr *will* oder nur noch krampfhaft behalten will, was man hat – unabhängig davon, ob man es braucht.

Aber die fetten Jahre sind vorbei – Anfang des 21. Jahrhunderts ist in Deutschland *Satt-Sein* nicht mehr für alle selbstverständlich. Viele, zu viele müssen heute Abstriche am Lebensnotwendigen machen. Sie beutelt die pure Existenzangst.

Der Berliner Millionär, Immobilienhändler und Playboy Rolf Eden antwortete in der *Berliner Zeitung* am 27. August 2004 auf die Frage: »Leiden Sie unter der Steuerlast?« – »Überhaupt nicht, wer clever ist, braucht nur wenig zu zahlen. Da gibt es so viele Abschreibungsmöglichkeiten.« – Auf die Frage: »Haben Sie angesichts der armen Berliner ein schlechtes Gewissen?« »Die anderen müssten eins haben, weil sie mehr arbeiten sollten.« – Und auf die Frage, was das Schönste am Reichsein sei, antwortet er: »Dass man frei ist, total frei.«

Ist Freiheit im Wesentlichen eine Frage des Geldes und gibt es nicht mehr für alle Freiheit und Brot, befindet sich der soziale Rechtsstaat der Bundesrepublik in einer Schieflage.

Freiheit muss Entfaltungsraum für jeden bieten; sonst ist sie nur Freiheit für die, die sie sich leisten können. Jeder will und soll seinen Platz in der Freiheit finden. Er *muss* ihn aber auch ausfüllen *können*. Die Freiheit braucht *Regeln*, damit sie nicht zu Selbstsucht *aller* oder zur Willkür *Einzelner* degeneriert. Gerade im Interessenkampf um die Güter des Lebens kommt es darauf an, sich an Regeln zu halten, an Verpflichtungen aller Einzelnen einer Gemeinschaft für das Gemeinwohl.

Unser Grundgesetz formuliert eine solche Regel auf überzeugende Weise. In Artikel 14, erster Absatz heißt es, das Eigentum werde gewährleistet. Damit wird Leistung anerkannt und Entfaltungsraum gelassen. Aber sodann folgt im zweiten Absatz: »Eigentum verpflichtet. Sein Gebrauch soll zugleich dem Wohle der Allgemeinheit dienen.« Das Wort »zugleich« verdeutlicht den Zusammenhang von Freiheit, Gerechtigkeit und Verantwortung, und an diesem »zugleich« muss sich unsere Gesellschaft messen lassen. Wird in der globalisierten Welt die Einheit von Freiheit und Gerechtigkeit nicht gewahrt, werden wir im *Terror der Ökonomie* untergehen. Dieser global entfesselte Terror wird noch schlimmere Auswirkungen haben als alle Terroristen zusammen, denn er wird noch weniger zu fassen sein, Reichtum und Armut weiter potenzieren und die Gesellschaften noch tiefer spalten.

Die Moral des Marktes

»Die Kaufleute haben unter sich eine allgemeine Regel. Das ist ihr Wahlspruch und die Grundlage aller Geschäfte. Sie sagen: Ich kann meine Ware so teuer verkaufen, wie ich es vermag. Sie halten das für ein Recht. Tatsächlich aber ist damit der Habsucht Raum gegeben, und der Hölle sind alle Türen und Fenster geöffnet.« (Martin Luther)

Heute beherrschen uns nicht mehr die Politiker, es herrscht der globale Finanzmarkt. Durch seine Deregulierung können ganze Volkswirtschaften ruiniert werden, wie sich an dem im Prinzip reichen Land Argentinien sehen ließ. Die global operierenden Konzerne entmachten die lokale Politik. Der Markt reguliert lebenswichtige Austauschbeziehungen zwischen Menschen im unmittelbaren Lebensumkreis, in und zwischen den Staaten und schließlich in der Welt. Den Markt zu dämonisieren wäre aber ebenso falsch, wie ihn einfach zu sanktionieren. »Man kann nicht leugnen, daß Kaufen und Verkaufen ein notwendig Ding ist, das man nicht entbehren und wohl christlich brauchen kann, sonderlich in den Dingen, die zur Notdurft und in Ehren dienen«, schrieb Martin Luther. Wo allerdings die Not der einen den Gewinn der anderen steigert, dort werde unchristlich und unmenschlich gehandelt. Luther meinte, dass ein Greuel folgen müsse, wo als Recht gilt: »Ich mag meine Ware so teuer verkaufen, wie ich kann.«

Die herkömmlichen Marktgesetze kollidieren mit dem christlichen Menschenbild, weil sie auf dem Recht des Stärkeren und des Größeren aufbauen, also auf der Verdrängung des Erfolglosen und Schwächeren, auf der Durchsetzungsbereitschaft und -fähigkeit aller Beteiligten, auf dem materiellen Anreiz, verbunden mit (Verfügungs-)Macht und Kampf um Standortvorteile, Territorien und Ressourcen, sowohl für Einzelpersonen wie für Personengruppen und ganze Nationen. Der Markt fordert und schafft eine Durchsetzungskultur und einen Menschentyp, der bereit und fähig ist, sich durchzusetzen. Der Markt weckt und stärkt das Eigeninteresse und verleitet den Gewinner dazu, Macht über Unterlegene auszuüben, sowohl individuell als auch kollektiv, und zu expandieren. Dass Menschen, die sich auf dem Markt zu behaupten wissen, dennoch auch aus Verantwortung gegenüber anderen denken und altruistisch handeln, ist nicht zu bestreiten. Es ist aber nicht den Marktprinzipien selbst immanent, sondern wirkt im ökonomischen Denkschema sogar eher kontraproduktiv. Denn die Moral des reinen Marktes ist einfach. Sie lautet: Gewinn und Effizienz.

Sofern der Markt nicht völlig ungehemmt regiert, ist wirtschaftliches Gedeihen – also ökonomischer Erfolg von Einzelnen, von Firmen, von Ländern – an und für sich moralisch nicht negativ zu bewerten. Die wachstumsorientierte Wirtschaftsweise in der Industriegesellschaft hat ja unbestreitbare Erfolge erzielt und einen in der Menschheitsgeschichte bis dahin unvorstellbaren allgemeinen Wohlstand gebracht. Dieser Erfolgsweg lässt sich jedoch nicht fortsetzen. Der *Datenreport 2006* des Statistischen Bundesamtes enthielt eine gute und eine schlechte Nachricht: Der Anteil der Deutschen, die in Armut leben, ist von 13,7 Prozent im Jahr 2003 auf 13,2 Prozent im Jahr 2005 gefallen. Die Ungleichheit der Einkommensverteilung aber hat zugenommen: Während die ärmsten 20 Prozent der Bevölkerung über nicht einmal 10 Prozent der Einkommen verfügten, erhielten die reichsten 20 Prozent der Bürger 35,9 Prozent aller Einkommen. Mit anderen Worten: In Deutschland wird die Kluft zwischen Arm und Reich tiefer und breiter.

Das also ist das Ergebnis der sogenannten »neuen sozialen Marktwirtschaft«.

Erinnert sich noch jemand, wozu soziale Marktwirtschaft eigentlich erdacht worden ist? Ihr Ziel war die Vereinbarkeit der größtmöglichen Freiheit mit den Prinzipien der Gerechtigkeit. Der Staat behielt sich als Sozialstaat das Recht vor, gegebenenfalls umverteilend in das Wirtschaftsleben einzugreifen, um so soziale Gerechtigkeit und Gleichheit der Bürger zu gewährleisten. Die Teilhabe aller an den gesellschaftlichen und politischen Entwicklungen sollte gesichert und die Bürger sollten vor Notlagen bewahrt bzw. ihnen sollte im Fall der Not Hilfe angeboten werden. Die soziale Marktwirtschaft schien das System zu sein, das am ehesten die Gesetze des freien Marktes und Gemeinwohl ökonomisch-sozial und ordnungs-politisch versöhnen konnte. Den Markt an die Prinzipien sozialer Gerechtigkeit zu binden, das war, ist und bleibt eine wichtige Idee, ja eine überlebensnotwendige Aufgabe. Nicht umsonst genießt das Sozialstaatsprinzip neben der Menschenwürde und den Menschenrechten den Schutz durch die Ewigkeitsklausel (Art. 79, Abs. 3) unseres Grundgesetzes.

Doch nur solange starke Interessengruppen sich für eine Bändigung des total freien Marktes einsetzen und die Wirtschaft prosperiert, lassen sich die Markt-Mächtigen auf die Verbindung von Freiheit und Gerechtigkeit ein. Im härter gewordenen Kampf um die Marktanteile in der globalisierten Wirtschaftswelt wird der soziale Ballast als Erstes über Bord geworfen.

Wir nähern uns immer mehr dem totalen Markt. Dessen Gesetze sind Darwin'sche Gesetze, sind Machtgesetze, sind Verdrängungsgesetze. Das Gesunde überlebt, das Schwache wird vom Stärkeren verdrängt und verschwindet. Besser und stärker sein heißt, effizienter zu sein. Die Mitte allen Denkens und Handelns ist das Börsenwohl, d. h. das Wohl der Aktionäre. Alles, was dem Markt dient und die Marktchancen verbessert, gilt als gut. »Rechnet es sich?« Das ist heute die alles entscheidende Frage. Was sich nicht rechnen lässt, ist nichts. Nicht, ob etwas gewollt ist – »schön und gut« –, ist entscheidend, sondern ob das Geld dafür da ist, wer es hat, wer es erarbeitet, wer darüber so verfügt, dass er es »locker machen« kann. Gewinner werden geliebt und hofiert; Verlierer werden bedauert und bald vergessen. Jeder will Erfolg haben, jeder auf seine Weise vor sich und vor anderen bestehen können. Das einzige Gemeinschaft stiftende Band zwischen den Menschen ist »das nackte Interesse«, »die gefühllose bare Zahlung«. So hat es Marx schon 1848 im *Kommunistischen Manifest* formuliert.

Wir erleben seit Jahren die ständige Effizienzsteigerung der Wirtschaft. Durch Modernisierung wird mehr und mehr lebendige Arbeit erübrigt, und Menschen werden massenhaft »freigesetzt«. Oder Produktion wird ausgelagert in »Billiglohnländer«. Hemmungslos geworden ist der ungebändigte Kapitalismus. Die alleinige Orientierung am Profit hat eine Kluft entstehen lassen zwischen denjenigen, die (noch) für den Arbeitsmarkt verwertbare Leistungen erbringen können, und denjenigen, die aus ökonomischer Sicht nicht mehr verwertbar erscheinen und aussortiert werden. Die menschliche Arbeitskraft ist zu teuer und schwerer abzuschreiben als Maschinen – also wird der Arbeiter abgeschrieben, bevor er überhaupt eingestellt wird.

Es gibt verräterische Unworte, die den Menschen in seinem Menschsein beschädigen, ihn ins Mark treffen. Sie sind eindeutige Zeichen dafür, dass etwas nicht mehr stimmt im Verhältnis von Moral, menschlicher Würde und Markt. Die »Freisetzer« sind Arbeitgeber, die Arbeitnehmer »Freigesetzte«. Wohin oder wofür wird ein Mensch frei-gesetzt? Ausgesetzt, zum Bittsteller gemacht, der sich abstrampelt, damit er wieder marktfähig wird und wieder eingesetzt werden kann!

Die lange erkämpften Sozialstandards werden ausgehebelt. Die Suppenküche, die durch den Ausbau staatlicher Praktiken sozialer Unterstützung einmal Geschichte gewesen ist, hat in der Bundesrepublik wieder Hochkonjunktur.

Moderne Almosen: Hartz IV

Der bisherige deutsche Sozialstaat ist an die Massenerwerbsarbeit und den sogenannten Generationenvertrag gebunden. Das funktioniert immer weniger, weil hauptsächlich Geld »arbeitet« und dies global, wobei die Großaktionäre sich der sozialen Verantwortung für das Gemeinwesen weitgehend entziehen.

Arbeitslosigkeit, geringer Wirtschaftsaufschwung und Überalterung treffen aufeinander. Der Generationenvertrag ist wegen der demographischen Schieflage immer weniger einlösbar. Wenn der Sozialstaat alter Prägung nicht mehr finanzierbar ist, ist uns aber gleichzeitig »die System-Frage« gestellt. Wenn in den Zeiten des schon lange beklagten »Raubtierkapitalismus« das in unserem Grundgesetz verankerte Staatsziel des sozialen Bundesstaates Deutschland immer weniger erfüllt werden kann, beschädigt das den Kern unserer Demokratie. Unsere Gesellschaft droht zu zerbrechen, wenn ihre Reichtumsproduktion das Gefälle zwischen Arm und Reich weiter wachsen lässt. Freiheit und sozialer Ausgleich gehören in der Demokratie zusammen – soweit die Theorie im Grundgesetz. In der Praxis aber entscheiden normalerweise Bessergestellte über Schlechtergestellte, und zwar in der Regel zu Lasten der Schlechtergestellten. Oder die

Einfluss-Reichen drohen, dass sie ins Ausland abwandern, sobald ihre Interessen nicht ausreichend bedient werden. Mit ihrem Kapital sowieso, aber auch mit ihren Investitionen. Und solange man mit dem Abspecken nicht bei den »Fetten«, sondern bei den »Mageren« beginnt, wird es einen Wut-Stau geben. Wer in einem sozialen Bundesstaat lebt, hat die Pflicht, sich entsprechend seiner Leistungsfähigkeit an den Aufgaben der Gemeinschaft zu beteiligen. Also muss man von jenen entsprechende Abgaben zur Finanzierung des Sozialstaates fordern, die in relativ gesicherten Positionen leben, statt die Ärmeren und Arbeitslosen immer weiter einseitig zu belasten. Sonst wird der soziale Frieden in Deutschland nachhaltig gefährdet sein. Vielleicht werfen Sie jetzt ein: »Aber die Reicheren werden doch schon durch die Steuern viel stärker belastet als diejenigen, die weniger verdienen!« Natürlich, in Deutschland folgt die Einkommenssteuer dem Modell der Steuerprogression. Höhere Einkommen werden mit einem höheren Steuersatz belegt. Aber es gibt etliche Faktoren, die die Steuerprogression überlagern: der proportional sinkende Aufwand für die Sozialversicherung, die Senkung der Steuern für Kapitalgesellschaften, die Abschaffung der Vermögenssteuer. Dazu kommt, dass die Möglichkeiten, das zu versteuernde Einkommen zu reduzieren, umso größer werden, je höher dieses ist. Lesen Sie es nach in den Armuts- und Sozialberichten von Bund und Ländern! Der Landessozialbericht 2004 von Nordrhein-Westfalen kam z.B. zu dem Schluss, dass eben nicht die stärksten Schultern am meisten tragen, wie uns oft beteuert wird.

Erst durch den Ausgleich sozialer Gegensätze ist die Schaffung einer gerechten Sozialordnung möglich. Wir müssen also erneut über eine Umverteilung des Reichtums zwischen Begüterten und Bedürftigen nachdenken, wenn wir nicht zulassen wollen, dass Arme arm bleiben und Reiche immer reicher werden.

Wer nach sieben Jahren rot-grüner Steuerpolitik mit der Umverteilung des Reichtums von unten nach oben im Jahr 2005 darauf gehofft hatte, wenigstens eine Große Koalition wäre in der

Lage, einseitigen Interessen der Wirtschaftslobby entgegenzutreten und unpopuläre Maßnahmen gegenüber Vermögenden gemeinsam zu verantworten und durchzusetzen, der muss heute ernüchtert sein. Der Politikwissenschaftler Christoph Butterwegge beurteilte in einem Interview in der *Berliner Zeitung* vom 31. Juli 2006 die bisherige Arbeit der CDU/SPD-Regierung so: »Die Politik der Großen Koalition vertieft die gesellschaftliche Spaltung – beispielsweise durch Rentenkürzungen, den Ausbau eines Niedriglohnsektors, die Erhöhung der Mehrwertsteuer sowie das Senken der Unternehmens- und Erbschaftssteuern gerade für die Reichsten im Land. Daneben stehen die Hartz-Gesetze für eine Abkehr vom Sozialversicherungsstaat und eine Hinwendung zum Almosen- und Suppenküchenstaat. Ich sehe sie weniger als arbeitsmarktpolitisches, sondern eher als ein gesellschaftspolitisches Projekt. Hartz IV ist darauf gerichtet, Armut bis in die Mitte der Gesellschaft hinein normal werden zu lassen. Gleichzeitig wächst der Reichtum jeden Tag.«

Arbeitsmarktstimulierende Maßnahmen wie Hartz IV bei gleichzeitiger Steuerentlastung für die Großbetriebe bringen nicht *mehr* Arbeit, aber weniger Geld in die Staatskasse. Wirtschaftspolitik heißt heute unter den Zeichen der Liberalisierung vornehmlich: Entgrenzen, Entbürokratisieren, Entstaatlichen. Der Mainstream desavouiert den Staat nach wie vor als Akteur im Wirtschaftsleben; »dem Staat« wird verfehlte Planwirtschaft, Bürokratie, Korruption, Insuffizienz und Marktverzerrung vorgeworfen; Deregulierung und Flexibilisierung gelten als Zauberworte. Die Starken (oder Guido-Halbstarken) haben sich im öffentlichen Diskurs durchgesetzt. Sie brauchen den Staat natürlich weniger als die Schwachen. Ich stimme ihnen zu: Leistungsfähigkeit und Leistungswille müssen honoriert werden. Und ich halte ihnen entgegen: Leistungsanreiz und Leistungsverteilung sind zwei Seiten einer Medaille. Ein Staat ist auch für die Verteilungsregeln zuständig: Stärkere Schultern können mehr tragen als schwache. Bei unverschuldeter Armut oder Unfähigkeit, für sich zu sorgen, muss die Solidargemeinschaft helfen.

Die Regierenden drohen die Kompetenz zur Regelung sozialer Missstände zu verlieren. Die Freiheit, unverschämt zu verdienen, wird größer. Weniger Staat heißt auch: immer mehr Macht für die, die das Geld haben und mit dem Geld Einfluss auf alle Gesellschaftsbereiche bekommen. Diese Einflussnahme wird nicht mehr demokratisch kontrolliert, sondern ist einzig eine Frage der ökonomischen Potenz.

Die »neue soziale Marktwirtschaft« kann als Feigenblatt des Neoliberalismus dienen. Eine sozialdemokratische oder eine christliche Partei, die »nötige Abstriche« nur bei den Ärmeren verlangt und nicht in angemessener, also proportionaler Weise die Reicheren nötigt, ihren Anteil zum Funktionieren des Gemeinwesens beizutragen, fährt sich selbst in die Sackgasse und wird ihrer gesellschaftlichen Funktion, politischer Anwalt der Schwächeren zu sein, nicht mehr gerecht. Das haben die Leute verstanden und bei den letzten Bundestagswahlen 2002 und 2005 den großen Parteien eine Absage erteilt. Die Lehre aus schlechten Umfragewerten zog im Sommer 2006 offenbar der nordrhein-westfälische Ministerpräsident Jürgen Rüttgers. Er warnte seine Partei, die CDU, nicht als eine kapitalistische Partei zu erscheinen, und mahnte in deutlichen Worten, sich von »ökonomischen Lebenslügen« zu verabschieden, wie der, dass Steuersenkungen zu mehr Arbeitsplätzen führen würden. Doch das war nur eine einzelne Stimme und führte (natürlich) nicht zur Änderung der offiziellen Parteipolitik. Warum traut sich niemand, die Stärkeren nach ihren jeweiligen Möglichkeiten »zur Kasse zu bitten«, statt die Schwächeren einseitig zu belasten? Wäre es nicht ein Symbol und Signal, wenn alle Gehälter von Personen, die im öffentlichen Raum mehr als 3500 € Brutto verdienen, um 10 Prozent gekürzt würden und alle Gehälter über 10 000 € um 25 Prozent?

Wie krank ist eine Gesellschaft, in der ein Manager eines »feindlich übernommenen Konzerns« 770 000 € wegen Lebensstandardsicherung aufgrund seiner jungen Frau erfolgreich einklagen kann?! Was muss eigentlich jemand leisten, wenn er 300 000 € oder gar 7,8 Millionen € Jahresgehalt bekommt? Wie klein, wie leistungsschwach oder wie unfähig muss sich angesichts solcher Zahlen ein normaler Mensch vorkommen, der täglich mit ganzem Einsatz seine Arbeit tut?

Es ist in Deutschland längst eine nicht mehr hinnehmbare Gerechtigkeitslücke entstanden. Und den meisten Politikern fällt nichts anderes ein, als fortlaufend zu beschwichtigen bzw. die Arbeitslosen zu diffamieren. Die Regierenden gaben lange vor, die Kritik an den Hartz-IV-Maßnahmen gehe vor allem auf ein Vermittlungsproblem zurück. Man müsse den Menschen die Sache »besser erklären« und das Prinzip Fördern und Fordern konsequenter umsetzen. Wenn es aber tatsächlich ein Problem der Vermittlung gibt, dann hat es einen anderen Kontext: Viele Politiker haben offensichtlich keine Ahnung mehr, wie es ihren Wählern ergeht. Sich in die Betroffenen von Hartz IV hineinzuversetzen, gelänge ihnen vielleicht erst dann, wenn auch ein entlassener Minister nach einem Jahr Arbeitslosigkeit mit 345 € auskommen müsste. Man könnte ja dann auch ihn damit »beruhigen«, dass er noch Wohn- und Heizungskostenzulage bekommt – natürlich nur, wenn seine Familie nicht in der Lage wäre, ihn mitzuversorgen.

Liebe Politiker, eine Frage: Geht es euch eigentlich persönlich etwas an, was ihr da entscheidet? In euren Gesichtern zumindest ist nicht ein Deut Mitgefühl zu erkennen mit denen, die fürchten müssen, in existenzielle Armut zu kommen und entwürdigt leben zu müssen. Stattdessen begegnet uns allzu oft eine maßlos menschenverachtende Arroganz im Umgang mit der Problematik. Welche Sprache war das, die im August 2005 in der vom Bundesministerium für Wirtschaft und Arbeit herausgegebenen Broschüre »Vorrang für die Anständigen – Gegen Missbrauch, ›Abzocke‹ und Selbstbedienung im Sozialstaat« bemüht wurde? Dort wurde – ohne konkrete Belege heranzuziehen – der Eindruck erweckt, dass ein großer Teil der Arbeitslosengeld-II-Empfänger die Unterstützung nicht rechtmäßig erlange. Es wurde Stimmung gemacht gegen »Schmarotzer«, »Trittbrettfahrer« und »Parasiten« des Sozialstaats. Solche Worte waren harte Schläge ins Gesicht aller Arbeitslosen, und sie signalisierten, dass zu den bestehenden Rissen in unserer Solidargemeinschaft ein neuer Graben zwischen den »Anständigen« und den »Abzockern« kommen sollte.

Wenn die Regierenden ihre Bürger zu diffamieren beginnen, um von der eigenen Hilflosigkeit abzulenken, beschädigt das vor allem die Regierungsparteien und unser demokratisches System selbst. Die Wahlbeteiligungen und -ergebnisse zeigen seit Jahren, dass die bisherigen Volksparteien dabei sind, ihr Image zu verlieren, vor allem aber ihre Substanz. Die Politiker sollten wissen, dass durch eine inhaltlich bessere Vermittlung von Absichten und Vorteilen der Zusammenlegung von Arbeitslosengeld und Sozialhilfe keine neuen Arbeitsplätze entstehen. Die Verantwortlichen müssten auch Antworten geben auf die Frage, die Jürgen Rüttgers aufgeworfen hat: Soll nicht jemand, der längere Zeit Arbeitslosengeld eingezahlt hat, auch mehr bekommen als der, der nur kurz eingezahlt hat? Wie lässt sich so etwas praktisch gerecht regeln, zumal wenn derjenige, der noch nicht länger eingezahlt hat, einfach nur das Pech hatte, nicht länger einzahlen zu können?

Werden durch die Begrenzung des Arbeitslosengeldes auf 12 bis 18 Monate besonders diejenigen betroffen sein, die sparsam gelebt und gespart hatten, und diejenigen belohnt, die alles Geld ausgegeben haben?

Die entscheidende Frage ist aber: Ist Hartz IV die einzige und die einzig richtige Antwort auf die Unbezahlbarkeit von hoher Arbeitslosigkeit? Hatte nicht vielleicht Oskar Lafontaine Recht, wenn er den Keynesianismus unter heutigen Bedingungen weiterführen und so eine stärkere Nachfrage schaffen wollte – statt eine bloß angebotsorientierte Politik? Staatlich initiierte Konjunkturprogramme hätten zwar zunächst die Staatsverschuldung noch weiter erhöht, aber den Wirtschaftsaufschwung wahrscheinlicher gemacht. Die meisten Politiker haben nach schnellen Lösungen für die Probleme gesucht, und mit Hartz IV wurde eine Antwort gefunden, die den Sozialstaat durch ein Suppenküchen-Prinzip ersetzt hat.

Staatliche Unterstützung ist heute wieder ein Almosen, das die Bessergestellten geben, um weiterhin ihren Reichtum genießen zu können.

Natürlich: Die Freigesetzten des Marktes sind tatsächlich auf die staatliche und karitative Notversorgung angewiesen. Die Solidarität der Bessergestellten mit den Schlechtergestellten ist gefragt. Sie müssen zeigen, dass sie bereit sind, ihren Beitrag zu leisten, statt den anderen nur zu sagen, dass »der Sozialstaat erschöpft« sei und jeder mehr Eigenverantwortung übernehmen müsse. Die Leistungsfähigeren können ja durchaus »besser gestellt« sein und Vermögensunterschiede toleriert und rechtlich abgesichert bleiben. Verantwortung ist aber immer auch Mit-Verantwortung. Die Forderung nach einer Solidargemeinschaft zielt ja nicht auf die totale Egalität aller Deutschen, vielmehr auf eine Balance der Interessen und die Verringerung der sozialen Unterschiede.

Der soziale Frieden ist ein hohes Gut, das es zu bewahren gilt. Relatives Wohlbefinden nützt allen. Luther schrieb 1542 an die Grafen von Mansfeld, es sei besser, reiche Untertanen zu haben, als selbst reich zu sein. »Denn selbst reich ist bald vertan; reiche Untertanen können allezeit helfen.« Er spielte auf die segensreiche Wirkung eines Volkswohlstandes an, statt eines immer weiteren Auseinanderfallens zwischen Armen und Reichen. Nicht zuletzt helfen die Arbeitslosen als Almosenempfänger den Reicheren dabei, ihr schlechtes Gewissen zu entlasten. Dazu war die Almosenpraxis ja schon im Mittelalter gut!

Der Arm-Reich-Gegensatz verschärft sich jedoch weiter, wenn der Staat nur noch den Rechtsanspruch auf *Existenz*sicherung garantiert, aber *Wohlstands*sicherung für alle obsolet wird. Die Suppenküchen-Politik marginalisiert die Bezieher von »Transferleistungen« weiter. Durch bloßes Management des Elends rührt niemand an den Kern des Problems. Es ist also eine grundlegende Frage, ob man an dem mit Hartz IV eingeschlagenen Weg festhält – und die staatlichen Leistungen immer weiter zurückfährt – oder zu anderen gesetzlichen Regelungen kommt, die soziale Marktwirtschaft als ein globales Projekt versteht und daraus Politik mit Langzeitperspektive entwickelt.

Meiner Meinung nach stünde die Einleitung eines Epochenwechsels an, wie ihn der Soziologe Oskar Negt in seinem Buch

»Arbeit und menschliche Würde« eindrücklich dargelegt hat. Arbeitslosigkeit muss langfristig als tiefgreifendes gesellschaftliches Problem begriffen werden, das viel mehr Dimensionen hat, als sich in den Kosten-Nutzen-Rechnungen erfassen lässt, die in der politischen und medialen Debatte dominieren. Oskar Negt beschreibt die Arbeitslosigkeit als Gewaltakt, der dem Menschen seine Würde nimmt. Ob das stimmt, kann jeder leicht an sich selbst überprüfen: Stellen Sie sich zuerst vor, wie vergiftet die Atmosphäre in den Betrieben sein kann, wenn klar wird, dass in der nächsten Zeit einige Angestellte oder Arbeiter »freigesetzt« werden müssen. Füllen Sie dann einmal diesen demütigenden 16-seitigen Fragebogen für sich aus – in der Hoffnung, als Almosenbittsteller nicht abgewiesen zu werden. Und versuchen Sie zu guter Letzt, einen Monat lang mit 350 € zu leben. Könnten Sie verreisen? Wohl kaum. Könnten Sie überhaupt Ihre sozialen Kontakte aufrechterhalten? Wie oft könnten Sie es sich leisten, eine Gaststätte oder eine Kulturveranstaltung zu besuchen? Oder einfach mit den Kindern ins Kino zu gehen? Was tun, wenn die Waschmaschine repariert werden muss oder das Fahrrad? Brauchen Sie gar einen Zahnersatz? Kurz: Wie frei und menschenwürdig lässt sich ein Leben führen, dessen Bedingungen von Hartz IV diktiert werden?

Die persönliche und existenzielle Erfahrung des Abrutschens in die – unverschuldete! – Armut ist eine ernste Angelegenheit, die sich zu einem kollektiven psychologischen Problem der Deutschen auszuwachsen droht. Psychotherapeutische Lösungsversuche (mit Erklärungen, Tröstungen und Beschwichtigungen) reichen wahrlich nicht aus. Angegangen werden muss zugleich das sich dramatisch zuspitzende Problem bedarfsgerechter Verteilung des in einer Gesellschaft erarbeiteten (oder zugefallenen) Reichtums. Auch sollten wir uns über die Grundfragen unseres Staatsaufbaus und seiner Legitimationsbasis und heutige Aufgaben des Staates in Bezug auf Wirtschaft und Soziales verständigen. Auf welchem Weg ist unser Sozialstaat, wenn schon heute Arbeitslosen die Bezüge immer weiter gekürzt, Langzeitarbeitslosen ja sogar sämtliche Leistungen – inklusive Wohngeld

– gestrichen werden können? Schlimm ist, dass in unserer Gesellschaft offenbar die Meinung vorherrscht, solche Maßnahmen seien Akte sozialer Gerechtigkeit. Es stehe ja sogar in der Bibel: »Wer nicht arbeitet, der soll auch nicht essen«. Natürlich, aber dieser Satz galt in einer Klassengesellschaft, in der die einen sich von der Arbeit der anderen nährten und die Arbeitenden gleichzeitig darbten. Die Forderung »Jeder soll an der Beschaffung der äußeren Lebensmittel mitwirken« müsste heute heißen: »Jeder soll an der Beschaffung der äußeren Lebensmittel mitwirken *dürfen*«. Trotzdem werden uns Langzeitarbeitslose in den Medien vor allem als Arbeits- und Leistungsverweigerer vorgeführt. Und wir scheinen uns langsam mit dem neuen unsozialen Denken zu arrangieren. Auf die Frage: »Ist es nicht gerecht, dem die Bezüge zu streichen, der nicht arbeiten will?«, würden sicherlich viele Deutsche mit »Ja« antworten und dies sogar ganz selbstverständlich finden. Das sagt schon sehr viel darüber aus, wie der Mainstream »soziale Gerechtigkeit« buchstabiert – als Tauschlogik: »Leistungen nur bei Gegenleistungen«. Ein solches Verständnis ist für Christoph Butterwegge »mit dem Sozialstaatsgebot des Grundgesetzes unvereinbar. In den Artikeln 20 und 28 unserer Verfassung steht ja nicht: ›Die Bundesrepublik muss sozial sein, wenn ihr dies der Hilfebedürftige dankt.‹ Vielmehr wird der Staat ohne jede Bedingung zur Unterstützung von Bedürftigen verpflichtet. Leider ersetzt man die Bedarfsgerechtigkeit immer mehr durch Leistungsgerechtigkeit.«

Sozialpolitische Entscheidungen werden immer mehr unter dem Gesichtspunkt der wirtschaftlichen Effizienz und der Standortfrage getroffen. Somit wird Sozialpolitik letztlich soziale Ungleichheiten fördern, statt sie auszugleichen. Es geht also in den aktuellen Debatten über Reformen nicht bloß um Detailfragen zu Hartz IV, es geht ganz substanziell um den Grundansatz von Politik und um deren Verhältnis zur Wirtschaft. Soll der Staat weiter zugunsten der Freiheit des Marktes zurückgedrängt werden? Oder sollte der Markt stärker politisch reguliert werden? Glauben wir tatsächlich, der Markt würde alles regeln, wenn man ihn nur ließe? Ist es nicht eher so, dass der Markt und seine »Führer« nichts anderes als herrschen wollen und gewinnen, wenn man sie nicht in das Gemeinwesen integriert?

Luther interessierte sich schon 300 Jahre vor Karl Marx für die (Wolfs-)Gesetze des Marktes, die keinen sozialen Kriterien folgen. Er fragte sich, wie sich der Preis einer Ware redlich bestimmen lässt und welche Aufgabe der Obrigkeit in diesem Zusammenhang zukommt: »Ja, wie teuer darf ich denn verkaufen«, fragst du vielleicht. Wie treffe ich Recht und Billigkeit, damit ich meinen Nächsten nicht übervorteile und betrüge? Die Antwort: Das wird mit keiner Schrift und mit keiner Rede je geordnet werden. Es hat auch noch niemand unternommen, den Preis einer jeden Ware festzulegen, zu steigern oder zu senken, und das aus dem Grunde, dass nicht alle Waren gleich sind. Die eine holt man von weiter her als die andere, eine verursacht höhere Kosten als die andere, so dass hier alles ohne Festlegung ist und auch bleiben muss, man ebenso wenig etwas Allgemein-Verbindliches festlegen kann, wie man einen einzigen festen Ort bestimmen kann, woher man alle Waren holt oder feste Kosten, die auszugeben wären. Denn es kann geschehen, dass ein und dieselbe Ware aus ein und derselben Stadt auf ein und derselben Straße eingeführt in diesem Jahre mehr kostet als in einem Jahre, weil vielleicht der Weg und das Wetter schlechter sind oder sonst ein Umstand eintritt, der zu größeren Unkosten zwingt als zu einer anderen Zeit. Nun ist es aber recht und billig, dass ein Kaufmann an seiner Ware so viel verdient, dass seine Unkosten bezahlt sowie Mühe, Arbeit und sein Risiko belohnt werden. Ein Ackerknecht braucht doch auch Nahrung und Lohn für seine Arbeit. Wer kann umsonst dienen oder arbeiten? Das Evangelium sagt: ›Ein Arbeiter ist seines Lohnes wert.‹ Um aber nicht ganz dazu zu schweigen, es wäre der beste und sicherste Weg, wenn die weltliche Obrigkeit hierfür vernünftige, redliche Leute einsetzte und sie beauftragte, die verschiedenen Waren mit ihren Kosten zu überschlagen und danach Maßstäbe aufzustellen dafür, wie teuer sie sein sollten, damit der Kaufmann zurechtkommen kann und sein geziemendes Auskommen davon hat, wie man an einigen Orten Wein, Fisch, Brot und dergleichen preislich festgesetzt hat.«

Es bedarf also – nach Luther – politisch gesetzter Maßstäbe, die das Lebensrecht aller am Arbeitsprozess Beteiligten angemessen berücksichtigen. Der Markt hat sich mit seinen Gesetzen in das zivilisatorische Projekt der Demokratie, des Volkswohlstandes, der Menschenrechte einzufügen. Die Wirtschaft muss für den Menschen, nicht bloß für die Profiteure und deren Profite da sein! Es gilt also in Deutschland, den Primat von Politik gegenüber der Dominanz der Ökonomie zurückzugewinnen und Freiheit wieder an Gerechtigkeit zu binden.

Die Parteien und Regierenden täten gut daran, die zunehmende Unfähigkeit des Staates, auf ökonomische Prozesse Einfluss zu nehmen, nicht zu verschleiern. Man muss darauf hinweisen, welche Folgen die ungesteuerte Globalisierung und die Entfesselung der Märkte hat – nämlich höhere Produktivität, weniger Bedarf an lebendiger Arbeit und Raubbau an der Natur. Nur aus der Offenlegung und Kenntnis der »schwierigen Wahrheit« kann ein breites politisches Bewusstsein dafür erwachen, welche Politik man im nationalen und internationalen Rahmen anzustreben gedenkt. Denn Hartz IV war sicherlich nicht das Ende, wahrscheinlich eher der Anfang sozialer Einschnitte.

Wiewohl gewiss keine Experten, werden wir uns fernerhin um »sozialverträgliche« Rahmenbedingungen kümmern und mit Konzepten, die auf wirtschaftliche Effizienz setzen, beschäftigen müssen. Wir dürfen »die da oben«, wo immer »oben« sei, nicht allein agieren lassen. Uns zuliebe. Ein erster Schritt wäre, angesichts der sogenannten Reformen nicht zu resignieren. Akzeptieren wir also nicht leise maulend, was sie uns abverlangen, sondern artikulieren wir *unsere* Vorstellungen von Freiheit und sozialer Gerechtigkeit ausdauernd und laut!

Nicht resignieren – protestieren!

Am 4. September 1989 waren 1200 Menschen nach einem der traditionellen Friedensgebete in der Leipziger Nikolaikirche auf die Straße gegangen und hatten für Reise-, Presse- und Versammlungsfreiheit demonstriert. Immer mehr taten es ihnen dann Woche für Woche nach, bis schließlich Hunderttausende in vielen ostdeutschen Städten mit dem Ruf »Wir sind das Volk« gegen die politischen Verhältnisse protestierten. Die Montagsdemonstrationen waren Anstoß des einzigartigen Prozesses der friedlichen Revolution und zeugen von der Veränderung, die möglich ist, wenn viele ihren Stimmen öffentlich Gehör verschaffen.

2004 gingen wieder viele Menschen auf die Straße. Die Demonstranten belebten die Parole »Wir sind das Volk« neu und stellten sich mit ihren Protesten gegen Hartz IV in die Tradition der Montagsdemonstrationen. 15 Jahre zuvor hatten die Menschen die Systemfrage in einer Diktatur aufgeworfen – nun ging es bei den Montagsdemonstrationen um Systemfragen in einer Demokratie, in der das Gleichgewicht von Freiheit und sozialer Gerechtigkeit verlorengegangen ist.

Hatte man 1989 *für* nötige Reformen demonstriert und »denen da oben« keine Reglungskompetenz und keinen Regelungswillen unterstellt – so richteten sich die Proteste jetzt *gegen* Reformen, die das Gemeinwesen in eine gefährliche Schieflage zu bringen drohen. Länger aufgestaute Enttäuschung fand in Hartz IV nun ein Ventil. Im Westen lösten die Proteste wiederum länger aufgestaute Wut über die »versickerten Hilfen« für den Osten aus: Die Ostdeutschen seien nicht nur undankbar, sondern stellten nun auch noch das demokratische System durch erneute Montagsdemonstrationen infrage.

Angesichts des bürgerlichen Aufbegehrens fragte der damalige Wirtschaftsminister Wolfgang Clement in der *Leipziger Volkszeitung* vom 6. August 2004 erzürnt: »Wo leben wir eigentlich?« Ziviler Ungehorsam gegen die Arbeitsmarktreform sei völlig fehl am Platze. Also bitte: Setzen, die Reformen schlucken und dann den Mund halten!

Den Bezug auf die Proteste der DDR-Bürger 1989 kritisierte er scharf: »Schon der Vergleich ist eine Zumutung, eine Beleidigung der historischen Montagsdemonstrationen und der Zivilcourage, die viele Ostdeutsche damals gezeigt haben.« Das sahen freilich viele der damals Beteiligten ganz anders. Christian Führer z. B., Pfarrer der Leipziger Nikolaikirche und Begründer der Friedensgebete 1982, erklärte: »Es kann nicht nach dem Motto gehen: ›Wir begrüßen, dass Ihr gegen die Kommunisten auf die Straße gegangen seid, aber jetzt habt Ihr die Klappe zu halten‹. So geht das echt nicht.« (*Süddeutsche Zeitung*, 9. August 2004) Er sagte auch, dass der zweite Teil der friedlichen Revolution von 1989 noch ausstehe. Das war freilich kein Aufruf zum Sturz der demokratischen Regierung, das war vielmehr die eindringliche Erinnerung daran, dass Freiheit und Gerechtigkeit zusammengehören.

Auch heute müssen wir uns immer wieder vor Augen halten: Ein Land, das nicht sozial und demokratisch ist, wird kein menschliches Land sein können. Soziale und bürgerliche Rechte sind gleichrangig. Gerechtigkeit ohne Freiheit ist so unmenschlich wie eine Freiheit von Starken und Reichen auf Kosten von Armen und Schwachen. Mit dieser Mahnung müssen wir die Öffentlichkeit konfrontieren und die politische Meinungsbildung beeinflussen, und zwar nicht erst dann, wenn der Überdruck sehr groß geworden ist und wir selbst existenziell betroffen sind. Zu viele Leute kommen erst dann aus ihrer Vereinzelung, wenn es »so weit ist«, wenn die Probleme sie persönlich erreicht haben und es oft schon zu spät ist für eine Korrektur. Dann beklagen sie sich zwar laut-stark – aber die Gefahr ist groß, dass die politische Meinungsäußerung der Vielen auf ein Dampfablassen hinausläuft – ohne jedes Nach- und Weiterdenken. Solches Desinteresse an konkreten Problemlösungen entwertet berechtigte politische Proteste. Vielleicht verlegt sich die Menge auch auf dumpfe Gewalt, oder sie verfällt diversen Rattenfängern. Diese kommen heute wieder nationalistisch-sozialistisch daher. Während der Hartz-IV-Proteste versuchten sich z. B. Neonazis in die Demonstrationen einzureihen und sie für ihre Belange zu instrumentalisieren. Ich verstehe und teile weithin die Besorgnis, die Wut und die Angst vieler Menschen, die ihre Hilflosigkeit gern auf die Straße bringen und so ihre Ohnmacht in verändernde Aktion münden lassen wollen. Aber nie wieder lasse sich ein Enttäuschter oder Wütender vor den Karren hirnloser Brüller spannen! Die werden immer vorgeben, es besser zu *wissen*, es besser zu *können* und besser zu *sein* als »die da oben«, ohne Wege zur Umsetzung ihrer Forderungen zu suchen.

Die Kirchen können sich bei den Protesten verdient machen: Sie können in ihren Gemeinden den Betroffenen Netzwerke und organisatorische Unterstützung bieten, sie können sich direkt vor Ort einmischen und vor allem den Wert der Menschlichkeit gegen die bloß ökonomische Ver-Wertbarkeit menschlicher Arbeitskraft setzen. Einige Gemeinden laden zu Gebeten für die soziale Gerechtigkeit ein und halten das schon über Jahre durch – wie einst die Friedensgebete. *Gebete*, die auf akute politische Problemlagen zu reagieren versuchen, müssen *Reflexion*, *Diskussion* und *Information* mit *Meditation* und *Fürbitte* (als Entlastung, Orientierung und Hoffnung) und schließlich mit *Aktion* zu verbinden wissen. Aktionen, die aus den Kirchen »in die Welt« führen, helfen Vorurteile abbauen und sind auf glückende, also lösungsbereite Kommunikation von Betroffenen und Entscheidungsträgern – ähnlich wie 1989 – ausgerichtet. So können beharrliche, inhaltlich sorgsam vorbereitete »Gebete für soziale Gerechtigkeit« als Scharniere wirken – einerseits zwischen den psychischen und den sachlich begründeten Ängsten, andererseits zwischen den von Sozialabbau betroffenen Personen und den Personen bzw. Institutionen, die politische Entscheidungen auf den Weg zu bringen oder sie in parlamentarisch geregelten Verfahren zu treffen haben.

So kann die Kirche mit ihren situationsbezogenen Gebeten und anschließenden Foren ihren Beitrag zu unserer demokratischen Kultur leisten, denn mit populistischen »Weg mit«-Sprüchen und Gebrüll lassen sich die Probleme nicht lösen. Gelingender Protest muss politisches Denken und Handeln vereinen. Das heißt zum einen, präventiv, differenziert, konkret und lösungsorientiert zu denken, also zu klären, *was* man *wie* realistisch (also auch finanzierbar) unter zivilisierten Bedingungen geregelt haben will. Zum anderen, sich mit anderen zu verbünden, Mehrheiten zu finden und Kompromisse zu suchen. Die Menge braucht gute Fürsprecher, die den Protest aufgreifen und in politische Wege umzusetzen verstehen.

Der Organisator der Magdeburger Demonstrationen, der 42 Jahre alte, 14 Jahre arbeitslose Andreas Ehrhold, war ein solcher Fürsprecher. Zwar scheiterte er bei seinem Versuch, in die Politik zu wechseln. Er wurde nicht gewählt, aber das Zeug zum Volksvertreter hat er durchaus. Er gab einige treffende Sentenzen zu Protokoll:

– »Wir sind nicht nur das Volk, sondern auch Ihr Arbeitgeber, Herr Schröder.«

– »Man kann ein Volk nicht dafür bestrafen, dass jeden Tag tausende Arbeitsplätze abgebaut oder ins Ausland verlegt werden.«

– »Ich werde viel nachgefragt, aber ich bin nicht gefragt.«

– »Mir wäre es lieber, wenn sich 20 000 Frauen einen Pelzmantel leisten können, als wenn sich eine Frau 20 000 Pelzmäntel kaufen kann.«

– »Wenn beim Stuhltanz die Musik aufhört und die Hälfte der Leute keinen Platz gefunden hat, hilft es nicht, wenn man ein schnelleres Lied spielt.«

Ehrhold verlangte, dass ein *anderes* Spiel gespielt wird. Da meldete sich ein Pfiffiger aus dem Volk, der nicht resigniert hatte, und hielt den Regierenden listig einen Spiegel vor.

Die während der Hartz-IV-Proteste geäußerte Forderung »Wir wollen Arbeit und soziale Gerechtigkeit« war schlicht eine Einforderung des Programms, mit dem sich die SPD 1998 zur Wahl gestellt hatte. Dort hieß es doch: »Wir wollen die sozialen Gräben in unserer Gesellschaft zuschütten und die innere Einheit unseres Landes vollenden. Wir wollen Arbeit und Wohlstand für alle. Wir verstehen uns als Gemeinschaft der Solidarität der Stärkeren mit den Schwächeren.«

2004 machten die Bürger zum einen ihrem Unmut über die damals Regierenden und deren Politik Luft. Zum anderen lassen sich die Montagsdemonstrationen als Zeichen dafür sehen, dass sich bei immer mehr Leuten der Eindruck durchsetzt, dass es in Deutschland ein hohes Maß an »Freiheit nach oben« gibt, aber auch die »Freiheit nach unten« groß ist. Die Angst vor der Arbeitslosigkeit hat längst die »Neue Mitte« erreicht. Es wächst auch die Sorge derer, die noch Arbeit haben, dass sie nach einem Jahr Arbeitslosigkeit ganz unten sein könnten, das zum Teil mühsam Ersparte aufbrauchen müssen bzw. auf Sozialhilfe angewiesen wären. Jeder ahnt, dass es ihn morgen treffen kann. Insofern ist es nicht verwunderlich, dass nicht nur jene Bürger auf die Straße gehen, die *schon* betroffen sind (und deren Resignation nicht schon so groß ist, dass sie nicht mehr protestieren!), sondern insbesondere jene, die Zukunftsängste haben.

Es artikulierte sich Zukunftsangst und Wut auf den Montagsdemonstrationen. Sie waren auch Zeichen von Optimismus und eines tiefen Glaubens an soziale Gerechtigkeit. Aus den Gesichtern der Demonstranten sprach die Überzeugung, dass sich tatsächlich etwas verändern lässt, wenn der Druck von der Straße lange genug aufrechterhalten wird. Und tatsächlich: Nachbesserungen bei Hartz IV gab es erst nach den Demonstrationen – nicht nach Artikeln, Fernsehsendungen, Thesen und Leserbriefen. Dies ist eine wichtige Erfahrung. Wenn die Leute die Vorteile der Demokratie nicht geringschätzen, das Demonstrieren – ohne Gewalt anzuwenden – als selbstverständliches Recht wahrnehmen und sicher sein können, dass sie abends wieder nach Hause kommen.

Die Massenproteste gegen Hartz IV können also durchaus Mut machen für die Zukunft. Wir müssen auch weiterhin auftreten gegen ausgrenzende Praktiken in der Arbeitsmarktpolitik und gegen ein Menschenbild, das nur noch für den Markt verwertbare oder für den Markt nutzlose Menschen kennt. Über die bei den Montagsdemonstrationen erhobene Forderung nach der Schaffung von Arbeitsplätzen müssen wir grundlegend nachdenken, denn Arbeit meist ein ganz elementares Betätigungs- und Bestätigungsbedürfnis des Menschen.

Arbeit los – Brot los – Sinn los

Heute gehen in Deutschland die einen daran kaputt, dass sie zu viel arbeiten müssen, die andern daran, dass sie keine Arbeit mehr finden. Die einen haben Reichtumssorgen, die andern Armutssorgen. Diese Zweiteilung der Gesellschaft könnte zu einer neuen Klassenkampfsituation führen. Wie soll es also weitergehen, wenn wir tatsächlich am *Ende der Arbeitsgesellschaft* angelangt sind, wie es viele Wissenschaftler angesichts der seit Jahren ansteigenden Arbeitslosenzahlen prophezeien? Wir müssen grundlegend überdenken, was Arbeit für uns bedeutet.

Es gehört zu den großen emanzipatorischen Zielen der Menschheit, von der Mühsal der Arbeit, vom Sichaufbrauchen und -abrackern in »entfremdeter Arbeit«, vom »Leben fristen« endlich freizukommen und sein Menschsein entfalten zu können außerhalb der Notwendigkeiten. Durch die kapitalistische Produktionsweise ist die globalisierte Welt in folgende widersprüchliche Situation versetzt: Während es für mehr als zwei Drittel der Weltbevölkerung ums nackte Überleben geht, kämpfen die reichen Länder, die auf den Weltmärkten miteinander konkurrieren, mit den Folgen der erhöhten Produktivität und mit dem Überfluss an Waren. Die neuen Arbeitssklaven – hochmoderne Maschinen und Informationssysteme – haben den Menschen als Arbeitskraft immer entbehrlicher gemacht, so dass immer mehr Menschen von der Lohnarbeit freigesetzt werden. Die reichen Länder der nördlichen Halbkugel wären zwar tatsächlich so reich, dass sie diese »mit durchfüttern« und sie ihre Freiheit genießen lassen könnten. Die meisten Betroffenen aber können darin keine Befreiung erkennen, sie empfinden sich vielmehr nun selbst als überflüssig, verlieren die Selbstachtung und Kontrolle über sich. Sie sind aus einem Sinngefüge herauskatapultiert worden. Der Verlust von Arbeit wird von ihnen als Lebensverlust bewertet.

Dies hängt damit zusammen, dass zum einen produktive Tätigkeit ein Grundbedürfnis des Menschen ist und zum anderen seit vielen Generationen volle gesellschaftliche Akzeptanz nur derjenige findet, der arbeitet. In Ermangelung anderer Sinnstiftungen ist Arbeit zum Selbstbegründungs-Mythos unserer modernen Gesellschaft geworden, sie dient den Meisten als alleiniger Identitätsstifter und als Sinnanker schlechthin.

Zu Beginn des 21. Jahrhunderts sind wir nicht nur durch den Verlust der Arbeit bedroht, sondern vielleicht mehr noch durch das (kollektive) Vakuum, das dieser in den Betroffenen hinterlässt. Angesichts der Massenarbeitslosigkeit ist Arbeit nämlich als dominierender Sinngeber, Selbstwertbeschaffer und Gemeinschaftsproduzent überfordert. Wenn wir trotzdem daran festhalten, bewegen wir uns mit dem enormen Schwinden vergegenständlichter und Gegenstände produzierender Arbeit geradewegs in eine soziale, politische und psychologische Krise.

Wir stehen also vor einer Organisations-, Rechts-, Ökonomie-, Bildungs- und Mentalitätsfrage von epochalem Ausmaß. Wir brauchen alternative Konzepte der Sinnstiftung. Die Arbeit an uns selbst wird in diesem Zusammenhang zur entscheidenden ersten Arbeit der Zukunft werden. Ich stelle Ihnen vier Fragen:

– Haben Sie (noch) Arbeit?
– Und falls ja, was bedeutet sie Ihnen?
– Können Sie sich ein Leben ohne Arbeit gut vorstellen?
– Und falls nicht, warum?

Sie werden vielleicht antworten, dass Sie sich ein Leben ohne Arbeit deshalb schwer vorstellen können, weil Ihre Arbeit Sie – und dies ist der Idealfall – nicht nur anstrengt, sondern auch ausfüllt, erfüllt. Arbeit bietet uns also die Möglichkeit der Selbstfindung, Selbstbestätigung und Sinnerfüllung, sichert Anerkennung, selbst wenn wir durch die nur an Profit orientierten Arbeitsprozesse längst von unserem Arbeitsprodukt entfremdet sind. Der Mensch möchte etwas schaffen, das bleibt, während er selber älter wird. Arbeit ist auch immer Flucht vor den Depressionen unserer Vergänglichkeit. In dem zum Wachstum gezwungenen Wirtschaftsprozess wird Viel-Wind-Machen als Leben und Stillstehen als Tod erfahren. Denken Sie daran, wie viele Pensionäre die Lust am Leben verlieren, wenn sie nicht mehr am Arbeitsprozess teilhaben können. Sie haben das Gefühl, sie seien zu nichts mehr nutze. In ihrem Leben ist alles vorbei, bevor es vorbei ist. Warum ist es ihnen nicht möglich, in der Pflege des Gartens, im Verreisen oder im Da-Sein für die Familie eine ähnliche Bestätigung zu finden wie in ihrem Job? Warum können sie ihr Dasein nicht auf einen neuen Grund stellen?

Diese Frage führt zum Kern der individuellen und sozialen Probleme, die es im Angesicht des Endes der Arbeitsgesellschaft zu lösen gilt. Arbeit, Brot und Sinn scheinen einen unauflöslichen Zusammenhang abzugeben. Die Arbeitsgesellschaft lebt nämlich von einer Beherrschungs- und Unterwerfungsideologie, in der der Mensch sich erst dann die Dinge aneignet, wenn er sie sich unterworfen hat. Die Rangfolge ist in den letzten Jahrhunderten vom Sinn auf die Zwecke, vom Verstehen zum Beherrschen, vom Bestaunen zum Aneignen, vom Intensiven zum Extensiven gewechselt. Tätigkeit wird also folgerichtig nur dann zum Sinnanker schlechthin, wenn sie als zeitlich geregelte Erwerbstätigkeit unter permanentem Konkurrenzdruck stattfindet. Da ist Zeit Geld und Geld Zeit. Es ist nicht bloß das Tätig-Sein, das uns die Arbeit so wichtig werden lässt, sondern die Gratifikation, in der wir unseren Wert ausgedrückt sehen. Unser Selbstwert misst sich zumeist am Geldwert. »Arbeit um jeden Preis« ist angesichts der heutigen Problemlagen die falsche Antwort auf die Preis-Frage »WIE, WAS, WOZU, WANN, WIE LANGE arbeiten wir?« Die Gleichsetzung von produktiver Erwerbsarbeit und erfüllender Tätigkeit muss aufgehoben werden, wenn wir nicht durch kollektive Sinn-Losigkeit krank werden wollen.

Der in sich reiche Mensch

Die meisten Menschen in unserem reichen Land brauchen Arbeit, weil sie mit ihrer Lebenszeit ohne Arbeit wenig anfangen können. Immer müssen sie etwas anfangen oder es muss mit ihnen etwas angefangen werden. Außerhalb ihrer Arbeit sind sie in erster Linie Konsumenten, z. B. der Unterhaltungsindustrie.

Zum gemachten Produkt ist nach den Regeln des Marktes das gemachte Bedürfnis gekommen, es ist den Menschen erst zur wohligen Gewohnheit und dann zur zweiten Natur geworden. Der Waren produzierende und konsumierende Mensch wird selber eine Ware, die »bei Laune zu halten« ist. Nur passiv kann er noch genießen, doch mit der gewonnenen Freizeit nicht mehr umgehen: Der äußerlich reiche Mensch ist in sich arm geworden.

Was macht aber einen in sich reichen Menschen aus? Luther meint, dass der Mensch zur Arbeit geboren sei wie der Vogel zum Fliegen – diesen Vergleich muss man ernst nehmen. Der Vogel schafft nicht mehr herbei, als er zum Leben wirklich braucht. So hat er Zeit zum Da-Sein. Das Fliegen des Vogels liegt stets zwischen der Absicht von Nahrungssuche, der freien Selbstbewegung in der Schöpfung schlechthin, dem Ausfliegen in ein Revier und der Rückkehr ins Nest, wobei der notwendigen Sorge auch das natürliche Singen entspricht. Der Vogel singt beim Fliegen. Schöpferisch und fröhlich zu sein bei seiner Tätigkeit und nicht erst nach seiner Arbeit oder etwa durch das Produkt seiner Arbeit oder den Gewinn von seiner Arbeit ist der eigentliche Sinn menschlichen Tätigseins.

Der in sich reiche Mensch bedarf nicht der Arbeit als Erwerbstätigkeit, wenn er die Ideen findet, etwas mit sich, mit der ihn umgebenden Welt und mit den anderen anzufangen, und zwar so, dass er Welt erfährt, erlebt, durchspielt. Dazu gehört es, den Sinn in einer Tätigkeit in der Tätigkeit selbst zu suchen – und zu finden! –, nicht außerhalb ihrer im Geldumsatz oder in anderer Ver-Wertbarkeit. Ein solches Tun ist zwar zweckfrei, aber nicht sinn-los.

Es muss wohl wieder gelernt werden, eine Sache um ihrer selbst willen zu tun, aus freien Stücken und in einem Sinnhorizont. Eigenbestimmte Tätigkeit, in der ein Mensch sich erprobt an einer Aufgabe oder an einem Gegenstand oder in einer Gemeinschaft von Menschen, ist erst wirkliche Freiheit. Der in sich reiche Mensch kann die Anschauung für gleich wichtig halten wie die Veränderung, die Kontemplation in gleichem Maße wie die Produktion schätzen, ihm bedeutet das Verstehen der Vorgänge mehr als das Beherrschen der Dinge, er setzt dem ästhetischen Erlebnis das kulinarische nicht nur gleich, und er kann, in einer bestimmten Absichtslosigkeit, in einer Beschaulichkeit das Sein bereichernd erfahren.

Das im Alltäglichen zu üben und sich zu einem in sich reichen Menschen zu entwickeln – dies ist die Arbeit, die jeder an sich selbst leisten kann, um durch das Ende der Arbeitsgesellschaft keinen seelischen Schaden zu erleiden. Gleichzeitig müssen Rahmenbedingungen geschaffen werden, die eine Gesellschaft in sich reicher Menschen ermöglichen.

1. Wir müssen uns von der Illusion verabschieden, dass das Recht auf Arbeit eine der zentralsten Forderungen der Emanzipation ist. Dem Recht auf Arbeit muss künftig ein Recht auf Faulheit entsprechen, damit nicht der glückliche Besitzer von Arbeit der Mehrheit der Menschen ihr Bedürfnis zu arbeiten vorenthält. Wenn Arbeit ein bevorzugtes Feld menschlicher Identitätsfindung und gesellschaftlicher Wertschätzung bleibt, müssen Tätigkeiten als Arbeit anerkannt werden, die bisher missachtet worden sind.

»Arbeit für alle« ist eine falsche Verheißung. Aber Faulheit für alle darf keine Drohung sein von denen, die als Workaholics die Herrschaft über die Arbeit angetreten haben. Der in sich reiche Mensch kann auch die Freiheit von Arbeit genießen und Sinn und Erfüllung in Tätigkeiten finden, die nicht mit Erwerbsarbeit identisch sind. Er weiß, dass es Arbeit bedeutet, sich am Leben zu erhalten, einander zum Leben zu helfen und mit der Vergänglichkeit fertig zu werden.

2. Die Annahme, der Mensch würde freier, wenn er ohne Zwang ist, ist falsch. Er braucht Zwänge, um Freiheit zu erleben, braucht Zeitreglement, um Freizeit genießen zu können, braucht Zwangsgemeinschaft, um freie Gemeinschaften zu bilden, braucht Rechtssetzungen, um zu wissen, was Gerechtigkeit ist. Der ganz freie Mensch ist der ganz verlorene, sich selbst überlassene Mensch. Fehlende Orientierung führt neben prinzipiell freier Selbstbestimmung leicht zu Beliebigkeit, Manipulierbarkeit und Regression in fundamentalistische Scheinsicherheit.

Daraus folgt: Wenn der Arbeitsgesellschaft die traditionelle Erwerbsarbeit ausgeht, müssen wir dafür sorgen, dass die Menschen lernen, sinnvoll mit der freiwerdenden Zeit, mit sich, miteinander und mit der sie umgebenden Natur umzugehen.

Arbeit im menschlichen Miteinander wird als Humanisierung erfahren. Insofern kann Tätigkeit als Dienstleistung aneinander Entfesselung der Arbeit von ihren Zwängen bedeuten. Die Forderung nach Humanisierung der Arbeit ist keine leere ethische Floskel. Arbeit erfüllt sich in einer Subsistenzmittel schaffenden Tätigkeit, einer gelingenden Interaktion, einer sich selbsterschaffenden wie Werte schaffenden Betätigung. In einer solcherart humanisierten Dienstleistungsgesellschaft könnten Bildung, Kultur, Sport, Kunst, Kreativität die frei werdenden Lebensräume ausfüllen und nicht Medien und Freizeitangebote, die passiv machen.

3. Die Krise der Arbeitsgesellschaft gibt uns die Chance, die Weichen für den Weg, den wir persönlich, in Deutschland und global beschreiten wollen, neu zu stellen. Wollen wir uns weiter der Moral des Marktes unterwerfen, dem reinen Profitstreben und der Effizienzsteigerung, bis wir innerlich so weit verarmen, dass für uns alles nur noch Waren-Wert hat? Oder wollen wir auf einen Paradigmenwechsel hinarbeiten – von der Erwerbsarbeitsgesellschaft hin zu einer pluralen Tätigkeitsgesellschaft, in der den Menschen durch die immer geringer werdende Erwerbsarbeit nicht alle Perspektive auf ein einkömmliches und erfülltes Leben verbaut, sondern gerade die Möglichkeit eröffnet wird, durch selbstgewählte befriedigende und sinnstiftende Tätigkeiten miteinander innerlich immer reicher zu werden.

Mit der Frage, wie wir in Deutschland dem Problem der Massenarbeitslosigkeit beggnen, mit der Frage, ob die Werte Freiheit und Gerechtigkeit für alle unteilbar bleiben oder ob die Trennlinie zwischen Arbeitenden und Arbeitslosen die Spaltung zwischen Arm und Reich immer weiter vertieft, steht unser demokratisches Gesellschaftsprojekt zur Debatte. Es muss das Projekt der Gesamtgesellschaft, also der Summe aller Menschen, bleiben. Durch den Wiedergewinn von Muße als Gewinn von

Intensität, Kreativität, Beschaulichkeit und Welterleben kann sich das Dasein des Menschen außerhalb der Zwänge der Erwerbsarbeit in sich selbst erfüllen – mit Tätigkeit, mit Brot, mit Sinn. Wenn der Mensch den entfesselten Markt nicht reguliert, geht er zugrunde, mitsamt seiner Welt. In dieser Richtungsänderung stecken natürlich Anforderungen an jeden, die Welt nicht so zu lassen, wie sie ist – damit sie bleibt.

Durch freies Wachstum in die Wüste

Die Humanisierung der Arbeit ist nicht der einzige Paradigmenwechsel, für den wir uns einsetzen müssen, wenn wir das heute laufende »globale Selbstmordprogramm« (Klaus Töpfer) stoppen wollen. Nicht der Mensch allein leidet unter dem Terror der Gewinnmaximierungsideologie, die nur etwa einem Zehntel der Weltbevölkerung materiellen Wohlstand gebracht hat. Die gesamte Schöpfung seufzt und stöhnt unter der Aus-Beutung, unter dem irreversiblen Ver-Brauch von Welt. Bleibt der kurzfristige Profit das einzige Kriterium menschlichen Handelns, erwarten uns Katastrophen, gegen die biblische Heuschreckenplagen gar nichts sind. Ein globaler Kampf um Wasser- und Ölressourcen ist im Gange. Die Lungen der Welt werden abgeholzt. Die Wüsten wachsen. Der Klimawandel verursacht derart dramatische Naturkatastrophen, dass das Wort Klimawandel eine Verharmlosung darstellt.

Maximilian Gege, Vorsitzender des Bundesdeutschen Arbeitskreises für Umweltbewusstes Management, der größten Umweltinitiative der Wirtschaft in Europa, wies im Gespräch mit Franz Alt auf die großen moralischen, ökonomischen, ökologischen und sozialen Herausforderungen hin, vor denen wir stehen: »die Frage von Krieg und Frieden, Armut und Reichtum, Wachstum und nachhaltigem Wohlstand für alle Menschen. Zwei Milliarden Menschen ohne Strom, vier Milliarden Menschen in lebensunwürdigen Umständen, zunehmender Reichtum bei den auf der ›Sonnenseite‹ Lebenden – und eine dramatische Klimaverschärfung sowie eine stark steigende

Weltbevölkerung, das kann nicht funktionieren und wird irreparable Konflikte auslösen.«

Mit den Prinzipien des freien Marktes ist das Streben nach Wachstum und Produktivitätssteigerung untrennbar verbunden. Mit der Erhöhung der Produktivität wird der Warenumschlag erhöht, der mit einem qualitativen Wertverlust einhergeht. Produkte dürfen nicht langlebig sein, denn sonst würde kein Produktionszwang entstehen, und es gäbe wiederum weniger Arbeit. Dies aber führt zu einem extremen Verschleiß der nichtregenerierbaren Ressourcen und zu einer Bedrohung der regenerierbaren wie z. B. der Wälder und des Wassers. Die meisten Produkte sind nach ihrem schnellen Verbrauch lediglich Müll, und immer weniger davon ist in den Kreislauf von Produktion und Reproduktion wieder einzuordnen. Da die Recyclingprozesse nicht mehr funktionieren, wird der Abfall zu einem Überlebensproblem. Friedensreich Hundertwasser sieht in der Lösung unseres Exkrementenproblems – in unserer »Scheiße«, wie er sich ausdrückt – das Kardinalproblem der Menschheit schlechthin. Man denke an die atomaren Rückstände, deren Abbau jedes menschliche Zeitmaß überschreitet, an die chemischen Waffen, die noch aus dem Ersten Weltkrieg in den damals beteiligten Ländern lagern oder auf dem Ostseemeeresboden als Quecksilber-Zeitbomben liegen, die Abermillionen Tonnen Müll, die wir inzwischen in der Dritten Welt ablagern, oder an jede einzelne Batterie und all die Schwermetalle, die wir in den Boden abgeben, an die Gülle und die Emissionen unserer Autos – kurz: den ganzen »Abrieb« unserer Zivilisation.

Es darf nicht um mehr Wachstum gehen: immer mehr Verbrauch von Ressourcen, mehr Energieumsatz, mehr Verkehr. Was heute so billig wie möglich produziert wird, wird morgen so teuer, dass es nicht mehr bezahlbar ist. Die moderne kapitalistische Markt-Welt-Gesellschaft gefährdet den Kreislauf des Lebens, das ständige »Stirb und Werde« durch eine endgültige Ver-Wertung der Welt, die sie sich zum bloßen Material gemacht hat. Der Mensch hat den Auftrag, die Erde zu bebauen und zu bewahren. In der Schöpfungsgeschichte steht nichts von Zerstören. Wir sind Teil dieser Erde. Sie ist uns anvertraut. Das betrifft nicht nur Christen zentral. Was Ende April 1989 in Dresden – auf der Ökumenischen Versammlung »Für Gerechtigkeit, Frieden und Bewahrung der Schöpfung« – als Maximen christlichen Handelns herausgearbeitet wurde, bleibt für alle gültig. Im Abschnitt »Auf der Suche nach einer neuen Lebensweise der bedrohten Schöpfung« heißt es: »Wenn wir von der Ausbeutung der Natur zur Respektierung ihres Eigenwertes und zum zukunftsorientierten Haushalten kommen wollen, müssen wir sie besser kennenlernen. Nur was wir schätzen gelernt haben, werden wir auch liebevoll bewahren. Deshalb sind wir angewiesen auf lebendigere Beziehung zu unserer Umwelt. Die Erde ist das gemeinsame Haus aller Geschöpfe, das wir erhalten, bewahren und gestalten sollen. ... Wir halten es für notwendig, unsere Lebensweise zu überprüfen und ihre Verträglichkeit für die Natur, das Leben anderer Völker, das gesellschaftliche Zusammenleben, das Leben des einzelnen Menschen und der kommenden Generation.« Der wirtschaftliche Erfolg allein darf nicht zählen, wir müssen prüfen, wie er erreicht wurde, wer oder was dafür beiseitegeräumt wurde, und wir müssen die Folgekosten für die Umwelt und die Gesellschaft einrechnen.

Der postmoderne Prometheus mutiert zum computerbegabten Sisyphus. Aber eines Tages könnte der Stein zum letzten Mal rollen. Klaus Töpfer richtete seine Mahnung »Es ist die eine Welt, die zur Debatte steht. Im Kleinen und im Großen« nicht nur an Konservative, alte wie neue Linke, (ehemals) grüne Politiker, Entscheidungsträger in Wirtschaft und Gesellschaft, sondern an jeden von uns. Nur ein Mensch, der sein Menschsein in Ehrfurcht vor den Lebenskreisläufen zu gestalten sucht, verbaut sich und anderen nicht die Zukunft.

Das Prinzip der Nachhaltigkeit muss in Ökonomie, Ökologie wie Sozialpolitik gelten. Nur lokal und global *nachhaltige* Politik ist verantwortliche Politik. Nur nachhaltiges Wirtschaften ist moralisch. Wir sollten unsere Stimme immer wieder für das 1997 beschlossene Kyoto-Protokoll erheben. Natürlich ist das noch längst kein Rettungsprogramm, sondern eher ein Signal für die richtige Richtung, damit wir nicht in Umweltkatastrophen taumeln und unsere Ökosphäre irreversibel vernichten.

Die Verträglichkeit muss zu einem zentralen Kriterium unseres Denkens und Handelns werden: ökologisch verträglich, sozial verträglich, enkelverträglich. Unsere Fixierung auf die Gegenwart und auf unseren kleinen Lebenshorizont werden künftige Generationen bitter bezahlen. Der Markt selber schafft keine langfristigen ökologischen Steuerungen, sondern Zerstörungen mit Langzeitfolgen, weil er nur am Gewinn orientiert bleibt. Wir dürfen nicht darauf hoffen, dass die Markt-Mächtigen von selbst zu dieser Einsicht gelangen.

Die Erhaltung des Lebensraums für Mensch und Natur steht auf dem Spiel. Die globalisierte Welt als unbegrenzter Handlungsraum bedarf gewisser Regeln. Freiheit und Verantwortung gehören zusammen. Ohne ein globales Ethos kommt globales Chaos. Wo sind die Träger solchen Denkens?

Die 1997 vom InterAction Council zur Diskussion gestellte »Allgemeine Erklärung der Menschenpflichten« verpflichtet den Menschen auf Ehrfurcht vor dem Leben, die nicht auf das menschliche Leben beschränkt ist, sondern Tiere und Pflanzen, den Erdboden, Wasser und Luft mit einschließt. Auch im Konzept des »Weltethos« ist der nachhaltige Schutz des Ökosystems verankert. Hans Küng, Initiator des Projektes und Präsident der Stiftung »Weltethos«, hat die global verbindlichen Handlungsnormen in der sogenannten »goldenen Regel« ausgemacht, die seit Jahrtausenden in vielen religiösen und ethischen Traditionen der Menschheit verankert ist. »Handele so, wie du von anderen behandelt werden möchtest.« Das ist einfach und bewundernswert weitsichtig zugleich. An dieser Regel kann sich globales Handeln und jeder Einzelne im Alltag orientieren.

Wenn ich sage: »Wir brauchen nichts Geringeres als einen *globalen Marshallplan* mit langem Atem für die Weltgesellschaft, wenn unsere Welt weiter bestehen soll«, antworten Sie wahrscheinlich: »Das ist eine Aufgabe für Experten, Wissenschaftler, Zukunftsforscher, mich überfordert das, das ist nicht meine Welt, auf globaler Ebene kann ich doch sowieso nicht mitbestimmen.« Wir sind als Menschen verhaltensbiologisch mit einem emotionalen Revierhorizont ausgestattet. Wir können normalerweise nur für das Überschaubare unseres *Lebenskreises* und unserer *Lebenszeit* Verantwortung übernehmen. Jetzt müssen wir uns einrichten auf globales Denken mit Langzeitperspektive und in der Weltgemeinschaft langfristige Ziele formulieren. Vielleicht denken Sie, dass die Ziele utopisch sind oder ihre Verwirklichung außerhalb Ihres Einflussbereichs liegt? Dann erinnern Sie sich daran, dass *jeder mitverantwortlich* ist, da auf dem Globus alles mit allem zusammenhängt. Es ist eben doch Ihre Welt!

Die globalen Probleme erfordern den Abschied von einem nur auf den Menschen ausgerichteten Denken und ein neues ganzheitliches Welt- und Menschenbild. Der Dalai Lama gibt uns zu bedenken: »Kein Weltfrieden ohne Frieden mit der Natur.« Albert Schweitzer kam zu der Erkenntnis: »Ich bin Leben, das leben will, inmitten von Leben, das leben will.« Wer so denkt, nimmt Rücksicht und sieht auf das Lebensrecht allen künftigen Lebens. Handeln Sie nach einer solchen Maxime?

Überall auf der Welt gibt es Einzelne und Gruppen, die als Warnmelder für die bedrohte Zukunft fungieren und sich den Herausforderungen stellen: in tibetanischen Klöstern, in wissenschaftlichen Arbeitsgruppen (Ozeanologen, Ökologen, Klimaforscher), in diversen Kommunitäten in der Dritten Welt. Auch unermüdliche NGOs wie *Greenpeace*, *Terre des Hommes*, *World Watch* sowie einige Journalisten lassen nicht nach, die wirklich wichtigen Fragen »nach vorn« zu bringen. *Attac* z. B. mit seinen 90 000 Mitgliedern mischt sich in die Weltstrukturen ein. In diesem Netzwerk werden nicht Gefahren apokalyptisch beschworen, da werden Wege gesucht.

– wie der Internationale Währungsfonds demokratisiert werden kann,

– wie eine Steuer auf Aktiengewinne erhoben werden kann,

– wie die Mechanik der Ungleichheit gebrochen werden kann,

– wie der unfaire Handel beseitigt werden kann, weil das WTO-Regime wesentlich für die Rechte der Starken und nicht für die Schwachen sorgt,

– wie die Verantwortung für die Zukunft in den Händen der Menschen bleiben, die ein Land bewohnen, statt von anonymen Konzerninteressen dominiert zu werden.

Nur wenn wir uns solchen Zielen stellen, werden wir auch Wege finden. Das wird nicht leicht, aber es ist möglich: Wer Ziele hat, findet auch Wege!

Wenn wir schon meinen, dass wir selber nicht viel tun können, sollten wir wenigstens diejenigen unterstützen und ermutigen, die sich mühen oder sich gemüht haben. Denn nur wenn die Weltöffentlichkeit – und Sie sind ein Teil davon! – sich rührt und organisiert, wird auch die Politik an ihre Verpflichtung erinnert. Wir sind gefordert, Politiker zu unterstützen (und dies auch mit den uns zur Verfügung stehenden Mitteln zu zeigen), die findig nach Wegen suchen, internationale Kriterien der ökologischen Nachhaltigkeit sowie der sozialen Verträglichkeit menschlichen Handelns, vor allen Dingen des ökonomischen Handelns durchzusetzen. Bisher werden Humanisierung und Ökologisierung als ein Gegensatz zur ökonomischen Effizienz betrachtet und gehandhabt – z.B. mit dem Argument, »das schafft doch Arbeitsplätze«.

Der Weltmarkt unterwirft sich keinen ökologischen Standards, die den Kriterien von Nachhaltigkeit folgen würden. Dringlich wird eine internationale ökologische Gesetzgebung einschließlich eines überprüfbaren »Generationenvertrages für künftige Geschlechter«. Ein holistisches Denken und Handeln ist heute mehr denn je geboten. Was die so billig produzierten Waren der Natur angetan haben und antun, bleibt außerhalb der Kalkulation. Wenn die gebeutelte Natur zurückschlägt, kann es zu spät sein. Zu viel von den Natur-Schätzen wird irreversibel verbraucht. Solange die Gifte – z.B. bei der Nickel- oder Kupferproduktion – keine unmittelbaren gesundheitlichen Schäden für den Menschen verursachen, bleibt alles erlaubt, was »nützt«. Wer Fernwirkungen außer Acht lässt, ist kurzsichtig. Alles Tun und Lassen muss auf kurz-, mittel- und langfristige ökologische Folgen hin überprüft werden. Wenn wir als Spezies indes weltweit weiter auf dynamisches Wirtschaftswachstum setzen und auf eine kurzfristige ökonomische Nutzenkalkulation, wird die Erde mehr und mehr zur Wüste werden – nicht zuletzt durch eine hocheffiziente menschliche Arbeit, die mit der Natur machtförmig umgeht, *in* der und *von* der alles Leben lebt.

Aus der Wüste in die Freiheit

»Gedenkt nicht an das Frühere und achtet nicht auf das Vorige! Denn siehe, ich will ein Neues schaffen. Jetzt wächst es auf, erkennt ihr's denn nicht? Ich mache einen Weg in der Wüste und Wasserströme in der Einöde.« (Jesaja 43,18 f.)

Als der Prophet Jesaja diese Sätze seinem Volk zuruft, scheint ein Ende der Gefangenschaft in Babylon nicht absehbar. Aber da kommt in der Nachbargroßmacht ein neuer Herr auf, Kyros, der die Gefangenen freilässt. Kyros handelt nicht allein. Auch er ist einer, der nach Gottes Plan agiert, ohne es zu wissen. Letztlich steht hinter dem Handeln Gott, der die Riegel des Gefängnisses zerbricht. Er zeigte dem Volk einen Weg durch das Meer und befreite es schon einmal von der militärischen Übermacht der Ägypter.

Kein irdisch-himmlisches Popeia wird versprochen, sondern ein schwieriger, aber lohnender Weg für das Volk, das wieder und wieder die Erfahrung macht, dass es durchgetragen wird. Die Befreiung von den Ketten der Vergangenheit kostet einige Mühe. Auch vergoldete Ketten sind Ketten.

Die Befreiten sollten sich nicht vergrübeln an das Frühere. Sie sollen ihre Kraft auf das Neue richten. Wer sich immerfort umsieht, erstarrt zur Salzsäule, wird mit Seilen in seine Vergangenheit zurückgezogen und nennt das seine Befreiung für die Zukunft! Wer beständig zurückblickt, erkennt nicht, was neu wird, was jetzt wächst, was ganz anders werden kann.

Bei der mühsamen, langwierigen Aufbauarbeit sieht der eine Probleme über Probleme, und der andere sieht den Weg, sie zu überwinden. Es darf nicht das »Prinzip Mäkeln« vorherrschen, denn selbst in der Wüste gibt es Wasser und Leben.

Wer Zukunft vor sich hat und an seine Zukunft glaubt, wird auch Kraft haben, sie zu gestalten. Nichts macht uns so müde wie das, was wir nicht tun. Alle Kraft für das Engagement speist sich letztlich nur aus der Freude, der Begeisterung und Dankbarkeit für diese wunderbare Welt, für dieses wunderbare Leben, für das Genießen des Brotes und des Friedens, der Pracht der Blumen, der Schönheit der Bilder, der spritzigen Säure des Weins, des Sprudelns der Töne. Im Psalm 104, 24 ist das alles poeto-theologisch vorgezeichnet: »Herr, wie sind deine Werke so groß und viel! Du hast sie alle weise geordnet, und die Erde ist voll deiner Güter.« Weise geordnet – überreich an Gütern und Güte ist die uns anvertraute Erde. Wenn wir von der Schöpfung lernen und uns einsetzen für etwas, das sinnvoll ist und Hoffnung gibt, dann bekommen wir Kraft dafür. Zuversicht ist das halbe Leben. Nur wer sich auf den Weg macht, wird erfahren, dass er gangbar ist – ganz so, wie der Appetit beim Essen kommt, kommt Kraft beim Tun.

Vergeudet euch nicht an irgendeine Nostalgie. Klammert euch nicht an das Vergangene – verklärt es weder als die schöne Zeit, als alles schön klar war, noch verdammt alles, was gewesen ist, was mit euch geschehen ist und wer ihr wart. Ihr könnt zu euch stehen. Und so werdet ihr auch das Neue bestehen: aufgerichteter, gerader, hoffnungsvoller, selbständiger.

Demokratie braucht VERTRAUEN und PARTIZIPATION

Einen Staat machen

»Mit *denen* ist kein Staat zu machen«, stöhnen viele der sogenannten Normalbürger über die sogenannten Staatsdiener und noch mehr über die Parteien. Haben sie dabei lediglich an die politische Klasse gedacht, oder beziehen sie sich selbstkritisch mit ein?

»Einen Staat machen« – das ist eine höchst komplizierte, eine so verlockende wie zuzeiten riskante Sache. Diktatoren wissen zu gut, wie man Untertanen gefügig macht, die selbst für nichts verantwortlich sind, sondern nur so ängstlich wie macht- oder karrierebesessen gehorchen, gar so begeistert wie finster mitmachen oder einfach abgeduckt und abgestumpft mitlaufen. Die Demokratie als eine weiche Machtentfaltung lebt davon, dass es genügend aktive, mündige, selbstverantwortliche, sach- und problembewusste Bürger gibt, denen das freiheitliche und sozialstaatliche Gemeinwesen eine Herzenssache ist, weil sie nie vergessen, was Diktatur anrichtet.

In Artikel 1 des Grundgesetzes der Bundesrepublik wird die Funktion des Staates grundlegend als ein Dienst am Menschen beschrieben: »Die Würde des Menschen ist unantastbar. Sie zu achten und zu schützen ist Verpflichtung aller staatlichen Gewalt.« Der Staat ist für uns Bürger da, nicht wir für ihn! Das ist *die* revolutionäre Umkehrung in unserer deutschen Geschichte und fordert das Engagement der Politiker genauso wie das aller Bürger!

Einen demokratischen Staat zu machen, das heißt: Teilhabe und Teilnahme beständig zu ermöglichen und einzufordern. Politiker haben sich – Recht und Gewaltenteilung achtend – ausdauernd zu bemühen, die Handlungsspielräume aller Bürger zu erweitern, zu fördern, soziale, ökonomische und politische Teilhabe am gesellschaftlichen Geschehen zu gewährleisten und zu (re-)aktivieren.

Der Ausbau erfahrbarer Mitgestaltungsmöglichkeiten ist das eine, die Wahrnehmung dieser Möglichkeiten ist das andere. Inzwischen werden »die Politiker« mit einer mehr oder weniger kultivierten Enttäuschungsattitüde selbstentschuldigend für das wachsende Desinteresse, für eigene Lahmheit, Denkfaulheit und eine daraus resultierende Räsonierhaltung verantwortlich gemacht. Es ist schon mehr als ein Alarmsignal, wenn z. B. im November 2006 in Halle an der Saale nur noch 27 Prozent der Wahlberechtigten sich daran interessiert zeigen, wer ihr Stadtoberhaupt wird. Das demokratische System könnte uns aus den Händen gleiten, sowie eine charismatisch-autoritäre Persönlichkeit sich geschickt dieser »enttäuschten Masse« annimmt, sich ihrer bedient und sich dabei leicht zu schürende Ressentiments zunutze macht. Wir haben's gesehen ...

Der Homo politicus und die res privata sind nicht mehr im Gleichgewicht. Jeder Bürger und jede Bürgerin sollte einen kleinen Teil seiner/ihrer Zeit und Kraft für Belange der res publica aufwenden – das käme dem Gemeinwesen wie jedem Einzelnen zugute. Oder wollen wir es wirklich zulassen, dass die diversen Funktionsträger des Staates uns in Deutschland erneut zu unmündigen Staats-Dienern bzw. zu beliebig manipulierbaren Konsumenten machen?

»Wenn Freiheit das Geheimnis der Demokratie ist, dann ist es eine Freiheit zur Beteiligung und zur Mitverantwortung«, sagte Richard von Weizsäcker. Wir brauchen einen Staat, in dem wir die Subjekte des Handelns sein *können* und auch tatsächlich *werden*. Dieser Staat braucht uns: Wir selbst haben unseren Staat auszufüllen, darin (Mit-)Verantwortung als freie Bürger zu übernehmen. Er bedarf eines alltäglichen, wachen Einsatzes für die Bewahrung seiner rechtsstaatlich-freiheitlichen Grundlagen. Er lebt letztlich von unserer – freien – Zustimmung zu seiner menschenrechtlichen Basis. Gleichgültigkeit, Apathie und Verachtung sind die Schaufeln für das Grab der Demokratie. Und unser demokratischer Staat sollte uns das Geld wert sein, das er kostet, z. B. um über die Machtmittel zu verfügen, die er braucht, um im Konfliktfalle sein Recht gegen Rechtsbrecher, gegen die Gegner der Toleranz, gegen jede Gewaltverherrlichung und alles rassistische Gebaren oder gar gegen Kriegsverbrecher durchsetzen zu können – oder aber auch, um in diversen Notlagen oder Katastrophen einspringen zu können.

Was »weniger Staat« praktisch bedeuten kann, haben die Opfer des Hurrikans Katrina im August 2005 in New Orleans bitter erfahren müssen. Das dortige Katastrophenmanagement darf uns kein Beispiel, sondern muss uns Warnung sein! Also: Kein Absterben des Staates, auch keine Privatisierung öffentlicher Güter und Aufgaben (z. B. der öffentlichen Sicherheit und der entsprechenden Sicherheitsdienste), sondern Förderung eines Gesetzesrahmens, der *freie* Entfaltung und *solidarisches* Auffangen ermöglicht, sollte unsere – europäische – Devise bleiben!

Der vorsorgende und der nachsorgende Sozialstaat, der die Initiative und die Leistungsbereitschaft in einem freiheitlichen Gemeinwesen stimuliert, soll unser gemeinsames Ziel bleiben. Deshalb haben die Politiker auch dafür Sorge zu tragen, dass öffentliche Güter – Wasser, Natur- und Kulturreichtümer – nicht bedenkenlos privatisiert und damit – gnadenlos! – kommerzialisiert werden. Gesundheit, Bildung, Kultur und Sicherheit sind Bereiche, in denen das Primat der Politik durch die Regierenden sorgsamst zu behaupten ist. Was verloren ist, ist verloren. (Als Beispiel sei der massenweise Verkauf von städtischem Wohnraum genannt. Nach einer gewissen Schamfrist werden die Mieter zu spüren bekommen, was es heißt, dass Wohnung nur noch ein Wirtschaftsgut ist und möglichst hohe Rendite abwerfen soll.) Und wir Bürger tun gut daran, *unseren* Staat zu behaupten – gegen seine äußeren und inneren Feinde und gegen alle, die ihn andauernd schlechtreden und jene miese Stimmung beklagen, die sie selbst befördern wie einige Medien, die daraus Gewinn zu schlagen trachten.

Gegen »den Staat«, »die Parteien«, »die Bürokratie« zu wettern ist populär und wird häufig bedenkenlos populistisch ausgenutzt. Das geschieht an Stammtischen genauso wie an den feinen Tafeln der »Neuen Mitte« – oder in Redaktionsstuben und in Fernsehstudios. Das dumme Volk kann leicht von »Brüllern« animiert werden, ehe es wieder (mit-)brüllt.

Die einen polemisieren unablässig gegen die »zu hohe Staatsquote«, stellen alle Ausgaben, die der Weltmarkttauglichkeit nicht dienen, infrage, fordern mehr Entscheidungsspielraum, Verantwortungs- und Risikoübernahme durch den Einzelnen, auch bei der Vorsorge vor den Lebensrisiken Krankheit, Alter und Arbeitslosigkeit. Sie haben ihre Schäfchen längst im Trockenen und treten jetzt nach unten. Wahrscheinlich vermuten sie, dass sie selbst in ihrem Leben nicht mehr auf staatliche Sozialleistungen angewiesen sein werden.

Andere schimpfen bloß auf »die da oben« und zweifeln, dass Politik überhaupt noch etwas bewirken kann. Sie sind befallen von jener ansteckenden Tatenlosigkeit, die bereits 1992 von der *Gesellschaft für deutsche Sprache* zum Wort des Jahres gewählt wurde: »Politikverdrossenheit«. Der damalige Bundespräsident Richard von Weizsäcker hatte den Parteien seinerzeit zu Recht vorgeworfen, sie seien »machtversessen auf den Wahlsieg und machtvergessen bei der Wahrnehmung der inhaltlichen und konzeptionellen politischen Führungsaufgaben«. Politiker sollten wahrlich in sich gehen und überlegen, warum seit den frühen 90er Jahren Parteien- und Politikverdrossenheit immer größere Teile der Bevölkerung befällt und sich mittlerweile schon zur »Volkskrankheit« ausgeweitet hat. Und die von den Regierenden Enttäuschten sollten ebenso ernsthaft nachdenken darüber, was hilfreicher ist: politische Partizipation oder völliger Rückzug aus der Mitverantwortung. Den Staat *lebendig* zu halten kann in der Demokratie nur eine *gemeinsame* Sache sein. Ohnmachtsgefühle verstärken die Ohnmacht und verleiten zur Passivität.

Es stinkt im Staate Deutschland, von oben bis unten. Ausmisten ist allemal besser als – ganz von draußen! – über den Gestank zu klagen – oder sich gelangweilt, frustriert, empört abzuwenden, nicht einmal mehr zur Wahl zu gehen. Mittlerweile sind das mehr als 50 Prozent! Tägliche Erfahrung bringt einen zu der bestürzenden Schlussfolgerung, dass mindestens ein Drittel »des

Volkes« mit einer Dummheit geschlagen ist, die eben diese Dummheit unbeirrbar als besondere Weisheit deutet.

Wer wollte Dietrich Bonhoeffer widersprechen, der erklärte, es sei ganz entscheidend, ob die Machthaber sich mehr von der Klugheit des Volkes beflügeln lassen oder ob sie sich mehr von der Dummheit und der Verdummungsbereitschaft versprechen. »Bosheit trägt den Keim der Selbstzersetzung in sich, aber gegen Dummheit sind wir wehrlos, weil Gründe nicht verfangen, Tatsachen einfach nicht zur Kenntnis genommen werden, Vorurteile strikt festgehalten werden. Dumme sind in der Regel restlos mit sich selbst zufrieden. Einen Dummen durch Gründe überzeugen zu wollen, ist sinnlos und gefährlich.« (Das schrieb Bonhoeffer zum Jahreswechsel 1942/43 – zehn Jahre nach Hitlers Machtergreifung und nach zehn Jahre währender Verirrung der meisten Deutschen.)

Die Macht der einen braucht die Dummheit der anderen. Menschen werden dumm gemacht und lassen sich dumm machen, ohne noch wahrzunehmen, wie das ihr Denken und Fühlen beeinträchtigt. Es wird in unserer medial dominierten Welt darauf ankommen, ob die Mächtigen (in Politik, Wirtschaft, Kirche und Medien) sich mehr von der Dummheit und manipulativen Lenkbarkeit der Menschen oder aber mehr von innerer Selbständigkeit, Kritikfähigkeit und Klugheit versprechen.

Alles Lug und Trug? Das Vertrauen in die Demokratie

Wichtigstes Gut der Demokratie ist das Vertrauen ihrer Bürger in die Verlässlichkeit ihrer Regeln sowie das Vertrauen in Personen, die die Demokratie auf Zeit repräsentieren. Die Staatsform »Demokratie« braucht eine generelle Zustimmung zu ihren Grund-Prinzipien, nicht bloß partielle Zustimmung für diese oder jene Partei bei den Wahlen. Dort, wo die Bürger ihr die Akzeptanz entziehen, sich enttäuscht, resigniert oder wütend zurückziehen, nicht einmal mehr den Weg in die Wahllokale schaffen, kommt die Demokratie in Gefahr. Sie wird hohl – ganz zu schweigen von der Weigerung, an einer Diskussion über anstehende politische Programme oder konkrete Entscheidungen sachkundig und beharrlich, statt vorurteilsvoll und aktionistisch teilzunehmen.

Die innere Grundlage für Vertrauen in die Demokratie kann der Staat nicht mit Gesetzen, Appellen oder äußeren Machtmitteln herstellen oder sichern. Vertrauen gibt es einerseits als freien Vorschuss – mit allem Risiko! –, und es ist andererseits Resultat von guter Erfahrung. Regierende können Vertrauen immer wieder neu rechtfertigen und ausbauen oder es wieder und wieder verspielen, indem sie gleichgültig oder arrogant Raubbau an dieser lebenswichtigen Ressource der Demokratie betreiben.

Wähler erwarten mit Recht von den Gewählten, den Beamten und Angestellten auf allen Ebenen Regelungskompetenz und von allen Funktionsträgern im jeweiligen Verantwortungsbereich eine selbstverständliche Gesetzestreue, ein bürgerfreundliches Auftreten sowie ein erkennbares Bemühen um Annäherung zwischen Reden und Verhalten (also Glaubwürdigkeit) und – bei allem Machtwillen – ein gerüttelt Maß an uneigennützigem Engagement. Die Bürger haben ein Recht darauf zu wissen, woran sie wirklich mit wem sind. Sie haben einen Anspruch darauf, dass der, der ein Amt ausübt, dies mit Sachkompetenz, persönlichem Einsatz und einer bestimmten Adäquatheit – oder sagen wir besser: Würde – ausübt. Ein wenig mehr Demut, ein wenig Selbstdistanz und Selbstkritikfähigkeit, ganz wenig Arroganz – das wär's.

Demokraten können selber als Totengräber der Demokratie fungieren, wenn die Bürgerinnen und Bürger zunehmend den Eindruck gewinnen, dass viele ihrer Repräsentanten die Bodenhaftung längst verloren haben, an ihren Ämtern und Titeln kleben, sich geschickt von anstehenden Sachproblemen fernhalten, eine Sprechblase nach der anderen absondern, ausgedroschene Floskeln aneinanderreihen und sich wünschelrutenartig an populistischer Zustimmungsfähigkeit orientieren. So wird z.B. einerseits die Lage auf dem Arbeitsmarkt oder die Lehrstellensituation schöngeredet, während man andererseits ökologische, gesundheitliche und soziale Folgekosten – z. B. einer Megamastanlage für Schweine – oder Belastungen – durch Aufhebung von Nachtflugverboten – einfach wegredet. Meist wohnt man selber weit weg vom Gestank und Lärm.

Zustimmungssüchtige lassen sich von Stimmungen oder vom Zeitgeistigen treiben – und sei es, dass ein immer schneller wechselnder Zeitgeist feuilletonistisch-antreiberisch auf sie wirkt. Was sagt *WELT*, was der *SPIEGEL*, was erst der Fakten-Fakten-*FOCUS*? »Wie kann ich mich ins rechte *BILD* setzen?« – solche Prüffragen scheinen für manchen Mandatsträger das einzige Problem zu sein, über das er sich fortdauernd Gedanken macht.

Im Medienzeitalter lassen sich Politiker dazu verführen, besonders an ihrem äußeren Erscheinungsbild, ihrem Image, zu arbeiten und dabei den Inhalt dessen, was sie vertreten, immer flexibler und gekonnter vage zu halten, damit sie auf nichts wirklich festgelegt sind. Den Leuten soll einfach nur ein guter Eindruck vermittelt werden. Um wie andere Interessen- oder Firmenvertreter gut rüberzukommen und auf Beliebtheitsskalen obenan zu stehen, halten sich Mandatsträger hochbezahlte Imageberater, Coaches, die ihnen zu einem ansprechenden Outfit verhelfen – was ihre Haartracht, ihre Brille und ihre Garderobe betrifft. Darüber hinaus üben sie ihre Auftritte und Redefiguren. Gut bezahlte, aber für nichts haftbare Berater entscheiden, wann sie wohin gehen und wie sie sich in welcher Presse inszenieren. Die Hauptsache wird der Effekt, der schöne Schein, nicht das Denken und Handeln. Was in der Sache versäumt wird, soll im Image wettgemacht werden. Das ist schlicht eine teuer bezahlte Täuschung. Sind die Bürger misstrauisch genug und erkennen, wenn eine schöne Hülle bloß die inhaltliche Leere und Beliebigkeit verdecken soll?

Eine generelle Schelte über »die da oben« wäre indes genauso falsch wie faul. Wer genauer hinsicht, wird feststellen, dass es nicht wenige Politiker gibt, denen man mit guten Gründen vertrauen kann. Sie verdienen und bedürfen Beachtung und Achtung. Gerade deshalb sollte sich jeder einzelne Politiker klarmachen, wie leicht Misstrauen und Enttäuschung in pauschale Wut umschlagen können. Die Frage, ob sein Handeln integer erscheint und es auch tatsächlich ist, sollte jeder für sich bejahen können. Der Maßstab sollte für diejenigen, denen wir als Volkssouverän Macht über uns in die Hände gelegt haben, nicht allein die Legalität ihres Tuns sein.

Welche Signale haben die von uns Gewählten, die Beamten und Angestellten des Bundes in den letzten Jahren an uns Bürger gesandt? Thomas Leif, Vorsitzender des Netzwerks Recherche und Chefreporter Fernsehen beim SWR, hat den Kontrast zwischen dem Verwaltungsfilz in der Bundesagentur für Arbeit und seinen Opfern – den Arbeitslosen, die vor der Kamera ihren Unmut kundtaten – eindrucksvoll vorgeführt. Mit jeder Sendeminute wuchs bei einem Zuschauer, der noch eine Arbeit hat, Angst und Grausen. Man möchte nur ja nicht in die Maschinerie dieser Mammutbehörde BA geraten!

Der jetzige BA-Chef Weise erklärte kalt, das Arbeitsamt habe »keinen sozialen Auftrag«. Was aber 90 000 Mitarbeiter in 650 BA-Geschäftsstellen in Deutschland mit einem Gesamtbudget von etwa 50 Milliarden Euro ohne sozialen Auftrag eigentlich anfangen, das ist eine Frage, die sich wohl jeder Zuschauer jener Recherche stellte.

Offensichtlich funktionieren die Seilschaften durch alle Kontrollgremien hindurch, denn diese Schildbürgerei der Arbeitsagentur stieß nirgends auf Kritik. Nicht einmal Franz Müntefering wies jene programmatische Aussage des BA-Chefs zurück, dass die BA »keinen sozialen Auftrag« habe. Das Ganze hat eine äußerst fatale Vorgeschichte: Der als Reformer eingesetzte Florian Gerster sollte als ein hochbezahlter Boss die BA zu »einem modernen Dienstleistungsunternehmen« umbauen. Er beanspruchte und bezog nicht nur ein fulminantes Salär, sondern behandelte Mitarbeiter wie ein autokratischer Chef einer Privatfirma. Er ging mit dem Geld um, als wäre es sein eigenes Unternehmen. Gerster hat viel Vertrauen in die Agentur selbst verspielt. Zu Recht war die Empörung in der Öffentlichkeit groß, als bekannt wurde, dass er dem Beratungsunternehmen *WMP Eurocom* einen millionenschweren PR-Auftrag erteilt hatte, der zuvor nicht einmal ordnungsgemäß ausgeschrieben worden war.

Wenn man sich zudem vor Augen hält, wer alles bei jener hochbezahlten Imageberaterfirma tätig ist und großes Geld abschöpft, das aus Beitragszahlungen von vielen kleinen Arbeitnehmern kommt, dann meldet sich verständlicherweise kalte Wut. Dass in dieser Image-Mogel-Firma ehemalige Chefs der *BILD*-Zeitung arbeiten, wird in jenen Kreisen offenbar als Ausweis besonderer Kompetenz angesehen.

Ein zweites Beispiel: Nur massiver, massenhafter Protest führte bei der Deutschen Bahn zur Rücknahme eines neuen Preissystems und zur Wiedereinführung der Bahncard 50. Und nun? Jährlich fünf Prozent Preissteigerung! Der Drang zur Börse zwingt offenbar zu gesteigerter Kundenunfreundlichkeit. Was stört das den hochdotierten Boss, der sowieso so gut wie gar nicht Bahn fährt? Die Dienstleistungen in kleinen und mittleren Bahnhöfen werden auf null heruntergefahren. Nicht nur ältere Menschen stehen etwas ratlos vor den Automaten; die Bahnhofshallen sind vielerorts nicht mehr zugänglich oder werden früh geschlossen. Eine Gepäckaufbewahrung, bei der man auch unhandliche größere Gepäckstücke abgeben kann, gibt es nur noch an wenigen großen Bahnhöfen. Selbst dort reicht die Zahl der – im Übrigen sehr teuren – Gepäckautomaten nicht aus. Es gibt für solche Art Missstände keine Ansprechpartner mehr. Die Bahn ist ein Unternehmen, bei dem einzelne Privatkunden keine Stimme haben.

Der wirtschaftliche Zusammenbruch der landeseigenen Bankgesellschaft riss Berlin seit 2001 hinab in eine dramatische Haushaltsnotlage. Unglaublich ist, wie viele Politiker in den Skandal verwickelt waren, und noch unglaublicher, wie viele Verantwortliche sich schadlos zu halten gewusst hatten! Die Berliner Bürger werden hingegen durch die Folgen auf noch unabsehbare Zeit hart belastet bleiben. Drastische Haushaltskürzungen bestimmen seit jenem Mega-Skandal die Politik. Wird die Hauptstadt je wieder aus der Verschuldung herausfinden können?

Der CDU-Bundestagsabgeordnete Richard Göhner kann jahrelang neben seinem Abgeordnetenmandat Hauptgeschäftsführer beim Bundesverband Deutscher Arbeitgeber (BDA) sein. Und der parlamentarische Geschäftsführer der Unionsfraktion Norbert Röttgen wollte ab Ende des Jahres 2006 neuer Hauptgeschäftsführer des Bundesverbandes der Deutschen Industrie (BDI) werden. Er wie auch der berühmte Bierdeckel-Merz halten ihre Nebenbeschäftigungen für den Ausweis ihrer besonderen Fähigkeit, als Abgeordnete mitten im Leben zu stehen und somit persönlich unabhängig von ihren Parteien zu bleiben. Unabhängig? Gilt nicht die alte Weisheit: Wess' Brot ich ess', dess' Lied ich sing'? »Monitor« hat im Oktober 2006 berichtet, dass Abgesandte der Industrie in Ministerien arbeiten und sogar an Gesetzesentwürfen mitwirken. Seither wurden weitere Fälle auf Bundes- und Länderebene aufgedeckt. Das System ist also bereits durch und durch verfilzt.

Was mochten die Arbeitslosen in Sachsen-Anhalt denken, als ihr ehemaliger Verkehrsminister, sodann einfacher Landtagsabgeordneter Jürgen Heyer sein Mandat im Dezember 2003 »wegen Überlastung« abgab? Überlastung durch seine Beratertätigkeit für die Deutsche Bahn, die er seit einem Jahr ausübte. Als Verkehrsminister von Sachsen-Anhalt hatte er im Februar 2002 noch mit Hartmut Mehdorn einen für die Bahn äußerst lukrativen Nahverkehrsvertrag abgeschlossen. Ohne Ausschreibung. Natürlich kann dieses Zusammentreffen Zufall sein. Solche Zufälle tragen jedenfalls dazu bei, dass das Vertrauen der Bürger in die politische Unabhängigkeit der Volksvertreter ruiniert wird. Die diversen, sehr gut dotierten Nebenjobs von prominenten Bundestagsabgeordneten in einer Zeit, in der die Politiker über die mageren Zuverdienstmöglichkeiten von ALG-II-Empfängern debattieren, sind schlicht zynisch. Wir müssten »nachdenken, ob dies mit den Zuverdienstmöglichkeiten so sinnvoll ist«, befand Franz Müntefering in der *Frankfurter Rundschau* vom 19. August 2006. Und im *SPIEGEL*-Interview vom 21. August 2006: »Das ALG II hat eine Form des Kombilohns geschaffen, die so nicht geplant war. Deshalb werden wir – wenn wir über den Niedriglohnsektor reden – prüfen, ob man da was verändern muss.« Aber welcher Politiker prüft die Nebenverdienste von Politikern im Hoch- und Höchstlohnsektor? Wo bleibt da die Forderung nach Selbstbegrenzung? Ist alles nur ein einträgliches Spiel? Nimmt jeder, wo er kriegt, Sonderkonditionen für sich selbst an? Was hat es auf sich mit den merkwürdigen Interessenverquickungen, wenn Vorsitzende von Bundestagsausschüssen in Aufsichtsräten von Firmen sitzen, auf die Ausschussentscheidungen gravierende finanzielle Auswirkungen haben. (Grüne eifern auch dabei längst Liberalen nach!)

Wer durchschaut noch, wie stark die Lobbys der Pharma- oder Rüstungsindustrie in der parlamentarischen Gesetzgebung mitwirken?

Instinktlos, schamlos, geldgierig – so funktioniert das ganze gewinnbesessene System, in dem demokratischer Firnis auf die Herrschaft des Kapitals geschmiert wird. Das muss ja geradezu den Verdacht verstärken, die meisten Politiker seien besonders gewiefte Abzocker oder gar »Volksbetrüger«, wie viele Bürger inzwischen verächtlich bemerken. Genau das können sich die zweifelhaften Verächter der Demokratie von rechts populistisch-demagogisch zunutze machen.

Ein abschließendes prominentes Beispiel: Eine der letzten Amtshandlungen Gerhard Schröders war 2005 die Übereinkunft zwischen der deutschen Bundesregierung und dem russischen Großkonzern *Gazprom*, eine Erdgasleitung durch die Ostsee zu verlegen. Nach seiner Wahlniederlage wurde Schröder Aufsichtsratsvorsitzender der *NEGP Company*, deren Mehrheit der russische Gaslieferant hält. Was ist so etwas? Korruption? Oder einfach Vorteilnahme? Oder Ausdruck verlässlicher Freundschaft zwischen Deutschland und Russland? Es mag ja sogar alles – rein juristisch – mit rechten Dingen zugegangen sein. Und doch bleibt mindestens ein schaler Beigeschmack. Im Oktober 2006 legte der Altkanzler mit der denkbar geschicktesten Vermarktung seine Erinnerungen ausgerechnet mit zeitgleichen Vorabdrucken bei *BILD* und *SPIEGEL* vor, die ihn 2005 so gnadenlos »heruntergeschrieben« hatten. Worum geht es ihm eigentlich? Um sich und um sich und vielleicht auch noch um ein besonders sattes Honorar für sein Buch? Der »Unterschicht« im Hartz-IV-Keller bleibt die Spucke weg. Da sage noch einer, man käme nicht von unten nach oben, wie es der Schröder vorgemacht hat!

Sind Politiker wirklich »alle korrupt«, wie man das heutzutage oft hört? Diesem Eindruck durch Handeln, nicht bloß durch Worte entgegenzutreten wird dringlich. Wenn der Bürger denkt, *alles* sei auf *allen* Ebenen doch nur Lug und Trug, sieht er selbst auch nur zu, wie er sich zu seinem eigenen Vorteil am Lug und Trug – z. B. durch Schwarzarbeit oder mit diversen Steuervermeidungstaktiken – eigensüchtig beteiligen kann.

Wer über Missbrauchsverlockungen von ALG-II-Empfängern klagt, sollte den Missbrauch von Vergünstigungsmöglichkeiten in der Oberklasse nicht beschwichtigend übersehen oder Empörung darüber lediglich als Neiddebatte abtun.

Natürlich: All diese Beispiele rechtfertigen nicht eine allgemeine bequeme Abmeldementalität von allem Politischen, eine fortschreitende – medial geschickt inszenierte – Selbstverblödung und passive Räsonierkultur, der sich viele erwachsene Bürger »bewusstlos« hingeben.

Unsere Demokratie beruht auf gemeinsam akzeptierten Werthaltungen. Für deren praktische Gültigkeit zu sorgen ist wohl Sache *aller*, zuvörderst aber derer, die das demokratische System repräsentieren. Die politische Klasse braucht mehr Klarheit darüber, welch hohen Akzeptanzverlust unser politisches System bereits erlitten hat und wie leicht das von Gegnern der Demokratie im Namen des »Nationalen« genutzt werden kann. Der Vertrauensverlust betrifft nicht nur die Regelungskompetenz und den Regelungswillen der *einzelnen* Politiker, sondern – und das ist schlimmer! – alle Politik, letztlich die Staatsform Demokratie selbst. Jede Enttäuschung über die Demokratie ist autoritär zu missbrauchen. Das sollten Demokraten keinen Moment lang vergessen.

Agenten im Dienst der Demokratie

Kein Staat meint, auf einen eigenen Geheimdienst verzichten zu können. Und alle Geheimdienste arbeiten im Verborgenen. Das liegt in der Natur ihrer speziellen Aufgabe und stellt in einem demokratischen Staat ein nicht zu unterschätzendes Problem dar. Trotz aller Konspiration muss deren Wirken nämlich transparent – also auch kontrollierbar – bleiben. Wir Bürger können nicht *blind* darauf vertrauen, dass der Bundesnachrichtendienst einzig und allein zum Schutz der Demokratie mit den einer Demokratie angemessenen Methoden arbeitet. Demokratische Kontrolle der »geheimen Kontrolleure« ist für das Vertrauen in die Demokratie unabdingbar. Kontrolle ist manchmal nicht nur besser als Vertrauen, sondern sogar notwendig! Wer will schon Agenten vertrauen müssen? Spitzeln wird leicht zur Sucht, Verselbständigung zur Gefahr, Geheimdienstler werden zu oft jedem dienstbar: Die »Organisation Gehlen« als Vorläufer des BND bestand im Wesentlichen aus einstigen Gefolgsleuten – Fachleuten! – des Nazisystems. Die Nazis selbst arbeiteten dem NKWD in die Hände und umgekehrt.

Lenin selbst wurde 1917 mit Unterstützung des Deutschen Reiches geheim nach Russland geschleust. Und sein Aufenthalt in Zürich war ihm als »nützlichem Idioten« auch finanziert worden. Stasiüberläufer wurden für den BND tätig. Zur Zeit des Kalten Krieges haben die Geheimdienste in Ost und West gegenseitig wichtige, gar reale Bedrohungsanalysen gefertigt und bisweilen eine akut bedrohliche Kriegsgefahr gemeldet und sie entschärft – fern aller Propaganda für die Öffentlichkeit diesseits und jenseits des »Eisernen Vorhangs«. Sie haben auch gegenseitig systemaufweichend gearbeitet. Wie haben BND und Verfassungsschutz zur Zeit des Kalten Krieges gewirkt? Wer wurde von wem angeworben und abgeschöpft? Wer war wann Spitzel für welche Zwecke?

2005 wurde aufgedeckt, dass der BND viele Jahre lang Journalisten überwachen ließ, die kritisch über den Geheimdienst berichtet hatten wie Andreas Förster, Redakteur der *Berliner*

Zeitung. Ein erschreckendes Ausmaß an eigenmächtigen und selbstherrlichen Gesetzesübertritten durch die Agenten aus Pullach wurde deutlich.

Der ehemalige Stasi-Mitarbeiter und spätere BND-Zuträger Uwe Müller schilderte die Treffen in der *Berliner Zeitung* vom 17. Mai 2006 folgendermaßen: »Wir saßen drei, vier Stunden zusammen, haben gut gegessen und Witze gerissen, vor allem über Politiker. ... Der Zustand der Republik hat sie [vom BND] sehr belustigt.« Also: Einmalig war die Stasi – jedenfalls in ihrer Außenspionagepraxis – nicht. Und sie war unter Markus Wolf ziemlich effektiv. Heute nennt man das »hochprofessionell«.

Bewegte sich der Geheimdienst während des letzten Irakkrieges innerhalb unserer rechtsstaatlichen Vorgaben? Oder handelte er eigenmächtig und ohne Wissen der Regierenden? Dann hätte der Geheimdienst nach ganz eigenen Regeln gespielt, als ein Staat im Staat, entbunden von jeglicher demokratischen Kontrolle und Verantwortung. Das wäre prekär für das Vertrauen, das wir noch in unsere demokratische und freiheitliche Grundordnung setzen können. Und falls der BND im Irak doch mit dem Wissen und ganz im Sinne der Regierung zugunsten des US-Militärs agiert hat? Das wäre mindestens genauso schlimm: Denn wie sehr würde unser Vertrauen in die Politik gestört, da die Regierenden öffentlich erklärt hatten, dass sie »für Abenteuer nicht zur Verfügung stehen«.

Wir müssen uns dringend grundlegende Gedanken darüber machen, ob unsere parlamentarischen Kontrollmechanismen noch funktionieren und wie es um die (Selbst-)Gefährdung von Menschen durch und in derartigen Institutionen steht. Den pseudokommunistischen Tschekismus des Sowjetsystems habe ich glücklicherweise hinter mir, nun erschrecken mich verbrecherische Praktiken im Namen der Freiheit, ja die dunkle Verselbständigung der Geheimdienste selbst in demokratischen Staaten – insbesondere in den USA.

Der Weg zu Menschenzerstörung und Menschenverachtung durch Geheimdienste ist *nie* sehr weit. Es gibt immer wieder Menschen, die sich nicht im Krimi, sondern in realen dunklen und verdunkelnden Tätigkeiten abreagieren und auch nachträglich kaum ein Schuldbewusstsein haben, weil sie ja von Staats wegen und wegen der »guten Sache« ihr zwielichtiges Geschäft betreiben.

Freilich ist die Demokratie noch halbwegs intakt, solange verfassungswidrige Übergriffe öffentlich diskutiert und – sowie das Geheime ans Licht kommt – untersucht werden. Das wäre in der DDR völlig undenkbar gewesen. Trotzdem scheint mir in der Bundesrepublik zweierlei geboten:

Das eine ist die Aufarbeitung des Wirkens des bundesrepublikanischen Geheimdienstes seit den Tagen der »Organisation Gehlen«. Sie hat eine sehr problematische NS-Vergangenheit (einschließlich der Mitarbeit von etwa 100 früheren SS-Angehörigen). Deshalb ist eine Akteneinsicht und wissenschaftliche Aufarbeitung der teilungsbedingten Tätigkeiten des Bundesnachrichtendienstes und des Verfassungsschutzes für eine differenzierende und umfassende Sicht auf die geteilte deutsche Geschichte nach 1945 unabdingbar. Oder sollte der BND keine geheimen Zuträger in den SED-Führungsetagen gehabt haben? Neben der Birthler-Behörde mit ihrem Stasiunterlagengesetz bedürfte es eines BND-VS-Unterlagengesetzes, also einer Akteneinsichtsbehörde in BND- und Verfassungsschutzakten. Die schützenswerten Staatsgeheimnisse sowie ganz persönliche Daten mögen unberührt bleiben; aber dazu bedürfte es rechtlicher Klärungen, was als »Staatsgeheimnis« gelten muss und was aus allzu durchsichtigen Gründen verborgen gehalten wird. Kommen wir nicht zu einer solchen Ergänzung der Vergangenheitsbetrachtung unter den Bedingungen der zweigeteilten Welt, dann bleibt weiterhin der fatale Eindruck zurück, dass es im Blick auf die DDR immer noch ausschließlich um »Siegergesetzgebung« geht und dass *allein* die Staatssicherheit des Übels Kern darstellen würde.

Die Geheimdienste an sich sind zumeist das Übel, dem sie wehren wollen. Also: Keine Relativierung der menschenverachtenden, menschenzersetzenden Tätigkeiten der Staatssicherheit – aber eine Einordnung in die Zusammenhänge während der

Zeit des »Wettkampfes der Systeme« täte um der Wahrheit und der Verhältnismäßigkeit willen not. Stattdessen werden IT-gestützt Schnipsel aus Stasi-Säcken aufwendig zusammengeklebt. Lediglich die Stasi bleibt »Objekt der Neugier« – vor allem durch einige ewig im Gestrigen verhaftete Bürgerrechtler und einige medienwirksame, mit antikommunistischen Reflexen aufgeladene Westler. Aber wir sollten nicht auf einem Auge blind bleiben und den Machenschaften der Geheimdienste nachgehen.

Es wäre nach aller Erfahrung fahrlässig, blind auf die Legitimität aller Machtmittel zu vertrauen, die im Namen der staatlichen Sicherheit eingesetzt werden. Neben parlamentarischen Untersuchungsausschüssen bedarf es ständiger Wachheit und des Widerspruchswillens der Bürger gegenüber geheimen staatlichen Machenschaften, die dem Grundgesetz und den Gesetzen widersprechen. Der »Fall Masri« und der »Fall Kurnaz« beleuchten ein wenig die dunklen Machenschaften diverser Geheimdienste in demokratischen Staaten, insbesondere der CIA oder der NSA, die sich auch kaum um die Souveränität befreundeter Nationen scheren und weltweit agieren – mit einem Rabatt für Menschenrechte aufgrund des »Antiterrorkrieges«. Es gilt auch hier, unsere grundlegenden Werte praktisch zu schützen, selbst wenn dies Konflikte mit großen Freunden einschließt.

Von Niedergang und Notwendigkeit der Bürgerbewegung

Im vereinten Deutschland spricht man gemeinhin von den Widerständlern gegen das SED-Regime und von »ehemaligen Bürgerrechtlern« als Inspiratoren und Anführern des revolutionären Umbruchs in der DDR. Das suggeriert, nur in der DDR hätte es der Bürgerrechtler bedurft, in der Demokratie würden sie nicht gebraucht. Dagegen halte ich: In Ost wie West ist eine bedenkliche Abstinenz und Müdigkeit gegenüber allen politischen Prozessen zu beobachten. Doch ohne wache und einsatzbereite Bürger, wie sie sich in *Attac*, in *Amnesty-International*-Gruppen, in diversen überregionalen oder lokalen Bewegungen und Initiativen sammeln, wird unsere Demokratie ausgehöhlt.

Am 3. August 1990, exakt zwei Monate vor dem »Tag der deutschen Einheit«, richtete einer der wichtigsten Inspiratoren der Friedens- und Bürgerbewegung in der DDR, der damalige Superintendent an der Kreuzkirche in Dresden, Christof Ziemer, einen Brief »an die Bürgerbewegungen in der DDR«. Er schrieb: »Ich sehe mit Sorge, dass die Bürgerbewegungen ihre Kraft und Kreativität verlieren. ... An die Stelle einer breiten, bürgernahen Basisbewegung tritt die Sorge ums politische Überleben. An die Stelle der Sachorientierung auf nötige Veränderung tritt das Ringen um politische Mandate. An die Stelle der notwendigen gemeinsamen Suchbewegung tritt die Aufsplitterung in einzelne Initiativen und die Durchsetzung partieller Interessen. Das Erscheinungsbild der Bürgerbewegungen wird nicht durch die Sachanliegen und Aktivitäten an der Basis, sondern durch das Verhalten im Parlament bestimmt. Es wäre verhängnisvoll, wenn die Bürgerbewegungen im tagespolitischen Macht- und Interessenstreit ihre Kraft vergeuden. ... Das A und O der Bürgerbewegung ist ihre breite, außerparlamentarische Präsenz und Entfaltung. Gerade die sehr wünschenswerte parlamentarische Aktivität hat nur eine reelle Chance, wenn sie von einer intensiven Basisarbeit getragen wird. Das gilt umso mehr, als die Bürgerbewegungen in absehbarer Zeit keine parlamentarische Mehrheit erlangen werden. Das Hauptziel muss deshalb darin liegen, eine breite Zustimmung zu wichtigen Veränderungen – unabhängig und quer zu den politischen Parteien – bei den Bürgern zu erreichen.«

Was man als Parteien-, dann als allgemeine Politikverdrossenheit bezeichnet, zeichnete sich bereits 1990 ab, als die Parteien alle Initiative an sich rissen. Die Bürgerrechtsbewegung in der DDR war ein Zweckbündnis unterschiedlichster Menschen gewesen, die vor allem eines verband: dass sie die kommunistische Einheitsgesellschaft unter Führung der SED ablehnten und freie Bürger sein wollten. Den Übergang in die Demokratie, den damit verbundenen politischen Pluralismus und ökonomisch alle

Lebensbereiche beherrschenden Kapitalismus hat sie insgesamt nicht überlebt.

Zu Beginn des 21. Jahrhunderts brauchen wir keinen Mythos der vergangenen Bürgerbewegung, sondern aktive, sich zu Wort meldende und eingreifende Bürgerrechtler! Denn die Fragen der Bürgerbewegung stellen sich neu, ob in Hinblick auf diverse Diktaturen oder auf das, was in Guantánamo oder Grosny, in Tel Aviv oder Ramallah, in Beirut oder Haifa, bei den Praktiken der Geheimdienste im Kampf gegen den Terror sowie durch Regime geschieht, die den Terror schüren und finanzieren. Anna Politkowskaja hat – ebenso wie viele andere Journalisten – ihren Mut, ihre politische Unabhängigkeit, ihre Klarheit und ihr Mitgefühl mit den Opfern des Tschetschenienkrieges mit dem Leben bezahlen müssen. Die Reaktion Putins zeigt sowohl dessen Kälte als auch die Fragilität der Demokratie im heutigen Russland.

Für Proteste gegen die Überwachungspläne von Innenminister Wolfgang Schäuble in Deutschland 2006 hätte es wacher Bürger bedurft, die vehement gegen jedes Beschneiden der Bürgerrechte aufgrund angeblicher Sicherheitsnotwendigkeiten eintreten. Schon bei Schilys sogenanntem »Otto-Katalog« waren aber kaum Stimmen von Bürgerrechtlern vernehmbar, schon gar nicht aus den Reihen der ewigen Stasi-Aufarbeiter mit ihrer Blindheit für die Machenschaften anderer entsprechender »Dienste« bis 1989 und seither.

Die Zukunft des bürgerschaftlichen Widerstandes und Engagements wird in neuartigen Bündnissen wie *Attac* liegen. Diese globalisierungskritische Bewegung hat – unterstützt von den Gewerkschaften *ver.di* und *Erziehung und Wissenschaft*, dem *BUND* oder *Pax Christi* bis hin zu kapitalismuskritischen Gruppen – verschiedenste Aktionsformen und Methoden entwickelt. Inzwischen gibt es über 200 Ortsgruppen in Deutschland. Wenn bei den zweimal jährlich stattfindenden *Attac*-Vollversammlungen Erfahrungen ausgetauscht werden, Entscheidungen im Konsensverfahren getroffen werden und alle Anwesenden – gleich ob Mitglied oder nicht – Rede- und Stimmrecht haben, dann ist das gelebte Demokratie im Kleinen. Die bundesweiten Kampagnen »Internationale Steuern«, »Bahn für alle« und zum G8-Gipfel 2007 in Deutschland, aber auch lokale Protestaktionen gegen Sozialabbau werden wahrgenommen. Das sollte Mut machen und zu eigenem Engagement und kritischer Beobachtung unserer Demokratie auffordern. Versteigt sich das Engagement, kommt man allerdings nicht ohne institutionalisierte Formen aus – mit allen Problemen, die jede Institutionalisierung aufwirft.

Wie leicht auch eine »erwachsene Demokratie« sich selber abschaffen kann, konnte Italien erleben, ehe es mit knappster Mehrheit der (Selbst-)Unterwerfung durch einen reichen Demagogen – vorläufig! – entrann. Demokratie ist ein stets gefährdetes Projekt, eben weil Menschen, einmal an der Macht, schwer davon lassen können und allzu leicht autokratische Züge bekommen. Macht und Machtmittel müssen um der Bürger wie um der Machtinhaber willen selbst begrenzt bleiben. Die Machtübergabe muss rechtlich klar geregelt sein. Man erinnere sich an die Entgleisung Gerhard Schröders in der Wahlnacht 2005. Er präsentierte sich als bockiger Abgewählter, der so gar nicht mehr »nach Volkes Pfeife«, ja nicht mehr nach demokratischen Regeln tanzen wollte.

Die Politik in der Demokratie droht am Anfang des 3. Jahrtausends zur Beute von Parteien, von Lobbyinteressen der Expertokraten, von Medien unter Quotendruck und von Beraterfirmen zu werden. Und »das Volk« wird zur passiven Verfügungsmasse, wenn sich nicht viele Bürgerinnen und Bürger für eine lebendige Demokratie engagieren, um der Ökonomie das Primat der (Welt-)Herrschaft wieder zu entreißen. Mangel an politischem Interesse und an – durchaus anstrengender, lustferner – politischer *Bildung* und politischer *Bindung* erweitern für jene das Terrain, die nicht auf den mündigen Bürger setzen, sondern auf den gefügigen Kunden oder Nutzer von »niedrigschwelligen Medien« wie *BILD*, »Unterschichtenfernsehen«, Killer- und Gewaltvideos und Gewaltspielen. Was und wieviel Sie sich davon reinziehen, dürfte Sie mehr beeinflussen, als Sie meinen.

Acht Prozent der Bevölkerung gehören – laut einer Studie der Friedrich-Ebert-Stiftung von 2006 – zum »abgehängten Prekariat«. Im Westen zählen vier Prozent zu dieser Unterschicht, im Osten bereits jeder Vierte. Die Betroffenen sind sozial isoliert und antriebslos geworden, sehen für sich keine Chance mehr, den Anschluss wiederzugewinnen oder eine Arbeit zu bekommen.

Zu den Autoritätsorientierten, Geringqualifizierten zählt die Studie 7 Prozent, zu den selbstgenügsamen Traditionalisten 11 Prozent, zur bedrohten Arbeitnehmermitte 16 Prozent, zu den zufriedenen Aussteigern 13 Prozent, zum engagierten Bürgertum 10 Prozent, zur kritischen Bildungselite 9 Prozent, zu etablierten Leistungsträgern 15 Prozent und zu den sogenannten Leistungsindividualisten 11 Prozent. Bei den (noch) Etablierten wächst die Unsicherheit, ob sie nicht auch bald ins Prekariat fallen könnten. Solche Angst ist sowohl in der sogenannten Arbeitnehmerschaft, beim Mittelstand als auch bei Akademikern ausgeprägt.

Man mag darüber streiten, ob die in der Studie genannten Kategorisierungen treffend sind; aber die Zahlen sollten ein Alarmsignal sein. Zumal, wenn wir uns klarmachen, dass fast 39 Prozent der Ostdeutschen für Niedriglöhne arbeiten. Jedes vierte ostdeutsche Kind lebt unterhalb der Armutsgrenze, im Westen schon jedes Neunte. Niedriglöhne sowie die sogenannten 400-Euro-Jobs führen zu einem drastischen Abbau normaler Beschäftigungsverhältnisse zu Tarifbedingungen. Zugleich häufen sich die Meldungen, wie sich die Vorstände der Großkonzerne selber kräftig mit Gehaltsaufbesserungen (bis zu 30 Prozent) bedienen, während sie Zigtausende entlassen.

Wen kann es da noch wundern, wenn das Vertrauen nicht nur in die Handlungsfähigkeit der Demokratie, sondern auch in die Seriosität wirtschaftlichen Handelns abnimmt und über Ressentiments wieder zu Stimmungslagen führt, die von Rechtsradikalen ausgenutzt werden. Die Parolen der Neonazis in Sachsen oder Mecklenburg sind zwar an Primitivität kaum zu übertreffen, aber sie treffen den Nerv vieler von der Gesamtentwicklung »enttäuschter Deutscher«, die einen »Nationalen Aufbruch«

wünschen und »die Ausländer« für soziale Probleme der Deutschen (mit-)verantwortlich machen. Deshalb schüren sie Fremdenfeindlichkeit. Sie sind im ursprünglichen Sinne »National-Sozialisten«, die ganz und gar darauf verzichten, an das zu erinnern, was Nazis angerichtet haben.

Widerspruch wagen

Angesichts der Globalisierung gebe es keine Alternative zum Umbau des Sozialstaats, wird uns erklärt. Die oben genannten Zahlen belegen jedoch, dass der Sozialstaat zur Disposition gestellt wird. Es steht nicht mehr und nicht weniger zur Debatte als Artikel 1 unseres Grundgesetzes (die Würde des Menschen ist unantastbar) und die Gültigkeit von Artikel 14, wonach Eigentum geschützt wird, aber zugleich dem Gemeinwohl dienen soll.

Alle am Gedeihen des demokratischen Staatsgebildes interessierten Bürger müssen alles tun, damit die soziale Wirklichkeit den Verfassungsgrundsätzen nicht Hohn spricht. Das erfordert alltägliche Zivilcourage.

Die »Tapferkeit im Felde« sei den Deutschen eigen, aber nicht die Tapferkeit im zivilen Leben, merkte der liberal-konservative Bismarck bitter an, nachdem er im Parlament einmal mit seiner Meinung allein dagestanden hatte, aber andere ihm hernach beteuert hatten, sie dächten wie er. Wohl jeder kann ähnliche eigene Erfahrung beisteuern: Wenn man mit Berufskollegen oder Parteifreunden zusammensitzt und gemeinsam über seine Gegner herziehen kann, dann sind alle ganz mutig und übertreffen einander in ihrer Polemik. Äußert aber einer unter Freunden, die sich ganz einig scheinen, eine eigene, abweichende Meinung – gar zugunsten des gemeinsamen Gegners –, so werden die anderen in der Regel sehr zurückhaltend oder schweigen klug.

In unseren Parteien zumal entwickelt sich ein zunehmender Gleichschaltungsdruck. Ihr Führungspersonal reagiert in der

Regel ziemlich empfindlich gegenüber interner Kritik. Und eine geradezu bigotte Presse beklagt entweder lautstark die Gleichschaltungstendenzen in den Parteien bei wichtigen politischen Entscheidungen, oder aber sie stürzt sich auf die Partei, die sich in einem offenen oder gar öffentlichen Diskussionsprozess in komplizierten Fragen befindet. Dem Normalbürger ist das faktisch »imperative Mandat« äußerst anrüchig geworden, da es im Widerspruch zum Grundgesetz steht, wonach der Abgeordnete nur seinem eigenen Gewissen unterworfen und an Aufträge und Weisungen nicht gebunden ist (Artikel 38). Nun wünscht sich derselbe Bürger aber auch eine klare Linie in den Parteien und Entschlüsse, die Mehrheiten finden, um durchgesetzt werden zu können.

Was nun? Will »der Bürger« von Politikern mehr individuelle Unabhängigkeit oder mehr politische Durchsetzungsfähigkeit? Es war schon mutig, als Angela Merkel in der *Mitteldeutschen Zeitung* vom 22. Juli 2004 zugab: »Es gibt keine Gewissheit über den einzig möglichen Weg, sondern wir leben auch von der Erfahrung, ob sich etwas bewährt oder nicht. ... Ich glaube aber auch, dass der Irrtum eine produktive Kraft hat.« Warum sollen Parteien untereinander nicht streiten, bevor sie zu einem differenzierten und sachdienlichen Entschluss kommen? Warum wird die zunächst kontroverse Suche nach Lösungen nicht öffentlich honoriert? Warum wird die politische Kontroverse auch in den Parteien stets mit Schlagzeilen über konzeptionelles Durcheinander, strukturelle Uneinigkeit oder persönlichen Machtkampf quittiert? Besteht nicht eine Partei – eine Volkspartei zumal – aus selbstständig denkenden Individuen?

Demokratie lebt auch vom Streit, der freilich nicht immer öffentlich ausgetragen werden muss. Sie bedarf einer Atmosphäre, in der Streiten in der Sache möglich bleibt und die Kompetenz der Einzelnen genutzt wird. Der obwaltende Uniformierungszwang ist inzwischen dramatisch zu nennen: Wer unbequeme Wahrheiten in die Diskussion einwirft, wird oft als Querulant denunziert, wer den Sozialstaat verteidigt, dem wird Reformunfähigkeit, Besitzstandswahrung und Blockadeverhalten vorgeworfen. Das haben etwa Norbert Blüm und Heiner Geißler ebenso erlebt wie Otmar Schreiner und Andrea Nahles. Die meisten Menschen wollen bei der Mehrheit sein und wollen stets mit-siegen: ob bei Wahlen, beim Niederkonkurrieren des Anderen, beim Sport oder im vaterländisch-patriotischen Ernstfall. Wo einer ausschert, ist man schnell mit Wortkeulen zur Stelle: Abweichler, Betonkopf, Dissident, Nörgler, Egozentriker, Heißsporn. Freilich: »Aus Prinzip dagegen zu sein« und sich stets querzustellen ist tatsächlich ein charakterlich beschwerliches, sozial schwer verträgliches Querulantentum. Am richtigen Ort und zur richtigen Zeit dagegen zu sein, seine eigene Meinung zu haben und sie dort zu vertreten, wo es darauf ankommt, sich der Mehrheit oder der Macht aus eigener Einsicht oder auf Grund seiner Überzeugungen bewusst entgegenzustellen – das ist Zivilcourage. Also, jeder möge sich prüfen!

Wer sich (unsinnigen oder unsittlichen) Befehlen widersetzt, die Tapferkeit beim staatlich organisierten und legitimierten Töten des Feindes verabscheut und die Tapferkeit vor dem Freund übt, braucht viel Zivilcourage. Im Kriegsfall muss er gar mit Todesurteil oder immerwährender öffentlicher Schande (als Deserteur, Feigling, Vaterlandsverräter) rechnen. Selbst Soldaten, die am Ende des Zweiten Weltkrieges desertierten, wurden in Deutschland jahrzehntelang nicht rehabilitiert!

Wo einer den Mut hat, sich seines eigenen Verstandes (ohne Anleitung eines anderen, gar ohne jede Anweisung!) zu bedienen (also tätig zu werden, statt nur vor sich hin zu räsonieren!), zeigt er Zivilcourage. Auch Helga Schöller, die Buchhalterin Klaus Essers, hatte Zivilcourage. Während des Mannesmann-Prozesses 2004 beteuerte Esser unablässig, er habe sich völlig korrekt verhalten. Seine Buchhalterin war indes aufs äußerste empört angesichts der Überweisungen, die sie für ihn tätigen sollte. Sie hielt sie zurück, rief einen Wirtschaftsprüfer zu Hilfe und musste die Gelder schließlich doch überweisen. Ihr verschlägt es noch heute die Sprache. Sie fragte sich ganz schlicht, wie die Zahlungen zu begründen, mit welchen besonderen Leistungen solche Summen zu rechtfertigen seien. Sie hat sich ein natürliches Gefühl für Redlichkeit bewahrt. Sie sagte: »Ich hätte mich geschämt, zusätzlich noch Geld zu nehmen.« Aber für Klaus Esser war und ist das Wort *Scham* offenbar ein Fremdwort. Stattdessen erstritt er sich nach dem Prozess noch zusätzliches Schmerzensgeld. Bei den Normalbürgern hinterließen der spektakuläre Prozess und sein Ausgang kalte Wut, dumpfe Ohnmachtsgefühle oder schlicht Fassungslosigkeit.

Die vornehmen, ohne jede Maske sofort in der »Dreigroschenoper« auftrittsfähigen Absahner berührte die Frage der Legitimität ihres Verhaltens in keiner Weise; sie versuchten vielmehr, mit zahlreichen Finessen und teuren Anwälten die Legalität ihres Handelns nachzuweisen. Ende November 2006 konnten sie sich endgültig rauskaufen, weil dem Gericht der Sachverhalt kaum klärbar erschien. Sie gelten nun nicht als vorbestraft. Aber sie könnten den Schlusschor von Brechts »Mahagonny« übernehmen: »Für Geld gibt's alles/und ohne Geld nichts/drum ist es das Geld nur/woran man sich halten kann.«

Unvergesslich bleibt, wie der Deutsche-Bank-Chef Josef Ackermann sich vor dem Prozessbeginn in Siegerpose hatte ablichten lassen und dann spöttisch verkündete: »Da muss Deutschland durch. Deutschland ist das einzige Land, wo die, die Werte schaffen und erfolgreich sind, vor Gericht stehen.« Herr Ackermann bekommt für seine besondere Leistung zwischen 8 und 10 Millionen Euro Jahresgehalt und kann sich wohl kaum vorstellen, dass es andere gibt, die auch »Werte schaffen«, kompetent und fleißig sind, aber weniger als ein Zweihundertstel dessen verdienen, was er bekommt. Ackermann kann locker 3,2 Millionen € berappen, auf die sich Verteidiger und Staatsanwaltschaft im Mannesmann-Prozess einigten. Die Sache ist erledigt. Auch für Klaus Esser, der 1,5 Millionen zahlt, und vier weitere Beschuldigte. Sie haben doch nur für die Aktionäre das Beste getan. Staatsanwaltschaft und Richter erklärten nach dem »Vergleich«: »Das ist kein Handel mit der Gerechtigkeit«. Die Einstellung des Prozesses werde »allen Interessen weitestgehend gerecht«.

Mut machte hingegen, als im Juli 2004 gerade einer aus dem

Kreis der Bankiers versuchte, so altmodisch scheinende Begriffe wie Redlichkeit, Maß, Demut, Gemeinwohl, ja Ethos überhaupt in die Debatte der heutigen smarten Geldleute einzubringen. Der ehemalige Chef der *Westdeutschen Landesbank* Ludwig Poullain wollte bei einem Festakt eine Rede über den Sittenverfall im deutschen Bankenwesen halten. Man ließ ihn einfach nicht reden, weil der 84-Jährige die kritischen Passagen seines Vortrages nicht hatte streichen wollen. In der *Frankfurter Allgemeinen Zeitung* erschien dann am 16. Juli 2004 die »Ungehaltene Rede eines ungehaltenen Mannes«. Dieser redet seinen Kollegen ins Gewissen, ganz und gar nicht aus der Position eines Selbstgerechten, sondern aus der eines »Bankiers«, der sich ein Ethos bewahrt hat, das er fundamental gefährdet sieht – durch Ignoranz und Arroganz der »Banker«, die stets karrierebesessen schweigen, lediglich auf ihren eigenen Vorteil bedacht sind und ohne jedes Verantwortungsgefühl handeln.

»Seit jeher«, heißt es dort, »ist es unbequem, eine eigene Meinung zu haben; noch beschwerlicher kann es werden, wenn man sie auch von sich gibt.« Selbstverständlichkeiten spricht er aus, die inzwischen vergessen sind: »Die Soziale Marktwirtschaft ist nicht nur der Generator unserer Gesellschaftsordnung, sie ist auch ihr moralisches Korsett. ... Nicht die mit ihr Unzufriedenen – weil sie zu wenig Soziales abwirft – noch die sie kritisierenden Werteverbesserer können sie gefährden; dies vermögen allein die in ihrem Zentrum Agierenden, wenn sie nicht endlich die Balance zwischen ihrem Eigennutz und der Verantwortung, die sie für unser Land tragen, finden. Darum, ihr Bankleute, wartet nicht, bis die Tide kippt und sie euch zu neuen Ufern trägt. Schwimmt schon jetzt los, gegen den Strom dieser Zeit. Erforscht euch einmal selbst, wischt euch den Puder von der Backe, achtet weniger auf euer Image als vielmehr auf das Standing – das eurer Bank ebenso wie das persönliche. Sagt, was ihr denkt, tut, was ihr sagt. Öffnet eure Gesichter.«

Seinen Kollegen ins Gesicht sagen, was man denkt! Darauf vertrauen, dass die Angesprochenen zuhören und sich ändern können. Das ist jener so nötige Mut, in der eigenen Gruppe Widerspruch zu wagen, das ist es, was Ingeborg Bachmann als »Tapferkeit vor dem Freund« bezeichnete. Durch ein solches Verhalten nimmt man freilich das Risiko erheblicher selbstverantworteter Nachteile bzw. existenziell bedrohlicher Sanktionen auf sich. Allzu oft wird man einsam, wenn man sich gegen die Freunde stellt. Aber ein Mensch mit Zivilcourage begegnet auch Hochachtung und erfährt – meist späte – Anerkennung. Vor sich selbst bestehen, sich im Spiegel sehen können und aufrecht gehen, tut auch gut und stärkt das Selbstwertgefühl. Man spürt sein Selbstvertrauen ohne Selbstüberhebung wachsen!

Starke neigen zu Skrupellosigkeit, während Sensible häufig mit Skrupeln kämpfen. Die Unbeachteten, die Stillen, Zurückhaltenden wachsen in entscheidenden Momenten oft über sich hinaus. Manchmal sind es gerade die vermeintlich Ängstlichen, die dort großen Mut haben, wo jene, die stark erscheinen, einfach nur feige sind. Zumal Frauen haben oft einen besonderen »Mut des Herzens« gezeigt. Man denke an die Witwen der Männer des 20. Juli, an Hildegard Hamm-Brücher oder Regine Hildebrandt.

Wo das Zusammenleben von Menschen gedeihlich bleiben soll, braucht es immer wieder Menschen mit Zivilcourage, die sich einsetzen: für die gefährdeten Güter der Menschlichkeit, der Gerechtigkeit, des Schutzes der Schwachen, die Minderheiten oder die Fremden. Wenn in einer Runde über einen Abwesenden hergezogen oder übel geredet wird – nicht schweigen, wo einer gemobbt wird, ihm zur Seite stehen, bevor man selbst betroffen ist. In einer Partei nicht nur den Gegner kritisieren, sondern auch seinen Freunden gegenüber offen und kritikfähig sein. (Ich erinnere an Günter Gaus, Wolfgang Ullmann, Gräfin Dönhoff und deren Lebenswege und couragierte Einmischungen in Konfliktlagen.)

So, wie es ansteckende Angst gibt, so kann auch Mut anstecken: ganz alltäglich wahrhaftig und solidarisch zu sein – mit einem Wort: ein Mensch zu sein, auf den man sich verlassen kann, in guten Tagen, in schweren Tagen, auf höheren Ebenen, auf alltäglichen Ebenen. Mut tut gut. Und Mut macht Mut.

Zivilcourage ist nichts Außer-Ordentliches; sie ist jedermann abverlangt – gegen die in jedem von uns schlummernde Feigheit. Zivilcourage ist positive Ethik. Es reicht nicht, gemäß dem Strafgesetzbuch untadelig zu leben, man muss sich aus eigener Initiative fragen, was zu tun ist und sodann aus eigenem Entschluss handeln. Man muss wissen, was es heißt, ein Mensch zu sein: ein Mitmensch zu sein. Nicht die Kraft zum Außergewöhnlichen, die Kraft zum Gewöhnlichen fehlt uns meistens. Dabei macht nichts so müde wie das, was wir nicht tun. *Homo homini lupus? Homo homini homo!* Der Mensch sei den Menschen ein Mensch, nicht ein Wolf. Wir Menschen brauchen einander. Heute ich dich und morgen du mich. Ein Mensch mit Zivilcourage ist ein Mensch mit aufrechtem Gang. Das ist manchmal schmerzhaft, aber es ist einfach wunderbar, wenn man vor sich und vor anderen bestehen kann. Volker Braun schrieb vor über 20 Jahren:

> Aber in dieser Zeit
>
> begann ein
> neues, härteres
> Training
> des schmerzhaften
> und
> wunderbaren
> aufrechten Gangs.

Demokratie wagen heißt, höhere Ansprüche an sich selbst und an andere zu stellen und darin das Glück der Freiheit wie das Glück wahrgenommener Mit- und Selbst-Verantwortung zu finden. Für seine Meinung mutig auf- und einzustehen, das ist gelebte Demokratie. Sie erlaubt und erwartet von uns, dass wir uns äußern und beteiligen. Nicht erst erneute Unfreiheit sollte den Geschmack an der Demokratie wecken. Wir haben die Wahl. Gerade noch.

Schnauze voll! Wahlverweigerung in der Demokratie

Bei den Landtagswahlen in Mecklenburg-Vorpommern fiel die Wahlbeteiligung von 71 Prozent (bei den Wahlen 2002) auf 59 Prozent im September 2006. In meinem Heimatland Sachsen-Anhalt blieben im März 2006 sogar 56 Prozent der Bürgerinnen und Bürger zu Hause, als Landtagswahlen anstanden. Im Jahre 2002 waren wenigstens noch 56 Prozent hingegangen. Da Demokratie aber von Beteiligung lebt, steht unser politisches System durch den Wählerschwund auf dem Prüfstand! Mehrheiten allein sind nie ein ausreichendes Kriterium, aber aus der Mehrheit der »Abstinenzler« ließe sich etwas formen, was für unsere Demokratie zu einer Existenzfrage werden kann.

Mit Stolz berichten viele, sie seien als Strafe für die Politiker nicht zur Wahl gegangen, und glauben, das sei Mut, als ob man noch in der DDR lebe, wo es tatsächlich eines gewissen Mutes bedurft hatte, kein gefügsamer Zettelfalter zu werden. Wer Wegbleiben als Stimme wertet, die andere gefälligst zu hören hätten, und Stummbleiben zum Widerstand hochstilisiert, irrt sich gewaltig.

Seinerzeit enthielt sich nur eine verschwindende Minderheit der Stimme: 1,18 Prozent – jetzt sind es 56 Prozent! Anscheinend hat die Hälfte der Menschen »keinen Bock« mehr auf Politik, die nicht mehr viel bestellen könne. Natürlich fragt die globalisierte ökonomische Macht nicht danach, wie viele Arbeitsplätze noch verlorengehen, wenn es um Weltmarktanteile und Aktienkurse geht, aber sie schlägt lokal zu Buche.

Sachsen-Anhalt muss seit 1990 mit der Bürde eines dramatischen Strukturwandels leben. Ein Drittel der Bevölkerung ist arbeitslos, perspektivlos, fühlt sich zu nichts nütze. Der gesellschaftliche Zusammenhalt wird immer geringer. Hier ist nicht gut leben. Das Gefühl, dies sei »unser Land« oder gar unsere Heimat, für die jeder mitverantwortlich ist, wo Bürger einander brauchen, fehlt weithin. Hier *war einmal* ein Kulturland. Es ist ein Teufelskreis: Die Flexiblen, Leistungsstarken, Innovativen gehen. Zurückbleiben jene, die auch woanders keine Chance fänden.

Mit der Aktion der »Heimatschachteln« sollte im Frühjahr 2006 dieser Problematik begegnet werden. Sie wurden an abgewanderte 18- bis 30-Jährige verschickt, um die verlorenen Landeskinder zur Rückkehr zu ermuntern. »Die Pakete enthalten auch kleinere Geschenke, die positive Erinnerungen wecken und die Magdeburg-Identität stärken sollen: Gutscheine für Bars, regionale Produktproben, ein Zeitungs-Abonnement oder ›Heimat-Magneten‹ für den Kühlschrank im neuen Zuhause.« (*Berliner Zeitung*, 16. März 2006)

Ausgedacht hatte sich die Aktion Christiane Dienel, einst Professorin an der Hochschule Magdeburg, dann Parlamentarische Staatssekretärin. Seien wir ehrlich: Ein Kabarettist hätte es sich nicht besser ausmalen können! Eintrittskarten des Magdeburger SC, Burger Knäckebrot und ein Heimat-Krimi sind ein schönes Präsent für die Abgewanderten, aber sicherlich keine politische Lösung für die massiven Probleme, die dazu geführt haben, dass aus Sachsen-Anhalt zwischen 1990 und 2003 250 000 Einwohner (12,2 Prozent) abgewandert sind.

Es ist beunruhigend, auf der Straße zu hören: »Dieses System ist nicht in der Lage, unsere Probleme zu lösen. Es ist völlig egal, wer in Magdeburg oder in Berlin regiert, weil über Zukunft an der Börse in New York, nicht an Kabinettstischen in Deutschland entschieden wird.« Die Erwartungen an den Staat sind hierorts so groß gewesen, dass sie jetzt auf dem Enttäuschungspegel null angelangt sind. Kein Engagement, kein Protest, keine revolutionäre Radikalkritik, sondern apathisches *Ab*warten ohne jedes *Er*warten. Entpolitisierung ist Verweigerung jeglicher Mitverantwortung, ja ein stilles Einverständnis damit, fortan nurmehr *Objekt* des Handelns anderer zu sein – ob benennbarer Mächtig-Reicher oder ferner anonymer Mächte. Der Citoyen – sofern er kurzzeitig 1989 aufgestanden war – meldet sich ab, macht die Bierflasche auf und stellt Comedy an. Ansonsten äußert er sich abfällig über alle, die es »geschafft haben«, die »überall nur abzocken«. Meinungen werden auf Schlagzeilen-Niveau reduziert. Wehe uns, dieses Potential würde mit kräftigen Ressentiments wach gemacht oder mit großsprecherischen

Parolen gefüttert. Wie viel destruktive Kraft sich angesammelt hat, konnte man beim Landtagswahlkampf 2006 erleben, wo Politiker wie Abtreter behandelt wurden. Machten sie konkrete Versprechen, wurden sie als »Lügner« gescholten, machten sie keine, wurde ihnen »Konzeptionslosigkeit« vorgeworfen.

Bei manchen Wahlveranstaltungen konnte einem schon angst und bange um die politische Kultur werden, dominierte doch dort bisweilen ein jede Sachdiskussion konterkarierender Plebs mit verächtlichen Ein- und Anwürfen an »die Politiker«. An ein Ausreden war überhaupt nicht zu denken. Die beschimpften Repräsentanten brauchten viel Selbstbewusstsein und Gelassenheit, um nicht auszurasten. (In Berlin wurden 2006 bei den Wahlen zum Abgeordnetenhaus Wahlhelfer tätlich angegriffen.) Dahinter verbirgt sich reale Verzweiflung, tiefgehender Frust, der endlich einen vermeintlichen Ansprechpartner gefunden hat.

Vertrauen in die Parteien siedeln Demoskopen ganz unten an. Es ist nicht Zeit, »Alarm zu schlagen«, aber es ist Zeit, sehr unruhig zu werden. Wenn der *Datenreport 2006* zeigt, dass die Akzeptanz der Staatsform Deutschlands in den letzten Jahren gesunken ist, dann ist das ein dramatisches Signal für den Zustand unserer Demokratie, die von gestaffelter Beteiligung lebt und bei Dauerabstinenz erlischt. Besonders hoch war der Zustimmungsverlust in Ostdeutschland: Nur noch 38 Prozent der Befragten sagten, dass die Demokratie in Deutschland die beste Staatsform sei, die relative Mehrheit von 41 Prozent glaubte das nicht. Immerhin schon 22 Prozent der Ostdeutschen vertrauen der »Demokratie an sich« nicht mehr. Bei der Befragung 2000 waren es nur 8 Prozent gewesen, die eine andere Staatsform für besser hielten. Wer die Demokratie nicht für die *beste* Lösung hält, hat freilich noch keine Antwort darauf gegeben, welches die *bessere* Lösung sei, und schon gar nicht darauf, wie diese in die Realität überführt werden könnte. Mit der Absage an die Demokratie verleihen die Befragten einem grundsätzlichen Unbehagen über die gegenwärtigen Gesellschaftsverhältnisse Ausdruck. Konkret meinen sie:

– »Dieses System löst unsere Probleme nicht, sondern verschärft sie noch.«
– »Die Parteien denken nur an sich, sind verfilzt, unfähig und vertreten uns Bürger nicht.«
– »Weil durch Wahlen nichts gelöst wurde, gehen wir nicht zur Wahl. Vielleicht können wir die Politiker durch Nichtbeachtung (oder Verachtung) wenigstens irgendwie ärgern.«
– »Bei der Wahl haben wir sowieso keine Alternativen. Die Politiker sind ja doch alle gleich.«
– »Uns geht es schlecht. Die Politiker lassen sich's aber gut gehen, erhöhen sich selber ihre Diäten.«

Regelmäßige attestieren Politiker und westlich sozialisierte Professoren Ostdeutschen aufgrund solcher Befragungen generell mangelnde Freiheits- und Demokratiefähigkeit. Dabei ignorieren sie:

1. Nicht die Demokratie wird grundsätzlich abgelehnt, sondern der politische und ökonomische Rahmen, der Reiche immer reicher und Ärmere immer ärmer werden lässt. Die Menschen weigern sich, dies zu den Selbstverständlichkeiten des demokratischen Systems zu zählen.

2. Es waren doch die Politiker, die den Menschen 1990 versprochen hatten, es würde vielen besser und keinem schlechter gehen. Nach dem ökonomischen und politischen Zusammenbruch und einem gewaltig-gewaltlosen demokratischen Aufbruch fand sich die große Mehrheit der DDR-Deutschen aber alsbald auf der Verliererseite. Sie mussten Platz nehmen auf der Nachsitzer-, Bittsteller-, Anklage- oder Rechtfertigungsbank. Das nährte immense Enttäuschung und Misstrauen gegenüber Politikern in der Demokratie. Und viele fingen an, die Vorteile des Lebens hinter der Mauer mit den Belastungen des Lebens in der Freiheit zu verrechnen.

Demokratie ist besonders gefährdet, wenn die Menschen keine genaue Erinnerung an autoritäre und diktatorische Systeme mehr haben. Den Ostdeutschen, die sich über die Demokratie beklagen, rufe ich deshalb zu: »Vergesst nie, was wir hinter uns haben, und packt an, was vor uns liegt.« Zur Wahl gehen – das ist der kleinste Beitrag zur Partizipation, den wir aus der Mitverantwortung für unser Land heraus zu leisten haben.

Zu viele Menschen in diesem reichen Land haben kaum mehr die Möglichkeit, ihre Fähigkeiten einzubringen bzw. wenige Kompetenzen zur Selbstentfaltung entwickelt. Sie haben zwar die bürgerliche Freiheit zu sagen, was sie denken, sich mit anderen zu versammeln, um Interessen gemeinsam zu vertreten; sie können reisen, wohin sie wollen, wenn sie das Geld dazu haben. Aber sie fangen an, gar die Freiheit als hohen Wert infrage zu stellen, wenn Freiheit nicht mehr mit Gerechtigkeit gepaart ist. Es geht darum, möglichst vielen, die für das Funktionieren der Wirtschaft nicht gebraucht werden, ein Selbstwertgefühl zu vermitteln und ihnen Chancen zur Teilhabe am sozialen Leben zu eröffnen.

Wie können wir in unserem demokratischen System sozialen Ausgleich zusammen mit nachhaltigem wirtschaftlichem Aufschwung befördern? Die Antwort auf diese Frage müssen wir als Deutsche *gemeinsam* suchen. Es wäre für unser Zusammenleben kontraproduktiv, wenn im Osten weiter West-Enttäuschung, im Westen Ost-Wut geschürt würde. Wo vorgestrige Konflikte wieder aufleben oder erneut angeheizt werden: Lasst es gut sein und tut etwas, damit es besser wird!

Zusammenleben
gelingt durch SOLIDARITÄT

Das glücklichste Volk der Welt

Wer erinnert sich noch daran, dass es im März 1989 in Koblenz Übungen in Atombunkern unter Leitung des Kanzleramtsministers Spangenberg gegeben hatte und dass die Amerikaner in Szenarien des Dritten Weltkrieges den Abwurf einer Atombombe auf »Ground Zero« im nordhessischen Hattenbach durchgespielt hatten?! Die Panzerwalze und die MIG-Jäger, die riesigen Militärareale um jede Stadt der DDR und die vielen großen Sperrgebiete – alles schon vergessen? Erstschlags-Strategien auf beiden Seiten – »den Feind auf seinem Territorium vernichtend schlagen«, wie Honecker großspurig verkündet hatte. Noch in den 80er Jahren standen sich in Deutschland hunderttausende Soldaten im Zeichen des Kalten Krieges gegenüber. Dann sind wir Deutschen in besonderer Weise die Nutznießer einer konsequenten, geduldigen, mutigen Entspannungspolitik geworden, die uns unter den Überschriften »Wandel durch Annäherung« und »Gemeinsame Sicherheit« schließlich von der größten unmittelbar aneinander angrenzenden Militärkonzentration der Welt mit mehrfacher gegenseitiger Vernichtungskapazität und kürzesteten Vorwarnzeiten (SS 20 und Pershing II) befreit hat. Es ging nicht bloß um die Mauer, es ging auch um Waffen und Ideologien.

Nach 1991 sind binnen kürzester Zeit 450 000 Sowjetsoldaten aus Deutschland abgezogen. Freilich: Sie haben riesige belastete Territorien hinterlassen, aber das bedrohliche Vernichtungspotenzial ist verschwunden. Daran sollten wir zuallererst denken, wenn wir über heutige Probleme in Deutschland klagen. Wir Deutschen hatten nach 40 Jahren Teilungsstrafe, nach schmerzhafter Trennung und Auseinanderentwicklung ein unerwartetes Glück, ein unverdientes Glück, ein großes Glück,

– dass uns die Russen trotz des Schocks vom 22. Juni 1941 in die Freiheit und in die Einheit mit Integration in die westliche Wertegemeinschaft entließen, womit sie faktisch ihr Imperium aufgaben. Wir hatten Glück,
 – dass die anderen Europäer keine Angst mehr vor einem wieder erstarkten Deutschland hatten,
 – dass die Amerikaner ganz entschieden zur Sache der deutschen Einheit standen,
 – dass Helmut Kohl die Westdeutschen 1990 nicht ausdrücklich fragte, ob sie die Einheit wollten, und nicht öffentlich darüber Auskunft gab, mit welchen Kosten dies realistischerweise verbunden sein könnte. Oder hatte er es gar nicht gewusst und wissen wollen?

Wir sind heute von Völkern umgeben, mit denen wir freundschaftlich oder wenigstens partnerschaftlich verbunden sind. Wann hat es das in der deutschen Geschichte gegeben?

Wer sich an das erinnert, was hinter uns liegt, dem muss nicht bange werden vor dem, was vor uns liegt. Aber er sollte vor heutigen und künftigen Herausforderungen nicht die Augen verschließen und Mut schöpfen aus der Erinnerung an Geglücktes. Wir in Deutschland leben auf einer Insel des Glücks, mit allem, trotz allem. Vergessen wir das nicht. All unsere Probleme sind gemessen an den Problemen anderer Länder, erst recht anderer Erdteile klein. Allerdings stehen wir vor großen Aufgaben, die wir gemeinsam lösen müssen, um z.B. trotz internationaler Kapitalverflechtung noch etwas von demokratischer Mitgestaltung und vom Sozialstaat zu retten. Ob die *innere* Einheit – neben der äußeren, politischen, rechtlichen und juristischen – gelingt, hängt davon ab, ob wir es in ganz Deutschland mit aller Kraft und mit allen gesellschaftlichen Kräften schaffen, die Einheit der beiden tragenden Werte »Gerechtigkeit und Freiheit« zu wahren. Es ist nicht hinzunehmen, dass sich die Spaltung zwischen Oben und Unten, zwischen Armen und Reichen, zwischen Jungen und Alten, zwischen Ost und West vertieft. Aber die Gräben, die durch unsere Gesellschaft laufen, berechtigen uns nicht dazu, immer nur von großen Schwierigkeiten zu sprechen. Unsere Probleme sollten wir als Glück sehen, in dem große Herausforderungen stecken. Sie lassen sich meistern, wenn wir wissen, wo unser Ziel ist: kurzfristig, mittelfristig, langfristig. Es steht besser als gedacht; es steht aber auch schlechter als erhofft.

Wie Gräben ausgehoben wurden

In der deutsch-deutschen Annäherung gab es einen kurzen Moment ungeteilter Freude: als »Landsleute« aus Ost und West sich geradezu in den Armen lagen – in den Tagen und Nächten nach dem 9. November 1989. Walter Momper brachte die damalige gesamtdeutsche Stimmungslage auf den Punkt: »Die Deutschen sind jetzt das glücklichste Volk der Welt.« Nach Rausch und Freudentaumel kam langanhaltender Kater. Das, was man Delegitimierung der DDR nennt, hat tiefgehende und langwirkende Folgen.

Wir Eingemauerten hatten geglaubt, die Menschen aus dem freien Westen seien etwa so wie jene, die uns tapfer und treu besucht hatten. Und die Westler hatten ein Bild von den Ostdeutschen, das bestimmte Journalisten durchaus wohlwollend, die Feindbilder hinterfragend, gemalt hatten. Nun mussten sie alle, auch die anderen, sehr unangenehmen Ostdeutschen, diese Kaderkorporationen, mit übernehmen und sogar noch mit bezahlen. »Hohe Renten für hohe Funktionäre...« – da ließ sich manches trefflich aufmischen. Bald bäumte sich Ost-Trotz gegen West-Protz auf. Man urteilte übereinander, ehe man sich kannte, übertrug schlechte einzelne Erfahrungen – auf beiden Seiten – auf alle. Es gab und gibt im Osten eine Abschottungsmentalität gegen Westdeutsche – als ob alle Westdeutschen »Wessis« wären. Bezeichnend für den Stand der inneren Einheit ist, dass sich nach über 15 Jahren im vereinigten Deutschland manche Leute die Mauer wieder zurückwünschten: »21 Prozent der Deutschen finden, es wäre besser, wenn die Mauer zwischen Ost und West noch stehen würde. Vor sechs Jahren meinten das nur 18 Prozent. Im Westen wünschen sich sogar 25 Prozent die innerdeutsche

Grenze zurück, in Bayern ist es schon jeder Dritte (33 Prozent)!«
(*Berliner Kurier*, 18. Oktober 2005)

All denen wünsche ich, die Mauer ein Jahr von der Seite erblicken zu müssen, die nicht bunt war. Edmund Stoiber merkte vor seiner Klientel im Wahlkampf 2005 an, dass »nicht überall so kluge Bevölkerungsteile leben wie in Bayern«, und forderte, die Ostdeutschen als »Frustrierte« dürften die Bundestagswahl nicht wieder entscheiden. Wohlkalkuliert versuchte er innerdeutsche Anti-Stimmungen für sich zu nutzen. Dramatisch war gar nicht, dass ein einzelner Bayer entgleiste, sondern dass eine tiefgehende Differenz zwischen Ost und West, Abwertung und Überdruss, die es im Westen gibt (auch wenn sie nicht repräsentativ sein mögen), instrumentalisiert wurden. Die beinahe gänzlich von Westlern bestimmten Medien kritisieren weniger solche Äußerungen als die angeblich übertriebene Empfindlichkeit, mit der Ostdeutsche darauf reagieren. Der Ost-Ekel kommt immer wieder in regelmäßigen Abständen vom Westen her hoch – mit medialen Lautverstärkern (*SPIEGEL* und Springer in Eintracht!), die den Ostlern nicht zu Verfügung stehen. Beinahe jede *SPIEGEL*-Geschichte über den Osten ist eine Demütigung mit *SPIEGEL*-spezifischer Häme und Unterstellung. Der Subtext ist noch schlimmer als der Text: Verachtung.

Oder im Fernsehen: Welch einen Frust gegen Ossis hatte Wolfgang Menge 1993 in seiner Fernsehserie »Motzki« zum verächtlichen Ablachen abgeladen. Allerdings lassen auch die zahlreichen »Wessi-Witze« nichts an Gemeinheit zu wünschen übrig. Solche Witze sind die Waffen von Unterlegenen.

Nach dem ökonomischen und politischen Zusammenbruch und einem gewaltlosen demokratischen Aufbruch fand sich die große Mehrheit der DDR-Deutschen nämlich alsbald nicht auf der Gewinnerseite, sondern musste auf der Verliererbank Platz nehmen. Der Westen übernahm – zu oft besserwisserisch – und er übernahm sich. Als Verursacher, wenn nicht gar als Schuldige der gesamtdeutschen wirtschaftlichen Misere nach dem Einheitsboom wurden hauptsächlich die Ostdeutschen ausgemacht. Im Westen dominiert in den Köpfen und in den Medien nach wie vor das Bild vom jammernden, handaufhaltenden Ossi; es sei denn, sie kommen als junge, gut ausgebildete, hochmotivierte Arbeitskräfte in den Westen – sofern sie keine Führungsansprüche erheben!

Von Westdeutschen hört man: Sind die im Osten noch immer nicht geheilt und trauern ihrer DDR nach? Die wählen sogar diese »alten Genossen«, während wir das alles bezahlen sollen! Einige neurotische Abwehrreaktionen funktionieren als Langzeitüberbleibsel aus dem Kalten Krieg bis heute; manches mutet geradezu gespenstisch an: Es gibt einen PDS-Reflex, als ob die Linkspartei/PDS nur eine umbenannte SED wäre und als ob auf diese Linkspartei/PDS der auf die Sowjetkommunisten gemünzte Satz Kurt Schumachers von den »rotlackierten Faschisten« zutreffen würde. Für die stalinistische KPD/SED traf das freilich zu!

Im Osten hingegen gibt es immer wieder »antikapitalistische Reflexe«, sobald über Gewinn und Verlust gesprochen wird. Da höre ich oft: »Mensch, der Kapitalismus ist ja wirklich so, wie wir es in der Rotlichtbestrahlung in GEWI gehört haben; er geht über den arbeitenden Menschen gnadenlos hinweg. Er macht alles zur Ware, auch den Menschen. Das Kapital regiert und die neuen Kapitalisten. Die bürgerliche Freiheit ist doch nur eine Schaukel. Hatte Marx nicht doch Recht, Herr Pfarrer?«

Im Westen wird oft gefragt, warum die Ostdeutschen so undankbar sind und nicht sehen wollen, wie viele Millionen inzwischen in den Osten geflossen sind und weiter fließen, Geld, das schließlich erarbeitet werden muss. In dieses »Fass ohne Boden« wollen viele Bundesländer ohnehin nicht mehr einzahlen. Die Erfahrung zeigt, dass es kontraproduktiv ist, wenn man mit Dankbarkeit politische Botmäßigkeit verbinden will. Das bewirkt das Gegenteil.

Ostdeutsche verstehen die Hilfe als eine Art Genugtuung für das, was sie erlitten haben, als Entschädigung dafür, dass sie nicht so haben »schaffen können« wie die Westdeutschen in 40 Jahren Wirtschaftswunder. Sie wollen nicht ewig dankbar sein, weil in der DDR dauernd Dankbarkeit als Unterwerfungsakt und als Unterwürfigkeitsbezeigung gefordert, also Dankbarkeit ein Tarnwort für Gehorsam geworden war. Doch es ist ungerecht und undankbar, die immensen Hilfen nicht zu würdigen. Wie sähe es bei uns und mit uns aus, wenn wir »den Westen« nicht gehabt hätten – selbst wenn man vieles geschickt in den Westen zurückgelenkt hat, selbst wenn Ostdeutsche ihr Geld im Wesentlichen zum Konsumieren westlicher Produkte ausgaben. Welch ein Boom für die Autoindustrie seit 1990, für Küchenstudios, Molkereien oder Siemens!

Doch die Ostdeutschen sollten bedenken: Aus eigener Kraft hätten wir in der DDR weder die Verkehrs- und Kommunikationsnetze in so großem Stile erneuern und die Städte restaurieren noch alle Industriebetriebe so modernisieren können, dass sie auf dem Weltmarkt wettbewerbsfähig gewesen wären. Oder man hätte nachträglich die Teilung zementiert und den Ostdeutschen beim Wechsel in den Westen Einwanderungsbedingungen diktiert. Einem eigenen, politisch und ökonomisch tragfähigen Weg zu einer demokratisierten DDR (ein Wachtraum vom 4. November 1989) fehlte die Basis. Dieser Staat hatte in jeder Hinsicht abgewirtschaftet. Die nach dem Sturz von Honecker und Stoph gebildete Regierung mit Hans Modrow als Ministerpräsident hatte sich auf eine Vertragsgemeinschaft zwischen der Bundesrepublik und der DDR hin orientiert und vor den Risiken einer übereilten Währungsunion gewarnt. Aber der mächtige Kohl ließ keine Zweifel daran aufkommen, wer der »Sieger« war und wer als Partner nicht mehr infrage kam. Wer zahlt, bestimmt auch.

Durch das Aufdrücken westdeutscher Strukturen kamen neue Dominanzgefühle auf. Nicht nur »Gefühle«, wenn man an die Chefposten in vielen Institutionen oder Firmen bzw. an Professorenstühle denkt. Im Vereinigungsprozess kamen Helfer »mit Buschzulage«, um den »Aufbau Ost« zu managen. Viele von ihnen waren eher drittklassige Leute, die sich auf erstklassigen Positionen festsetzten und zunächst nur *einen* Vorteil vorzuweisen hatten: Sie wussten ungefähr, wie die Bundesrepublik funktioniert (auch, wie man sie abmelkt). Sie brauchten keine Biographien zu präsentieren; sie waren im richtigen System groß geworden und dachten, sie hätten deshalb das richtige Leben geführt und könnten nun den »Ossis« zeigen, wie alles ganz richtig ist und richtig läuft. Das hat das oft kränkende, ja beleidigende Bild vom westdeutsch Sozialisierten als »Besserwessi« mitgeprägt. Manche von ihnen haben mit Grausen den Osten verlassen, an dem sie sich die Zähne ausbissen, andere sind – beglückt über das, was sie bewirken konnten – zurückgegangen. Dritte sind im Osten zu Hause, ohne dass sie sich »im Osten« fühlen, werden aber nun »im Westen« so eingestuft.

Asymmetrien aus der Vergangenheit wirken fort und neue Ungleichgewichte bilden sich. Auch wenn heute das ganze Deutschland Wirtschafts- und Strukturkrisen zu bewältigen hat, so ist ein Gefälle zwischen der ehemaligen Sowjetzone bzw. DDR und der alten BRD geblieben. Ich hatte bereits beim Kirchentag in Westberlin, zu dem ich Anfang Juni 1989 erstmals fahren durfte, auf »die schwärende Wunde« aufmerksam gemacht. Wegen des Ausbleibens des Staatssekretärs für Kirchenfragen Klaus Gysi wurde ich als Gesprächspartner der damaligen Bundestagspräsidentin Rita Süssmuth eingesetzt – gegen jede diplomatische Gepflogenheit. Auf diesem Forum ging es um »deutsche Grenzen«. Damals sagte ich: »Das Wohlstandsgefälle zwischen der Bundesrepublik und der DDR hat zu einem Gefälle im Selbstwertgefühl geführt. In der Optik vieler Menschen bei uns und in der Bundesrepublik tritt dabei allzu leicht zurück, was die DDR in diesen 40 Jahren für Menschen unter erschwerten Bedingungen auch geleistet hat. Wer aber erlebt, wie weit wir technisch, ökonomisch, ökologisch zurück sind, wer erlebt, wie er als DDR-Deutscher in Osteuropa zu spüren bekommt, welche Deutschen gefragt sind, wie unser Land immer noch in vielen Bereichen zum Hinter- und Abfallland der Bundesrepublik wird, wer erlebt, wie die Bundesdeutschen die Semper-Oper besetzen, und nicht nur sie, wer erlebt, wie viele Menschen dieses Land verlassen haben und noch verlassen, dem geht das an sein Selbstwertgefühl. Zunächst ist dies nur für Betroffene deprimierend. Ich denke aber, es ist längerfristig gefährlich, wenn so viele Menschen mit verletztem Selbstwertgefühl leben.«

Achtzehn Jahre später kann ich die Worte von damals nur wieder bekräftigen: Die offene Wunde DDR ist (nur) oberflächlich verheilt. Von der sogenannten inneren Einheit sind wir noch weit entfernt. Zwar verwächst sich vieles, und die Gemeinsamkeiten in Ost und West, auch gemeinsame Probleme, nehmen zu, doch nicht wenige Ostdeutsche leiden unter Wundschmerzen. Zahlreiche Demütigungen aus der Nachwende-Zeit sind nicht vergessen. Enttäuschung, Mutlosigkeit und eine DDR-typische Apathie sind angesichts der ökonomischen und sozialen Schieflage sogar wieder gewachsen.

Negatives fällt im Regelfalle bei uns allen immer tiefer als das Positive! Welche Wut hat Christian Pfeiffer ausgelöst mit seinen Einlassungen über die Ursachen der Gewalt bei jungen Ostdeutschen nach der Melodie »Wie man getopft wird, so schlägt man«. Für die Fremdenfeindlichkeit in Ostdeutschland machte der westdeutsche Kriminologe die Kindererziehung in der DDR verantwortlich, da in den Krippen alle Kinder das Geschäft zur gleichen Zeit hätten machen müssen. Die DDR-Vergangenheit ist an allem schuld, nicht *jetzige* Umstände? Das bleibt in Erinnerung, und Pfeiffer muss für vielen anderen Frust über den Westen herhalten.

Was trieb die Ausstellungsmacher 1999 in Weimar dazu, die sogenannte Ostkunst direkt im Stockwerk über der Nazikunst so aufzuhängen, dass sie gehenkt wurde? Warum wurden die Werke der DDR-Künstler an den Wänden so dicht angeordnet, das keines mehr eigenständige Wirkung entfalten konnte?

Anfang der 90er Jahre wurde Christa Wolf öffentlich denunziert und demontiert. In welchem Verhältnis steht das zu den Reaktionen auf die intensive, langjährige, andere Menschen belastende Spitzeltätigkeit des nachmaligen großen Helden Robert Havemann!

Ich erinnere an die umstrittene Art, die politische Vergangenheit aufzuarbeiten – mit Selbstentlastung der Masse der Steigbügelhalter und opportunistisch-gehorsamen Mitläufer. Seit 1990 hat man die Stasikeule fortwährend geschwungen. Die

Stasiakten geben erdrückend Auskunft über Spitzeltätigkeiten und vermitteln viele erschreckende Erkenntnisse, doch sie zeigen auch, dass zahlreiche Vorwürfe ungerechtfertigt waren – bis hin zur unendlichen Stolpe-Geschichte. Die »halbe Kirche würde auffliegen«, behauptete der Kirchenhistoriker Gerhard Besier, der heute bei Scientology Festvorträge hält.

Der Internist Eckart Ulrich schrieb 1968 darüber, wie in unserer Welt alles »auf sechs Volt in Reihe geschaltet« wird – »die Wohnblocks sind nummeriert«. Er hat sich 1991 das Leben genommen – wegen Stasivorwürfen. Ihm fehlte die Kraft, deren Entkräftung abzuwarten. Die schnellen Vor-Verurteiler sahen auch danach keinen Anlass, sich öffentlich und gebührend zu entschuldigen. Es war und ist unerlässlich, über das Unwesen des Stasisystems aufzuklären. Wo aber bleibt der öffentliche Blick in die Akten der anderen Geheimdienste während des Kalten Krieges?

Tonnenweise wurden 1990 Bücher und Schallplatten aus der DDR auf den Müll verbracht. »Alles muss raus!« Alles musste weg. »Unser schönes Deutschland« war ein erfolgreiches, wunderbar bebildertes Buch, das ich 1989 geschenkt bekam. Der Osten kam nur mit einem Foto von Westberlin aus auf den Ulbrichtschen »Protzpimmel« vor. 1990 erschien keine neue Ausgabe, sondern eine »Erweiterte Auflage«. Das sagte und das sagt alles.

Christoph Hein, 2004 vom damaligen Berliner Kultursenator Thomas Flierl (PDS), einem Ostdeutschen, zum Intendanten des Deutschen Theaters ernannt, trat das Amt nicht an. Er begründete seine Entscheidung mit »massiven Vorverurteilungen« seiner Person und einem »vergifteten, feindseligen Klima«. Ausgerechnet Hein verdächtigten Politiker und Leute aus der Theaterzunft der Ostalgie!

Der Spitzensport, der dieses kleine Land DDR viel kostete, wird denunziert. Wolfgang Schäuble hingegen sagte, die Erfolge von DDR-Sportlern ließen sich nicht auf Stasi und Doping reduzieren, wenngleich Sport in der DDR natürlich politisch instrumentalisiert wurde.

Vermochten Ostdeutsche 2005 immer noch nicht auf Westniveau zu lästern, so dass keiner bei der Scheibenwischer-Gala zur Klar-Sicht beitragen konnte?

Der Palast der Republik ist ein lang umstrittenes Symbol für den (glücklicherweise) untergegangenen Zwangsbeglückungsstaat DDR. Dieser Protzbau, Erichs Lampenladen, war 1973 bis 1976 zulasten der ganzen Republik auf dem schwankenden Grunde der 1950 willkürlich (auf Politbürobeschluss hin) abgerissenen Ruine des Berliner Schlosses errichtet worden. Er bildete ein Gegengewicht zum Wilhelminischen Dom, dessen Fassade sich in ihm spiegelte. Diese Spiegelung ließ den Dom viel schöner erscheinen, als er wirklich ist. Nachdem seit den ersten Einheitstagen die Asbestentsorgung im Palast ideologisch hysterisch überfrachtet wurde, hat man ihn schließlich Stück für Stück ausgeweidet. In diesem Zustand war er gruselig-schön, wie geschaffen für die Ausstellung »Todesarten«. Seit Herbst 2006 stand das gigantisch unheimliche Stahlskelett in der Mitte der Hauptstadt. Nun wird ganz abgeräumt. Die vom Palast hinterlassene Lücke soll mit dem Sand des Vergessens aufgeschüttet werden, um dem virtuellen Schloss freien Raum zu schaffen. Aus den Augen, aus dem Sinn?!

Der Umgang mit den Überbleibseln des Arbeiter- und Bauernstaates in der Nach-Wende-Zeit ist in weiten Teilen eine Geschichte der realen wie symbolischen Demütigung. Ganztagsschulen, Polikliniken, Abfallentsorgung, Kinderkrippen – *nichts* mehr sollte gelten. So vieles wurde allzu schnell und gedankenlos einfach ersetzt durch das, was sich »im Westen bewährt hatte«. Spreewaldgurken, Rotkäppchensekt und wenige andere Ostprodukte, Kati Witt und ihr Sächsisch, das liebliche Sandmännchen und der als heiliger Gral gehütete gärende Schatz der Schnüffler bleiben uns erhalten. Das ruft reflexartig Nostalgiker auf den Plan: Die DDR – ein Friedensstaat mit Recht auf Arbeit, auf Bildung, Wohnung, Erholung, Recht auf Fürsorge und Betreuung, Schutz von Gesundheit und Arbeitskraft, Recht und Ehrenpflicht der Verteidigung, Meinungs- und Versammlungsfreiheit – im Rahmen der Grundsätze und Ziele des sozialistischen Staates natürlich –, Recht auf Freizügigkeit innerhalb des Staatsgebietes, ja auch »das Recht, sich zu einem religiösen Glauben zu bekennen und religiöse Handlungen auszuüben«. Noch Fragen? Sollte man da nicht gern leben und seinem Staate nicht dankbar und gehorsam sein? Gab es in der DDR kein gültiges Leben, keine Träume und Glück, Musik, Tanz und Theater, Hoffnungen und Kämpfe?

Der beflissene Anpassungswettlauf an die neuen Verhältnisse hat sofort nach dem 9. November 1989 in bewährter »Nationaler Einheitsfront« eingesetzt – doch das schnelle Abstreifen oder Abduschen der DDR-Vergangenheit ist nicht gelungen. »Uns« haftet die DDR noch lebenslang an. Wir sollten alte wie neue Widersprüche, durch die sich ein Volk allzu gerne hindurchmogelt, nicht beschweigen. Wirklich hinter sich lassen kann man nur, was man angenommen und durchgearbeitet hat, statt es einfach beiseitezuräumen.

Es ging im ost-west-deutschen Bruderzwist über Geschichte immer um weit mehr als um das Schicksal von Gebäuden wie diesem Palast, der sich freilich in seiner Ästhetik mit so mancher westlichen Architektur gut messen ließ. Es wäre angemessener gewesen, ihn innen umzufunktionieren, aber die Fassade stehenzulassen – gerade *wegen* seiner Geschichte. So, wie es richtig und wichtig ist, Spuren und Überreste der innerdeutschen Grenze und der Berliner Mauer zu bewahren, weil aus der Geschichte zu lernen ist.

Vornehmlich westliche Wissenschaftler, die ihre historische Anatomie am lebenden Objekt unentwegt und mit Eifer betreiben, erklären uns, *wer* wir gewesen sind, *wie* wir gewesen sind, *was* gewesen ist, *warum* es so gewesen ist und warum wir heute so sind, wie wir sind. Das sind Fragen, die wir nicht den Gelehrten überlassen sollten, sondern über die wir gemeinsam in Ost und West nachdenken und reden sollten. Wirklich verstehen, wer »wir« sind, kann nur, wer sich klarzumachen versucht, was es heißt, 28 Jahre lang eingemauert leben zu müssen.

Verstehen, was uns trennt

Willy Brandt sagte am 4. Oktober 1990 bei der ersten gemeinsamen Debatte von Ost- und Westdeutschen im Bundestag, also einen Tag nach der formalen Vereinigung und acht Wochen vor den ersten gesamtdeutschen freien Wahlen: »Die wirtschaftliche Aufforstung und soziale Absicherung liegen nicht außerhalb unseres Leistungsvermögens. Die Überbrückung geistig-kultureller Hemmschwellen und seelischer Barrieren mag schwieriger sein. Aber mit Achtung und Respekt vor dem Selbstgefühl der bisher von uns getrennten Landsleute wird es möglich sein, dass ohne entstellende Narben zusammenwächst, was zusammengehört.«

Für mich bleibt die Gegenwart der Vergangenheit ein Lebensthema. Ich bin groß geworden in dem Staat Walter Ulbrichts, »dem einzigen rechtmäßigen deutschen Staat, der die besten Traditionen der Geschichte verkörperte und weiterführte«. Ich komme aus dem Land des Braunkohlengeruchs, des Ersatzautos Trabant und der Frauen mit Dederonschürzen, die ihren Mann auch auf dem Kran und dem Mähdrescher gestanden haben, einem Land mit Kinderkrippen und Ganztagsschulen, Kindes- und Jugendweihen, aus Stasiland, einem Leseland mit billigen Mieten und besonderer Förderung der Arbeiter- und Bauernkinder, der Kinder »mit Bewusstsein« natürlich – was heißt: durch und durch SED-rot –, aus dem Land der LPGs, VEBs, BHGs, VVBs, mit Sero und HO, mit NSW- und SW-Kadern, aus dem Mauerstaat, eingebunden in den RGW unter Anwesenheit der GSSD. Hier sangen die Puhdys »Alt wie ein Baum«, Karat ließ »Über sieben Brücken gehen«, und Silly begeisterte mit »Bataillon d'Amour«, Gerhard Schöne mit »Jule wäscht sich nie«.

Aus dem Land der FDJ-Pfingsttreffen mit weißer Taube auf blauem Grund und der Petersbergtreffen der Jungen Gemeinde mit Kugelkreuz oder den Aufnähern »Schwerter zu Pflugscharen«. Aus dem Land, wo emsig Soli- und Konsummarken geklebt wurden, wo vorauseilender Gehorsam und »feines Schweigen« sich mit einem Blick ins Strafgesetzbuch täglich rechtfertigen konnte. Wo »Privat geht vor Katastrophe« galt, richteten sich fast alle in einer doppelten Wirklichkeit ein. Im Kabarett lachten sie flugs alles ab, um am nächsten Tag wieder brav zu funktionieren. Wohngemeinschaften waren keine WGs, sondern sozialistische Wohngemeinschaften von Jungfamilien mit Dreiraumwohnungen im Neubaublock 173 Aufgang 27 – im WK III in Halle-Neustadt.

Meine Kinder leben ganz in der neuen Welt ohne Mauer – und sie entdecken, wie sehr auch sie noch in der DDR geprägt wurden. Heute noch gibt es ein *Wir* aus der DDR-Zeit, das weniger eine politische oder menschliche Gemeinsamkeit ausdrückt als ein gemeinsam erlebtes, erhofftes, erlittenes, erfülltes oder verlorenes Leben in der DDR. Die 40 getrennten Jahre haben West- und Ostdeutsche viel weiter voneinander entfernt, als wir es zugeben mochten. Nachdem die Mauer weg ist, die uns trennte, sehen wir erst, was uns ohne Mauer voneinander trennt. Reiner Kunze schrieb ein Gedicht zum 3. Oktober 1990. Darin heißt es:

> die mauer
>
> als wir sie schleiften,
> ahnten wir nicht
> wie hoch sie ist
> in uns
>
> Wir hatten uns gewöhnt
> an ihren horizont

Zwischen der Bundesrepublik Deutschland und der DDR gab es eben nicht nur den politischen Gegensatz und ein gravierendes ökonomisches Gefälle, sondern auch ein *Selbstwertgefälle*, kompensiert durch eine vielfach hypertrophe DDR-Staats-Ideologie.

Ihr im goldenen Westen wart Deutschland: größer, anerkannter, erfolgreicher – nur im Sport nicht.

Ihr bekamt das Grundgesetz und die Marshallplan-Leistungen, wir die Partei »neuen Typus« und die Reparationsforderungen.

Euch stand die Welt offen. Wir im grauen Osten wurden eingemauert. Um uns ragte ein »antifaschistischer Schutzwall«.

Ihr hattet eine konvertierbare Währung und wir Ostgeld mit Marxkopf.

Ihr konntet wählen. Wir konnten falten.

Ihr hattet Volkswagen und wir den Trabbi, eine knatternde Plastekiste, die eine »Beziehungskiste« wurde.

Ihr wart west-orientiert. Wir auch. Aber für euch lag im Westen eben Westeuropa und für uns Westdeutschland.

Wir waren lange Zeit ein schöner Anlass für den Feiertag im wunderschönen Juni und für entsprechende Festtagsreden. Aber wir dienten auch als Anschauungsgegenstand für das Abschreckende: So ist der Osten. Hinter der Mauer ist das rote KZ.

Unsere Republik: eine Quasi-Sowjetrepublik mit deutscher Sprache. In Artikel 6 ihrer Verfassung war nicht nur festgehalten, dass Militarismus und Nazismus ausgerottet worden seien, sondern auch, dass »die Deutsche Demokratische Republik für immer und unwiderruflich mit der Union der Sowjetrepubliken verbündet« bliebe. Aber als dort Perestroika und Glasnost proklamiert wurden, sollte die Losung »Von der Sowjetunion lernen, heißt siegen lernen« nicht mehr gelten.

Die unterschiedliche Sozialisation in Ost und West hat die Menschen viel nachhaltiger geprägt als zunächst erwartet. Viele haben unermüdlich versucht, die Selbstauseinandersetzung über die Zeit der Teilung und des Kalten Krieges voranzutreiben, dabei aber nur einen kleineren Teil der Bevölkerung erreicht. Es war eine Illusion anzunehmen, dass die alten Feindbilder verblassen würden, als das Regime in der DDR implodiert bzw. hinweggefegt worden war, nachdem das Volk auf der Straße seine »Führung« delegitimiert hatte.

Feindbilder dienten in der DDR zur Munitionierung eines Gemeinwesens, das sich von anderen abzusetzen und durch den Kampf gegen andere seine Stärke zu gewinnen suchte. So ließ man die Kinder singen »In den Kampf ziehen wir nicht, um zu sterben. Nur der Tod der Feinde ist gerecht. Wer das Leben bedroht, der zieht in den Tod. Das Leben schickt uns ins Gefecht.« Aber auch im Westen wurde mehr als 40 Jahre eifrig Feindbildpflege betrieben, die bis heute eruptiv Reflexe im Osten hochkommen lässt, z. B., wenn es in den Medien seit dem Kosovokrieg immer wieder hieß, die größere Ablehnung der Kriege in Ostdeutschland sei eine Nachwirkung der DDR-Propaganda gegen die NATO. Ein sprechendes Beispiel war die peinliche Nichtwahl Lothar Biskys zum stellvertretenden Bundestagspräsidenten im Oktober 2005. Selbst die abgenutzte Stasikeule wurde wieder herausgeholt, weil er als Rektor der Filmhochschule zwangsläufig Kontakte zum »Staatsorgan« MfS gehabt hatte – nicht von sich aus –, denn »die Firma« hatte überall freien Zugang und nistete sich z. B. im Referat für Studienangelegenheiten nach Belieben ein. Entscheidend ist doch, was Bisky bei diesen Kontakten gesagt, wie er wen geschützt und verteidigt oder wen er belastet und »ans Messer geliefert« hat. Kein damaliger Student hat (nach Biskys öffentlicher Aufforderung im Jahr 1992) gesagt, dass er durch sein Wirken Schaden genommen hätte. Im Gegenteil: Andreas Dresen und andere heute erfolgreiche Regisseure sprechen in höchsten Tönen von ihm. Macht nichts! Eine junge CSU-Abgeordnete erklärte, sie »würde nie einen Kommunisten wählen«.

Mit der Fixierung auf das SED-Regime und seine Repräsentanten sowie einer nachträglichen Dämonisierung der SED und ihres Arbeiter- und Bauernstaates können westdeutsche Eliten von eigenen Fehlern und Versäumnissen ablenken, die sie sich nach 1990 hätten eingestehen müssen, zudem werden manche Folgen der überstürzten Vereinigung, die nun gemeinsam zu bewältigen sind, als »Altlast« deklariert.

Die Bundesrepublik war auf den Zusammenbruch der DDR politisch, ökonomisch und mental nur insoweit vorbereitet, dass sie die Ostdeutschen mit Gütern mühelos versorgen, ihnen das eigene System überstülpen und die Konkursmasse verwalten konnte. Die meisten Betriebe der DDR waren unterentwickelt, aber nicht wenige Produktionsstätten, die ohne großen Aufwand hätten konkurrenzfähig werden können, wurden abgewickelt. Insbesondere die Art des Umgangs mit DDR-Vermögen durch die Treuhand samt großzügiger Subventionierung der Liquidierung von Betrieben, die man als Sanierung deklarieren konnte, ist fahrlässig zu nennen.

Ostdeutsche haben in puncto Aufarbeitung der DDR-Vergangenheit keinen Anlass, mit dem Finger auf Westdeutsche zu zeigen. Die 28 Jahre hinter der Mauer haben sich anhaltender auf unser Sonnengeflecht – auf unsere Denk-, Sprach- und Gefühlsraster – gelegt, als wir alle gedacht hatten. Ins Grundwasser unserer Seelen sind über all die Jahre enttäuschte Hoffnungen, ehrliche Mühen, aber auch vielgestaltige Demütigungen gesickert. Wenn wir einfach unter »Jammer-Ossi« subsumiert werden, ist das erniedrigend. Doch hegen wir nicht bisweilen krude Erinnerungen und neigen zur Verklärung? Wie viele Leute überschlugen sich in Abscheubekundungen gegenüber dem »SED-Unrechtssystem« nachträglich und rechtfertigten ihr variantenreiches Mitläufertum mit wohlfeiler Selbstentschuldigung! Nicht nur die 98-prozentige Unterwürfigkeit zu den alle fünf Jahre stattfindenden Volkswahlen konnte so verdrängt werden. Ganz eklektisch und absurd werden manche Vorzüge des damaligen Systems betrauert und die politischen, kommunikativen, ästhetischen, ökonomischen und ökologischen Rahmenbedingungen dessen, was man betrauert, einfach ausgeblendet. Oder Vorteile in DDR-Zeiten werden nur mit Nachteilen des Lebens im heutigen System verglichen, statt Vor- und Nachteile des damaligen Systems mit den Vorteilen und Nachteilen des jetzigen aufzurechnen. Man erinnert sich gern an die billigen Mieten; den Zustand der Häuser hat man vergessen. Hatte man früher Rechtsanspruch auf einen Kindergartenplatz, so müsse es heute einen Rechtsanspruch auf einen Parkplatz geben. Auch in dieser Hinsicht war es in der DDR »besser«, denn jeder, der ein Auto hatte, fand auch einen Parkplatz. Haben Sie sich schon geprüft, wie vielen Verklärungen Sie in der »Rückschau« erlegen sind?

Maulende, stets nur Ansprüche stellende, fortwährend die Hand aufhaltende Leute finden sich nicht zu knapp (und nicht nur im Osten). Die große Mehrheit aber will an- und zupacken und wird nirgendwo gebraucht, auch nicht nach der vierten Umschulung. Natürlich hört man Leute in Ostdeutschland sagen: »Es ging uns damals nicht gut, aber es ging uns allen wenigstens ungefähr gleich schlecht; wir wurden gebraucht, auch wenn es auf uns als Individuen nicht ankam; wir hatten keine besonders guten Perspektiven, aber wir hatten wenigstens eine.« Aber auch: »Ein Glück, dass wir dieses elende vormundschaftliche System endlich los sind. Jetzt gilt es, zuzupacken und die Risiken des Lebens auf uns zu nehmen.«

Mit der Vergangenheit leben – Wandlungen zutrauen

Die Ostdeutschen hat es in Wirklichkeit nie gegeben: Es gab die *Überzeugten* und Staatstragenden. Es gab die große Masse der *Mitlaufenden*. Es gab die kleine Zahl der *Aufmüpfigen*, die danach bisweilen der Gefahr nicht widerstehen konnten, erlittene Ausgrenzung auf frühere Aus-Grenzer zu übertragen. Nun leben wir in einem Rechtsstaat, der auch denen zugute kommt, die diesen »bürgerlichen Klassenstaat« einst verachtet hatten. Da gilt es für Leidtragende des SED-Systems, eine menschlich oft harte Lektion zu lernen. Die innere Einheit aber wird erst gelingen, wenn auch die, die mit diesem Land und seinem System große Hoffnungen verbunden hatten, selbst jene, die von ihm »überzeugt« waren, erhobenen Hauptes leben dürfen und man ihnen eine Wandlung zumutet und zutraut. Eine solche Wandlung gilt es anzuerkennen und auch zu honorieren. Wie schwer das im Einzelnen ist, weiß ich selber nur zu gut, da ich erlebt habe, wie frech, keck oder geschmeidig sich alte Genossen gebärden und wieder obenauf schwimmen, im Übrigen auch DDR-Bürger, die aus der Schleimspur der sogenannten Blockparteien gekommen sind.

Nach dem Ende der DDR habe ich mich – zusammen mit einigen Widerständlern von damals – sehr dafür eingesetzt, dass man den Leuten, die früher Verantwortung getragen hatten, eine Wandlung zutraut, dass wir also unseren Gegnern von gestern erlauben, gleichberechtigt die Demokratie mitzugestalten. Zugleich sollte natürlich das strafrechtlich Relevante vom Rechtsstaat verfolgt werden. Aber für wichtiger sahen wir die politische und moralische Auseinandersetzung *aller* an, die in der Diktatur gelebt hatten – ob als »Überzeugte«, als stille Nutznießer, als anpassungsbereite, gefügige Masse, als Dissident oder als Verfolgter. Je weiter weg die alten Kommunisten wohnten, desto leichter fiel es mir, »innerlich gnädig« mit ihnen umzugehen. Es ist unglaublich schwer, die ganz eigenen Feinde zu lieben! Und doch hat Dostojewski Recht, wenn er meint, dass in jedem Menschen das Antlitz Gottes verborgen ist und wir es suchen sollten. Und dass *ich* es suchen soll. Das ist ein hoher Anspruch. Ich weiß auch, dass Hass eine destruktiv-negative Energie freisetzt, die tief geht und drahtlos übertragen wird.

Ein Beispiel: Ich habe 1992 mit einem Mann gesprochen, der zur kulturellen Nomenklatura der DDR gehört hatte. Es sollte um Vergangenheitsaufarbeitung gehen. Keiner traute sich, mit ihm zu reden – nicht zuletzt, weil er rhetorisch so brillant sein konnte. Er ist übrigens ein guter Schriftsteller, nämlich Hermann Kant. Zu mir sagte man, ich könne das Gespräch mit ihm unbelastet führen. Ich hatte ihn nicht gehasst. Ich hatte bei ihm nichts gut zu machen, hatte ihm weder etwas zu verdanken, noch konnte er mir vorhalten: »Wissen Sie nicht, wie Sie damals doch auch …« Deswegen hatten mich die Schriftsteller, die in Berlin-Pankow »Gespräche zur Selbstaufklärung« organisiert hatten, eingeladen. Ich kam mit dem Auto und suchte die Villa, in der Johannes R. Becher, Dichter, Autor der Nationalhymne und Kulturminister, gewohnt hatte. Da sah ich einen Mann mit einem kleinen Kind spazieren gehen. Es war Egon Krenz. Ich dachte: Jetzt hältst du einfach an und fragst ihn nach dem Weg. Drei Jahre nach Öffnung der Mauer: Egon Krenz geht ganz normal die Straße entlang. Ich sage zu ihm: »Herr Krenz, Sie gehen hier so ganz normal auf der Straße.« »Ja«, sagt er, »aber ich werde beobachtet.« Ich sage zu ihm: »Herr Krenz, wir haben uns 45 Jahre nach links und rechts umdrehen müssen. Aber hier auf der Straße sehe ich niemanden.« Ich habe dann mit ihm darüber reden können, dass es auch für ihn ganz schön sein muss, wenn er so »ganz normal« umherlaufen kann. Wir gingen nicht bösartig auseinander. Ich habe ihm das gegönnt. Denn immerhin hatte er, als in den ersten Oktobertagen 1989 immer mehr Leute demonstrierten, nicht das gemacht, was wir gerade von ihm befürchtet hatten. Er hatte als »zweiter Mann« hinter Honecker nicht dafür gesorgt, dass sich in der DDR das wiederholen würde, was am 4. Juni 1989 in Peking auf dem Platz des Himmlischen Friedens geschehen war. Meine Feindschaft zu Krenz war einfach erloschen. Ich hatte diesen ewigen FDJ-Funktionär früher zugleich verachtet und gefürchtet. Er hatte noch mit 50 Jahren ein FDJ-Hemd angezogen, wollte immer weiter den FDJ-Menschen herauskehren, einen Repräsentanten der Freien Deutschen Jugend. Und nun geht er ganz normal mit seinem Enkel auf der Straße in Pankow spazieren. So kann es auch sein.

Wenige Minuten danach habe ich öffentlich mit Hermann Kant geredet. Der Saal war übervoll. Es lag eine merkwürdige Spannung über der Szene. Ich merkte, dass sehr viele Freunde Kants gekommen waren. Ich wollte ihm gerecht werden und doch auch nichts verschweigen. Er war schließlich der Präsident des Schriftstellerverbandes gewesen und mitverantwortlich für viele Repressalien, auch für die berüchtigten Ausschlüsse von neun Autoren aus dem Verband im Zusammenhang mit der Verurteilung Stefan Heyms wegen »Devisenvergehen« 1979. Ich hielt ihm u. a. auch Passagen aus seiner damaligen Rede gegen Reiner Kunze vor (»… auf den Kunze gekommen«). Die Mehrheit der Besucher aber war ganz auf der Seite Kants und hatte den Eindruck, auch ich wolle dieses große Denkmal nur beschädigen. Dann kam noch einer »von der anderen Seite« und schob grinsend ein Mikrofon auf den Tisch: Henryk M. Broder. Der wollte alle in die Pfanne hauen. Was er später über den Gesprächsversuch an Gehässigem und Erlogenem zusammenbraute, hat in mir destruktive, negative Emotionen geweckt, so dass ich mir sagte: Von dem wirst du keine Zeile mehr lesen. Der vergiftet dich. Der speist dich nur mit negativer Energie.

Das Gespräch mit Hermann Kant verlief nicht glücklich, hatte er sich doch eloquent in Szene gesetzt und war frei von jedem Selbstzweifel geblieben. Nach diesem Gespräch war ich etwa 14 Tage lang nicht richtig bei mir. Das hatte ich noch nie erlebt. Ich konnte nicht kreativ sein. Ich fühlte mich ausgelaugt. Die Seele war müde.

Ähnlich ist es mir noch einmal ergangen, als man im November 2001 im ehemaligen Staatsratsgebäude in Berlin an »Zehn Jahre Verabschiedung des Stasiunterlagengesetzes« erinnerte. Ich saß mit fünf Gesprächspartnern auf dem Podium. Unten saßen Bürgerrechtler, in der Mehrheit aber Angestellte der Bundesbehörde, Politiker und Juristen. Ich sah mich Menschen gegenüber, die *alles* für ganz richtig hielten, was man bisher mit den Hinterlassenschaften der Staatssicherheit angefangen hatte. Ich meinte: Freunde, was die Stasi mit uns gemacht hat, war schlimm. Wir aber müssen aufpassen, dass wir beim Umgang mit den Exkrementen nicht wieder Schlimmes tun. Die Wahrheit muss an den Tag. Aber sie muss schließlich freimachen. Wir müssen sorgfältig sein und differenziert vorgehen. Ich weiß aus meiner langjährigen Erfahrung, dass IM nicht gleich IM ist. Wir können keine allgemeine Hatz auf alle machen, die sich mit der Stasi eingelassen haben, sondern sollten jeden Fall prüfen und vor allem vorsichtig bleiben, ehe wir Namen in der Öffentlichkeit nennen, denn das Stigma verliert man danach nicht wieder, selbst wenn sich Dinge zugunsten des Beschuldigten geklärt haben. Man sei auch für die Wirkungen seines Tuns mitverantwortlich, nicht nur für die Absichten. Ich fragte sie, ob sie nicht völlig blind seien für die Wirkungen ihres Tuns. Zudem fügte ich hinzu, dass die Geheimdienste in der Welt sich – nach meiner Einschätzung – nur graduell und nicht prinzipiell unterschieden.

Ich erntete ein für mich unvergessliches Hohngelächter aus dem Saal. Das könne man doch nicht vergleichen, empörte sich Herr Dr. Wolfgang Schäuble. Ich hatte etwas Unerhörtes gesagt.

Die Reaktion im Saal ließ mir das Blut gefrieren. Dort war ich zum Paria geworden. Hier war ich plötzlich wieder »der Feind«, der Nestbeschmutzer. Ich konnte mich nur noch trollen. Ja, ich hatte nicht auf eine lebenskluge Freundin gehört, die mir freundschaftlich-ironisch vorher ins Stammbuch geschrieben hatte: »Friedrich, musst du dich in jedes bereitgestellte Schwert stürzen?« Und ich hatte gedacht, ich müsse dort hingehen, eben weil ich weder zu den Verstrickten noch zu den Verharmlosern und Vertuschern der Stasimachenschaften gehöre. Dazu hatte ich zu viel erlebt und als Pfarrer in der DDR auch ohne die Akten gewusst. Ich wollte den jetzigen Aktenverwaltern und Publizisten sagen: »Freunde, lasst uns nach zehn Jahren genauer angucken, was wir – auch in bester Absicht – auslösen, wo wir neue Belastung schaffen, wo wir doch Befreiung wollten.« Aber ich hatte nur Hass geerntet. Ich war wieder tagelang geistig und psychisch gelähmt. Ich war müde in meinem Herzen. So etwas will ich mir nicht wieder zumuten. Es gibt Situationen, da kannst du wirklich nichts machen. Da veränderst du nichts. Du lädst nur alles auf dich.

Wenn ich wieder in eine ähnliche Lage zu kommen drohe, rede ich mir gut zu: »Nun mal keine Weinerlichkeit!« Und denke an Menschen, die sich unermüdlich für die innere Einheit eingesetzt haben und einsetzen. Ich kann hier nur einige nennen: Professor Paul Raabe aus Wolfenbüttel hat mit seinem Engagement für Halle, insbesondere für den Wiederaufbau der Franckeschen Stiftungen, Unglaubliches zuwege gebracht und geschickt finanzkräftige Hilfe akquiriert.

Hinrich Lehmann-Grube hat als Oberbürgermeister von Leipzig dieser wunderbar lebendigen Stadt eine Entwicklung ermöglicht und dabei ostdeutsche Kompetenz geschickt abzurufen gewusst.

Die Bundespräsidenten Weizsäcker, Herzog und Rau ließen uns durch ihre Art des Umgangs spüren, dass sie wirklich »unsere Bundespräsidenten« waren, während »wir« aus Devotion(!) weitgehend gewöhnt waren, »unser Staatsratsvorsitzender« zu sagen. An dieser Formulierung wird deutlich, wie bestimmte

Worte nach wie vor in Ost und West anders verstanden werden. Einige Worte bleiben längere Zeit kontaminiert.

Hans-Otto Bräutigam mit seiner Erfahrung als Ständiger Vertreter der Bundesrepublik bei der Regierung der DDR half, das Justizwesen in Brandenburg aufzubauen, und seine Einlassungen zum Umgang mit DDR-Geschichte und mit den unterschiedlichen und zu unterscheidenden Protagonisten des SED-Systems sorgten in Debatten oft für Klarheit.

Dem besonderen Einsatz von Gottfried Kiesow in der »Deutschen Stiftung Denkmalschutz« verdanken unzählige historische Bauwerke ihre Erhaltung, ihre Renovierung oder gar ihren Wiederaufbau, wie die Ruine der St. Georgen Kirche in Wismar. Beim Namen Kiesow leuchten überall die Augen, wo man auch hinkommt.

Es gab und es gibt wunderbare Anwälte der Verständigung und des einfühlsamen Verstehens wie Hildegard Hamm-Brücher, Hans-Dietrich Genscher, Antje Vollmer, Horst-Eberhard Richter und Klaus Staeck. All ihre Bemühungen haben die deutschen Stachelschweine in toto nicht erreicht. Bei jedem wärmenden Zusammenrücken stechen sie sich gegenseitig, rücken wieder auseinander und frieren.

Die geistig-mentalen, die sozial-politischen und die ökonomischen Fragen vermischen sich und wirken aufeinander zurück; mich bewegen insbesondere die geistigen Ströme bzw. Gegenströme, all das, was Menschen im Innersten bestimmt. Unsere politischen Urteile kommen aus Erfahrungen mit der realen Umwelt, die mit einem bestimmten Koordinatensystem verbunden waren, gewissermaßen langjährig aufgeladen, je anders herausgebildet. Es ist überhaupt nicht wegzureden, dass es noch längere Zeit dann und wann spürbare Ost-West-Differenzen geben wird. Warum sollte das nicht so sein, wenn es nur in Gleichachtung geschieht? Es ist doch nicht verwunderlich, dass Ostdeutsche mehrheitlich anders über den »Palast der Republik« denken als westdeutsche Schlossbefürworter. Daran hängt Geschichte, unsere.

Das Gelingen der Einheit setzt nach wie vor die Bereitschaft jedes Einzelnen voraus, dass wir einander verstehen lernen, ehe wir uns bewerten, sowie die Einstellung, dass Herkunft zwar wichtig bleibt, wichtig bleiben und bereichernd wirken kann, aber nicht das erste und das entscheidende Kriterium der Bewertung ist – ob die Leute nun sächseln oder ob sie schwäbeln, ob sie aus Vorpommern oder aus Hinterzarten kommen.

Mit enttäuschten Hoffnungen umgehen

»Ich erinnere mich an meinen ersten Besuch in Eschwege, gleich nach der Maueröffnung, bei dem ich, inmitten all der Wendeeuphorie, langsam und gegen meinen Willen eine große Enttäuschung hochsteigen fühlte, über die mich kein Überraschungsei trösten konnte ... Anders war die Welt wohl, aber sie taugte nicht als meine neue Welt ... Wahrscheinlich bist Du danach wieder heimgefahren und hast den Osten Osten sein lassen, und so habe ich es mit dem Westen auch gehalten. Nur ließ sich der Westen im Osten schlechterdings nicht ignorieren, und ich habe deshalb die Hälfte meines Lebens damit verbracht, zu verstehen, weshalb mich der Westen so enttäuscht hat und was hier anders ist als dort. Und diese Anstrengung unternimmt man ja nur, um zu verstehen, was nicht verlorengehen darf, was man dem neuen Land, das uns so viel geschenkt hat, selbst schenken könnte. So wie wir früher im Osten auf der Jagd waren, ein Geschenk für die Westverwandtschaft zu besorgen, die in unseren Augen ja alles, und zwar viel besser, hatte; so war ich jetzt auf der Jagd herauszufinden, was denn wir haben, das drüben gebraucht werden könnte.« So beschrieb Daniela Danz am 29. Oktober 2005 in der *Mitteldeutschen Zeitung* und im *Kölner Stadtanzeiger* ihre ersten Eindrücke vom Westen. Wie gut die Autorin – im Herbst 1989 war sie 13 Jahre alt – über die alte und neue deutsche Welt zu reflektieren wusste.

Der erste Impuls der DDR-Bürger beim Fall der Mauer war: »Endlich offene Grenzen! Freiheit!« Der Ur-Antrieb der friedlichen Erhebung in der DDR war Freiheit, Bewegungsfreiheit, Denkfreiheit, Versammlungsfreiheit, Mitbestimmung, Vereinigungsfreiheit gewesen – getragen und initiiert von kleinen, meist kirchlich oder künstlerisch getragenen Gruppen und Einzelpersonen. (Nachträglich wurden die Aktionen auf das Streben nach »Deutscher Einheit« verkürzt.) Die Sehnsucht nach der Freiheit lässt Freiheit hell erstrahlen. Solange jemand nach ihr verlangt, macht er sich nicht klar, was sie ihm auch abverlangt. Damals haben allzu viele Ostdeutsche übersehen, dass man die Freiheit nicht nur genießen kann, sondern dass sie täglich errungen, gestaltet, erarbeitet werden muss.

Selbstbehauptung eigener Lebensentwürfe *in* der freien Welt oder *gegen* die freie Welt? Helmut Kohls überraschender 10-Punkte-Plan und der Aufruf »Für unser Land« – beide vom 28. November 1989 – machten die Alternative sinnfällig.

Wer kennt ihn nicht: diesen Konflikt zwischen Frei-sein-Wollen und Nicht-frei-sein-Wollen? Und wer hätte nicht schon erlebt, wie tief die Depression der Erfüllung sein kann und wie stark die Kraft der Erwartung? Uwe Johnson, der den östlichen Teil Deutschlands verlassen, aber nie vergessen hatte, schrieb 1970: »Der Mangel an Demokratie prägt die Demokratie viel entscheidender aus; und durch die scharfen und oft sehr weitgehenden Eingriffe des Staates in das persönliche Leben seiner Bürger kristallisiert sie sich noch deutlicher heraus.«

So zählt für Ostdeutsche Wohnen immer noch zu einem Grundrecht, zu einem jedem zustehenden, d.h. auch bezahlbaren Sozialgut. Mehr und mehr bekommen sie nun zu spüren, dass Wohnung ein Wirtschaftsgut ist – und wo Vergleichsmieten eingeführt werden, muss der Bewohner sich vergleichen können mit denen, die ganz gut dran sind. Und wenn er es nicht ist, wird ihm der Boden unter den Füßen, das Dach über dem Kopf weggezogen – so grassiert nun Angst um die bezahlbare Wohnung.

Arbeit wird als Menschenrecht empfunden. Sie hatte und hat

im Osten einen noch viel höheren Stellenwert als im Westen. Von Arbeit ausgeschlossen werden heißt für viele, vom Leben, von Sinnbeschaffung abgeschnitten zu sein. Es geht nicht nur darum, alles zum Leben Notwendige durch eigene Arbeit schaffen zu können, sondern um Selbstachtung und eine Glückserfahrung, die im Arbeiten und im Ergebnis eigener Arbeit liegt.

Auch die Allgemeingüter-Utopie, dass das Meiste doch eigentlich allen gehöre und allen zur Verfügung stehen sollte, ist im Osten noch nicht ganz tot, wenngleich im geschichtlichen Pendelschlag das Privateigentum wieder zum höchsten Gut wird. Da sich in der DDR allzu wenige an der Eigentumsbildung beteiligen konnten, haben sie nun noch auf längere Sicht das Nachsehen. (6 Prozent der Treuhandbetriebe sind in ostdeutscher Hand!)

Für Ostdeutsche ist in Erinnerung geblieben, dass in der DDR jeder in der Gesellschaft einen Platz hatte, also eine Beschäftigung bekam. Schließlich gab es eben nicht nur eine Pflicht zu arbeiten, sondern auch ein Recht auf Arbeit (über deren Sinnhaftigkeit oder gar deren Produktivität will ich hier nicht streiten). Jedenfalls hatte fast jeder das Gefühl, dass er gebraucht und gefordert wurde. Dieser Aspekt verursachte das »größte Loch«, in das die DDR-Deutschen gefallen sind. Und löste das Gefühl aus, das, was Karl Marx einmal geschrieben hat, sei so falsch nicht, und was man ihnen über den Kapitalismus gesagt hatte, sei nicht bloß SED-Propaganda gewesen. Insofern ist es überhaupt nicht verwunderlich, dass viele Ostdeutsche Linke/PDS gewählt haben und wählen.

Dabei wird nicht genügend differenziert, dass die soziale Marktwirtschaft in Zeiten des Kalten Krieges ganz gut funktioniert hatte und dass der *Markt* nach seiner Entfesselung und Entgrenzung in einer neoliberalen, globalen Ideologie zum höchsten Wert und der *Mensch* darin immer gleichgültiger, ja nur noch ein Störfaktor bei der Effizienzsteigerung wird. Man nennt Sanierung, was eigentlich Entlassung oder Erübrigung von Menschen ist.

Wurde im Sozialismus nahezu alles verstaatlicht (also gesellschaftliches und privates Eigentum in Anspruch genommen, auch mit Gewalt, Druck, Nötigung, Vertreibung), so wird heute nahezu alles privatisiert. Auch immer mehr Dienstleistungen, die bisher von Kommunen oder vom Staat erbracht wurden, werden Privaten überantwortet. Beinahe täglich berichten Zeitungen von Privatisierungen öffentlicher Güter (Bildungs- und Kultureinrichtungen, öffentliches Fernsehen, kommunale Wohnungsgesellschaftlichen, Krankenhäuser.)

Selbstentfaltung hat als Kehrseite immer auch *Selbstdurchsetzung*. Sich selbst darstellen zu können artet alsbald zur bloßen Selbstdarstellung aus. Und der endlich errungene freie Markt, in dem jeder seine Fähigkeiten und auch seine Waren feilbieten kann, wird zu einem freien Markt, der zuerst und zuletzt nach Gewinn fragt, nicht nach Menschen, schon gar nicht nach den Verlierern, bis nur noch nach höchstmöglichem und schnellem Gewinn gefragt wird. Viele Ostdeutsche – ich würde sogar sagen: die große Mehrheit – schreien bei allen Problemen ganz schnell wieder nach dem Staat. Werden in der Innenstadt in Wittenberg mehr und mehr kleine Geschäfte geschlossen, verweisen die Inhaber auf »die Stadt«, die doch verhindern müsse, dass die Großmärkte auf der grünen Wiese alle Kaufkraft abfassen, wobei sie selbst dort »günstig« einkaufen. Dass die Kommune innerhalb des Gesamtsystems wenig Einfluss hat, wollen viele nicht wahrnehmen. Man möchte so gerne andere, persönlich Verantwortliche, benennen können!

Es gibt eine tief eingewurzelte doppelte Erwartung an »den Staat«, dass er für mich sorge, wenn es mir schlecht geht, dass er mich aber ganz frei lasse, wenn es mir gut geht, dass es mir noch besser gehen könnte, wenn er mich nicht mit ärgerlichen Reglementierungen oder gar höheren Steuern und Abgaben belasten würde. (In diesem Widerspruch sind wir wohl längst vereint!) Zu den Risiken der Freiheit gehört, dass du ins Bodenlose fallen kannst, zumal dann, wenn der Sozialstaat sich finanziell übernommen hat bzw. wenn die Verteilungsmechanismen in der neoliberalen Weltökonomie die Schere zwischen Reich und Arm immer weiter aufklappen lassen.

Eine besondere Enttäuschung haben Menschen seit 1990 dadurch erlebt, dass jetzt zwar Meinungsfreiheit herrscht und man sagen kann, was man will, sich aber dadurch nichts spürbar ändert. In der DDR konnte man nicht alles sagen, was man dachte (sofern man dachte), aber es wurde genau hingehört, bisweilen mit ziemlich unliebsamen Konsequenzen. In der Freiheit reden zu können empfinden viele als Schattenboxen. Und sie merken erst jetzt, dass in diesem demokratischen System mehr die Ökonomie denn die Politik das Sagen hat. Der Staat ist zwar Diener, aber er kann und darf nicht alles, nicht einmal der allgegenwärtige Helfer sein. Solch ein Helfer mutiert nämlich allzu leicht wieder zum Herrscher. Der Staat entlässt den Einzelnen vielmehr in seine Verantwortung. Freiheit heißt auch, durchs Netz fallen zu können, alle Konsequenzen selbst tragen zu müssen. Wo viel Freiheit ist, ist auch viel Unsicherheit. Freiheit muss einerseits eingegrenzt werden durch das Freiheits- und Entfaltungsrecht des je anderen (konkurrierende Freiheitsrechte), und sie muss andererseits flankiert sein von der Verantwortung des Einzelnen, der für sich einsteht und sich dabei zugleich um die Freiheit des anderen sorgt. Freiheit bedeutet eben auch, nicht nur abstrakt »frei« sein zu können, sondern auch die *Mittel* zu haben, um sich mit seinen Begabungen einbringen zu können. 25-prozentige Dauerarbeitslosigkeit aber lässt sich auf Dauer kaum ohne Akzeptanzverlust des demokratischen Systems ertragen.

Freiheit besteht nicht ohne ein bestimmtes Maß an Gerechtigkeit. Freiheit führt dazu, dass es weniger Anweisung gibt, dafür mehr Entscheidungsmöglichkeit, zugleich mehr Entscheidungsnotwendigkeit.

Ergo: Freiheit, Mitbestimmung, Selbstbewusstsein, Gerechtigkeit und Nachhaltigkeit braucht unser vereintes demokratisches Gemeinwesen, in welchem wir uns einander nach unserer 40 Jahre getrennten Geschichte respektieren.

Trümmer der Vergangenheit? Bausteine für die Zukunft!

> Auferstanden aus Ruinen
> Und der Zukunft zugewandt,
> Lass uns dir zum Guten dienen,
> Deutschland, einig Vaterland.
> Alte Not gilt es zu zwingen,
> Und wir zwingen sie vereint,
> Denn es muss uns doch gelingen,
> Dass die Sonne, schön wie nie
> Über Deutschland scheint.
> ...
> Lasst das Licht des Friedens scheinen,
> dass nie eine Mutter mehr ihren Sohn beweint.
> Lasst uns pflügen, lasst uns bauen,
> Lernt und schafft wie nie zuvor,
> Und der eig'nen Kraft vertrauend,
> Steigt ein frei Geschlecht empor ...

Ist es prinzipiell verwerflich, wenn Menschen diesem Welterlösungspathos gefolgt sind, die Trümmer des deutschen Raubkrieges vor Augen? Wer sollte etwas gegen eine *Neue* Welt einzuwenden haben, in der der Einzelne in der Gesellschaft aufgehoben, aufgefangen ist? Sich in nichtentfremdeter Arbeit zum Wohle des Ganzen zu verwirklichen schien möglich, wenn die Ausbeutung des Menschen durch den Menschen durch die kollektive Verfügung über die Produktionsmittel beseitigt, die sozialen Unterschiede aufgehoben, die Gleichberechtigung der Frau und Bildung für alle (besonders für die Kinder der Arbeiter und Bauern) garantiert wären (wie in der Verfassung proklamiert). Weltfrieden und Völkerfreundschaft als »internationalistische« Ziele schienen verwirklichbar in einer Welt, in der nicht bloß die Kriege, sondern auch die Ursachen für Kriege und Unterdrückung beseitigt werden würden. Das alles hatte eine durchaus nachvollziehbare Faszination: Endlich sollte die Geschichte der Menschheit eine menschliche Geschichte werden!

Wer daran mitwirken wollte, musste nur ein kleines Credo verinnerlichen: Die Partei hat immer Recht, und im Mittelpunkt steht der Mensch, aber nicht der Einzelne. Noch Fragen?

Mit der Menschheitsutopie Sozialismus – zum wissenschaftlichen Sozialismus erklärt – verfolgte man von Beginn an eine »Utopie der Säuberung« (genau wie einst die Heilige Inquisition). Warum das nötig sei, erfuhr jeder Heranwachsende aus Nikolai Ostrowskis »Wie der Stahl gehärtet wurde«, was das existenziell für Millionen bedeutete, erst viel später, etwa in Anatoli Rybakows »Die Kinder vom Arbat« oder in »Stadt der Angst«.

Das einstige kommunistische Weltsystem, eine deutsche Erfindung – unter Mithilfe des deutschen Generalstabs in Russland installiert –, beruhte im Grunde auf »verführtem Denken« (Milosz), weshalb nicht wenige DDR-Bürger noch heute meinen, der Sozialismus bleibe eine wunderbare Idee, sie sei nur schlecht *gemacht* worden. Eine grundlegende Analyse steht noch immer aus.

Der Germanist Hans Mayer, der bis heute bekannte Schriftsteller aus der DDR maßgeblich geprägt hat, verließ 1963 die Karl-Marx-Universität Leipzig und lehrte fortan in Hannover, wurde zu einem vielgefragten Intellektuellen der Bundesrepublik. Der Wechsel in den Westen – aus politischen Gründen – machte ihn indes nicht zu einem Antikommunisten. Mayer hat 1991 ein Buch mit dem Titel »Der Turm von Babel. Eine Erinnerung an eine Deutsche Demokratische Republik« publiziert, »gewidmet meinem Freunde Stephan Hermlin«. Darin erklärt er, auch die DDR sei »eine Utopie gewesen«, und erinnert an viele historische Misserfolge anderer menschlicher Utopien – bis hin zu den großen Verbrechen in »verwirklichten Utopien«.

»Viele Jahre lang wurde in fünf deutschen Ländern nicht bloß unterdrückt und bestraft, hochmütig belehrt, sondern auch gehofft, gewartet, die Vernunft und Menschlichkeit ›geplant‹ für Frauen, für Künstler, alte Leute, für Arme und Unwissende.« Die DDR war alles in allem ein Versuch – freilich ein untauglicher *und* mit untauglichen Mitteln.

Die Frage kann heute nicht sein, wie man nachträglich *alles* aus der DDR-Zeit erledigt und in Grund und Boden verdammt, sondern sie muss lauten: Was wollten einstige Akteure – vom Genossen über den Mitläufer bis zum Widerständler – und was können Nachgeborene daraus lernen. Die angemessene Antwort auf das Scheitern einer Utopie kann nicht endgültiger Verzicht auf *jede* Utopie sein, sofern man sich selbst nicht zum Büttel des Faktischen degradieren und nur noch wirtschaftlichen, wissenschaftlichen und technologischen Zwangsläufigkeiten folgen will. Freiheit heißt nun auch, »frei von Utopien« zu leben, die an den mörderischen Ideologien eine nicht unerhebliche Mitschuld tragen, als ob es nicht auch Verbrechen ohne jede ideologische Rechtfertigung – dafür bisweilen mit innigem Gebet vor der Schlacht – gäbe. Wo keine (Menschheits-)Ideale mehr (als Gradmesser für eigenes Verhalten und den Bund mit anderen) individuelle oder kollektive Akzeptanz finden, stellt sich flugs der Einzelne mit seiner Interessengruppe in den Mittelpunkt. Wenn die Utopie abgedankt hat oder gar für null und nichtig erklärt wird, bekommt das *Geschäft* oberste Priorität. Und das Geschäft braucht die Macht. Und die Macht macht das Geschäft. Da opfert der einzelne Mensch nahezu alle Prinzipien, sobald sie dem Gewinn entgegenstehen. Selbstdurchsetzung, Selbstdarstellung und Selbstinszenierung rücken in den Mittelpunkt. Auf ein System, das vom Einzelnen ganz *absah*, folgte ein System, das ganz auf den Einzelnen *setzt*.

Freilich muss sich jede utopische Vorstellung auf dem Weg in die Lebenspraxis die unvermeidliche Differenz zwischen Wünschbarem und Verwirklichbarem ehrlich eingestehen. Die angewandten Mittel sind stets am Ziel zu orientieren und zu justieren – nicht aber am schnellen Erfolg, der nach aller historischen Erfahrung zu Entartungen der Machtausübung zu geraten pflegt.

Bleibt es nicht eine motivierende Utopie, wenn man sich einen Zustand wünscht, in dem »der Mensch dem Menschen ein Helfer« ist, wo das lateinische Diktum *homo homini lupus* entkräftet wird? Und heißt Menschsein nicht weiterhin Suche nach einer lebbaren Heimat für Sterbliche, wo einem »das Einfache, das schwer zu machen ist« (Bert Brecht), ein- und heimleuchtet?!

Das Muss der Hoffnung, nicht das des Befehls kommt zum Tragen, sobald sich einzelne Subjekte frei vereinen und einander mit aller Kraft den belebenden Atem der Freiheit und das Brot der Gerechtigkeit zu gewähren suchen.

Wo die Alternative »Kapitalismus oder Barbarei« postuliert wird, avanciert Kapitalismus zur realisierten Utopie. Dem hat sich – trotz des Scheiterns – eine neue, den Forderungen der Gerechtigkeit verpflichtete Linke weltweit entgegenzustellen, wobei ›links‹ und ›frei‹ ebenso wenig Gegensätze sein wie Freiheit und Gerechtigkeit gegeneinander ausgespielt werden dürfen. Das Ende der sozialen Demokratie unter globalisierten Bedingungen ließe die Welt ohne eine Perspektive. Deshalb wäre es billig, die Geschichte des sogenannten realen Sozialismus gedankenlos oder pauschal verdammend wegzuschieben, ohne den Gründen seines Scheiterns genauer nachzugehen. Die deformierenden oder verbrecherischen Folgen der leninistisch-stalinistischen Revolutionspraxis und der pseudowissenschaftlichen Gesellschaftstheorie müssen dabei aufgedeckt werden. Die Vision »Sozialismus« hatte gesamtmenschheitliche Hoffnungen geweckt und gigantische menschliche Kräfte freigesetzt, die aus einem rückständigen Agrarland wie Russland eine Weltmacht werden ließen, nicht zuletzt durch wissenschaftlich-technologische Leistungen und kulturelle Erfolge. Ein totalitäres Regime, mörderische Säuberungsaktionen (wahrscheinlich wurden etwa 40 Millionen Menschen in den GULAGs zu Tode geschunden) und Misswirtschaft haben den Sozialismus so desavouiert, dass er sich für absehbare Zeit erledigt hat.

Aber die Idee sozialer Gerechtigkeit – ohne Gleichmacherei und ohne Abwürgen der Freiheitsrechte des Einzelnen – ist damit ebenso wenig obsolet geworden, wie sich das Gebot Nächstenliebe oder die Versöhnungsbotschaft Jesu durch Kreuzzüge, Inquisition und andere Verbrechen der Kirche erledigt hat.

Jetzt ist nicht Endspielzeit, sondern Zeit eines neues Beginnens, damit man endlich aufhört, sich neurotisch auf Teile des Vergangenen zu fixieren; es gilt auch das zu würdigen, was des Versuches wert war. Die vielen menschlichen Verluste dürfen niemals verschwiegen werden. Es ist indes Zeit, die Spaltung der Gesellschaft in verherrlichende oder relativierende DDR-Vergangenheit einerseits und in Dämonisierer bzw. Delegitimierer andererseits zu überwinden. Es gilt, beides zusammen zu sehen. Unsere demokratischen Rechtsgrundsätze sind rückwirkend nicht ohne Rücksicht auf damalige Lebensumstände anwendbar. Man muss damalige Gesamtumstände, Motive, Zwänge, Ängste oder Irrtümer differenziert wahrnehmen – verstehen! – und dann erst alles bewerten.

Alle Beteiligten müssen, so gut es geht, dem gerecht zu werden versuchen, *was* war und *warum* es so war, was *wahr* und was *falsch* ist. Was Recht und was Unrecht ist, darf nicht wieder eine Machtfrage sein, sondern muss eine Frage nach der Wahrheit aufgrund allgemeiner Rechtsgrundsätze bleiben. So können in den Trümmern des Vergangenen Bausteine für Zukünftiges gefunden werden – und sei es, dass sich nur sehr wenig Brauchbares findet. Um dem Fortschreiten des sozialen und mentalen Selbstwertgefälles zwischen West und Ost entgegenzutreten und eine neue Solidarität aller Deutschen zu schaffen, lohnt es sich, einen Blick in die Vergangenheit zu werfen und auf Möglichkeiten einer positiven Identitätsstiftung der Ostdeutschen hinzuweisen.

Im milden Herbst und Winter 1989 war das politische und psychologische Wunder geschehen, dass die Deutschen in der DDR nicht durch eine paternalistische Geste von außen (so hoch der Beitrag Gorbatschows auch zu bewerten ist), nicht durch eine plötzliche Veränderung der Bedingungen von außen, sondern durch eigenes Tun ein neues, ein anderes, ein unerwartetes, ein befreites *Selbstwertgefühl* erlangten. Und dazu haben sehr viele »einfache« Bürger beigetragen, die es sich nie zugetraut hatten. Sie sind inzwischen vielfach wieder im Schmoll- und Jammerwinkel, im Räsonierclub oder gar in der Verklärungsecke verschwunden. Jedenfalls wurden die Ostdeutschen kurzzeitig gar von den Mehrheitsdeutschen bewundert! Endlich einmal! Man analysiere all die Reden, die seinerzeit gehalten wurden, die Zivilisiertheit des Dialoges, selbst die schweren Auseinandersetzungen mit den Regierenden, die sich der Kritik stellten und sich klarmachen (lassen) mussten, dass sie nicht legitimiert waren. Die Regierten lernten, sich selbst zuzugeben, dass sie durch ihr Verhalten den Unterdrückern relativ leichtes Spiel gelassen hatten. Am Ende dieses Prozesses stand eine doppelte Befreiungserfahrung: Die Unterdrückten und unmündig Gemachten wurden ebenso freigelassen wie die Unterdrücker von ihrem Unterdrücken frei wurden, wenngleich sich darunter viele aalglatte Opportunisten mischten. Man bräuchte eine Zusammenstellung jener Dialoge, bis hin zu denen mit hohen Offizieren der Volksarmee – ob im Kulturhaus der altmärkischen Kreisstadt Osterburg, ob in allen Sälen der Lutherstadt Wittenberg, ob in den Räumen des Gewandhauses in Leipzig oder in der legendär gewordenen Gethsemane-Kirche in Berlin.

Ein herausragendes Datum der friedlichen Selbstbefreiung, ja *das* identitätsstiftende Erinnerungsdatum aus der (an-)spannenden Umbruchzeit ist der 9. Oktober 1989 in Leipzig. Das war *der* Kulminationspunkt. An diesem Tag kam es zur Entscheidung, eben nicht zur Völkerschlacht von Leipzig, sondern zum friedlichen Marsch um den Ring, der nicht in einen Platz des Himmlischen Friedens verwandelt wurde. Von diesem Tag an trauten sich auch immer mehr Menschen, die bis dahin abwartend-ängstlich geblieben waren, heraus, trauten sich eigenes Denken zu und begannen die sogenannte Feierabendrevolution des Herbstes '89. Das war die angespannteste und schönste Zeit zugleich.

Ich selbst konnte die völlig überraschende Entdeckung machen, dass das Volk nicht nur verführbar, käuflich und ängstlich, ressentimentgeladen und tendenziell nationalistisch ist. All das steckt in denselben Menschen, wie sich später zeigen sollte. Aber dieser andere Impuls – mit Zivilcourage, Besonnenheit und Entschlossenheit – führte zur Selbstbefreiung. An jenem 9. Oktober waren die Polizei und die Sicherheitsorgane auf ein paar Tausend

Menschen vorbereitet. Blutkonserven standen bereit, die Stadt war vollgestopft mit Kampfgruppen und Bereitschaftspolizei, das Stadion– wie einst in Chile – für die »konterrevolutionären Rowdys« vorbereitet. Aber es strömten trotz aller Drohgesten 70000 Leute zusammen. Das war praktisch »das Volk«. Das war nicht polizeilich beherrschbar. Die Sicherheitsorgane waren für ihre Kommandeure nicht mehr ganz zuverlässig einzuschätzen. Die Uniformierten sahen, dass es ihre Kinder oder ihre Geschwister waren, auf die sie nicht hätten schießen wollen. Zum Gelingen trug überdies die Besonnenheit einiger Parteifunktionäre bei. Unter die Demonstranten hatten sich nicht nur Stasileute gemischt, sondern auch Leute aus der SED, die sich längst um ihre Ideale betrogen gefühlt hatten, darunter natürlich auch solche, die immer sehr klug wissen, woher der Wind weht und wie man seine eigenen Schäfchen rechtzeitig ins Trockene bringt. Man nannte sie später »Wendehälse«. Die Bürger auf den »Straßen des Oktobers« wussten aus eigener Erfahrung oder aus kritischer Beobachtung der Ereignisse in Europa und in der Welt: Wenn es gut gehen soll, muss es friedlich zugehen. Wenn es gut gehen soll, muss es ohne Provokation der sowjetischen Besatzungsmacht erfolgen. Deshalb muss das D der Demokratie vornan stehen, und es darf sich nicht plötzlich das große D Deutschlands davorschieben. Dies hätte in der Sowjetführung und Sowjetarmee immer noch Ängste des 22. Juni 1941 mobilisiert. Wer die Erstarrung der Partei- und Staatsführung samt deren Drohgebärden täglich erlitt, der hatte nicht mehr viel erwartet. Man hatte von sich selbst nicht viel erwartet. Es war eine Zeit lähmender Stagnation, es war eine bleierne Zeit, eine Zeit mit täglich ersterbender Hoffnung (vor allem durch die rasante Abwanderung der Jungen, der gut Ausgebildeten, der Motivierten und Leistungsbereiten). Und Honeckers Versprechen, die Mauer würde noch in 100 Jahren bestehen, war ja in Wirklichkeit eine Drohung (und fürs Volk auch so gemeint) gewesen, zugleich eine Beruhigung für seine Millionenpartei. Das Vorbild der chinesischen Genossen wurde uns vorgehalten (ich wurde sogar von der Staatssicherheit angerufen, ich solle mir doch die Sendungen über die konterrevolutionären Ereignisse im DDR-Fernsehen anschauen, damit ich nicht weiterhin solche hetzerischen Behauptungen in die Welt setze). Ganz dicht sind wir an einem Bürgerkrieg vorbeigeschlittert; in Dresden nämlich, in den Tagen, in denen die Züge aus Prag die Flüchtlinge durch die DDR gekarrt hatten, bloß um die DDR-Führung das Gesicht wahren zu lassen, dass nämlich *sie* souverän entschieden habe, dass ihre Bürger durch *ihr* Land in die Bundesrepublik ausreisen dürfen. Der Garant für deren Sicherheit war aber längst der westdeutsche Außenminister geworden. Die Souveränität war schon längst aufgegeben, da es Hans-Dietrich Genscher war – ein aus Halle stammender Deutscher –, der den Flüchtlingen in der Botschaft in Prag mitteilen durfte, dass ihre Ausreise erreicht worden sei. Immerhin stand in seiner Nähe ein Mann, ohne dessen Vermittlung vieles nicht gelungen wäre, nämlich der Rechtsanwalt Wolfgang Vogel. (Dass in solchen schwierigen Situationen Vermittler nötig sind, die das Vertrauen beider Seiten besitzen müssen, wurde später geleugnet, und *alle*, die mitgeholfen haben, dass es so friedlich abging, wurden letztlich zu Mittätern gestempelt. Ich nenne nur Lothar de Maiziere, Manfred Stolpe, auch Gregor Gysi.) Jedenfalls verhießen die Bilder aus Dresden nichts Gutes, und ein einziger Toter – gleich auf welcher Seite – hätte in jenen dramatischen Wochen zwischen dem 1. Oktober und dem 9. November die Weltgeschichte verändert. Die Staatsmacht hatte noch alle Mittel zuzuschlagen. Schließlich galt als das Grundcredo der Kommunisten, dass »eine Revolution nur so viel wert sei, wie sie sich zu verteidigen« wisse, und dass man seine »Macht wie einen Augapfel« hüten müsse. (Dies betonte das für Ideologie und Sicherheit zuständige Politbüro-Mitglied Hermann Axen, der sich ironischerweise während jener Ereignisse im Herbst 1989 just zu einer Augenoperation in Moskau aufhielt.) Nach den Ereignissen der ersten Oktobertage 1989 in Dresden meldete sich in vielen größeren Städten und kleineren Gemeinden plötzlich Widerstand. Man wusste, was man da auf seine eigene Kappe nahm. Gerüchte von Lagern kursierten, auch von zu Mähdreschern für Demonstranten umgebauten Lkws.

Aus Angst wurde Wut, aus Wut wurde aber nicht Destruktion, sondern bewusster Widerstand, bei dem sich die Bürger mehr und mehr – bis daraus Volksmassen wurden – den kleinen, vor allem in der evangelischen Kirche beheimateten oder unter ihrem Dach relativ geschützten Gruppen und deren Sprechern anschlossen. Ohne »das Volk« wären wir dissidentischen Gruppen in die detailliert vorbereiteten Lager verbracht und bald abgeschoben worden. Wer hätte vermittelt? Die heute so gescholtenen Anwälte.

Von Tag zu Tag, von Woche zu Woche erwachte ein als beglückend erfahrenes und Kreativität freisetzendes Selbstbewusstsein. Die eigenen Geschicke in die eigenen Hände zu nehmen, vom politischen Objekt zum Subjekt zu werden, wurde zum Glückserlebnis mit kräftespendendem Eu-Stress. Nie wieder kamen wir alle mit so wenig Schlaf aus. Aus der stickigen Warteraumatmosphäre der Stagnation kommend, fanden wir uns plötzlich im D-Zug der Geschichte.

Jener 9. Oktober war der Tag der Demokratie und der Zivilcourage. Wenn die Leute gewusst hätten, dass es 70 000 würden, wären es bestimmt mehr als 300 000 geworden. Die 70 000 konnten sich nicht sicher sein, wie viele sie an diesem Montag werden und was mit ihnen geschehen würde. Insofern gebührt ihnen ein großer Dank – jedem Einzelnen, der sich dorthin – und sein Leben – gewagt hatte. Es war mehr als eine schöne Geste, dass im September 2005 der Pfarrer der Leipziger Nikolaikirche zusammen mit Michail Gorbatschow den Augsburger Friedenspreis bekommen hat. Aber welche Zeitung berichtet heute noch über ein solches Ereignis – gar an prononcierter Stelle?!

Sucht, was eint: Symbole der Solidarität

Es gehört zu den tiefen Kränkungen der Ostdeutschen, dass jener 9. Oktober 1989 im gesamtdeutschen Bewusstsein eine so geringe Rolle spielt und dass es nicht gelungen ist, jenen *Tag der Selbstbefreiung* zum *Nationalfeiertag* zu machen. Bürgerrechtler der ersten Stunde haben dies immer wieder anzustoßen versucht. Aber Politiker, die die westdeutsche Seele kennen, haben uns klargemacht, das sei im Westen nicht durchsetzbar. Am 9. Oktober seien schließlich nicht die Westdeutschen beteiligt gewesen, und so könne man diesen Tag nicht zum gemeinsamen Nationalfeiertag machen. Der 9. Oktober war außerdem vom 9. November überstrahlt worden, und die Diskussion ging seinerzeit nur um die Frage, ob man den 17. Juni beibehalten oder *den* 9. November nehmen sollte. Gewählt wurde der 3. Oktober, ein Tag, an dem ein juristischer Akt vollzogen worden ist. Daran hängt emotional wenig.

Wir versuchen, in jedem Jahr mit besonderen Veranstaltungen in Leipzig an den 9. Oktober zu erinnern. Kanzler Schröder, zwei Bundespräsidenten waren gekommen, 2005 der Präsident unseres Verfassungsgerichtes. Diese Veranstaltungen drehen sich um den Zustand unserer Demokratie und die Aufgaben, die wir heute haben, nicht nur um die Vergangenheit. Sie finden nur in den Regionalsendungen des Fernsehens Beachtung, größeren Tageszeitungen sind sie keine Zeile mehr wert.

Indes stärkt die Erinnerung, dass sie etwas zustande gebracht haben, was es in der deutschen Geschichte bisher noch nicht gegeben hatte, das Selbstwertgefühl vieler Ostdeutscher: eine *friedliche Revolution*, aufgrund der wir nun schließlich vereint in Demokratie, Einheit und Frieden leben. Sie wurde eben nicht »mit Blut und Eisen« herbeigeführt und unter völkerrechtlicher Anerkennung aller Grenzen.

Mich hat Carlo Schmids Rede »Die verlorene Revolution« vom 19. März 1948 sehr nachdenklich gemacht. Er sagte damals: »Es gehört zu den Eigentümlichkeiten der an tragischem Scheitern lautersten Wollens und mutigsten Parteiergreifens so reichen Geschichte des deutschen Volkes, dass die Feiern an den Gedenktagen seiner revolutionären Erhebungen bisher immer Feiern zur Erinnerung an verlorene Revolutionen gewesen sind. Was anderen Völkern Tage des Stolzes auf ihre siegreiche Kraft bedeutet, bedeutet für uns Tage der Trauer, Tage der Erbitterung. Für manche in unserem Volke sind dies gar Tage des Verzagens, und statt daraus den Mut für ein neues Beginnen zu schöpfen, finden sie in dem Ablauf der Ereignisse, deren feiernd gedacht, Grund um Grund für eine Flucht in die Abseitigkeit der Stillen im Lande.«

Carlo Schmid fuhr fort, die Zeit werde einmal Forderungen an uns stellen, und sie müsse sie an uns stellen, »damit auch das Volk der Deutschen einmal eine siegreiche Revolution in die Annalen seiner Geschichte einschreiben kann und so endlich das Selbstbewusstsein findet, ohne das kein Volk zum Guten gedeihen kann. Solches Selbstbewusstsein aber ist immer die Frucht eines aus eigener Kraft gelungenen Durchbruchs aus dem Gestern in das Morgen, der das Vermögen hat, eine Gegenwart zu prägen und zu einem Fundament zu machen ... Denn hat ein Volk einmal in seiner Geschichte vermocht, aus eigener Kraft und in spontanem Aufbruch die Petrefakte einer verjährten Vergangenheit abzuwerfen und mit ihnen Formen und Werte zu zerbrechen, die sich außerstande erwiesen haben, sich fruchtbar entfalten zu lassen, was an neuem Atem durch die Gegenwart strömt, dann bezieht es daraus ein Kraftgefühl, das ihm erlaubt, auf das ihm Begegnende und auch auf das ihm Entgegenstehende ohne Ressentiments zu reagieren.«

Genau das aber war der 9. Oktober '89. Spontaner Aufbruch, Abwerfen einer verjährten Vergangenheit. Aber den »neuen Atem« weitergehender Reform haben wir verpasst, indem wir es versäumt haben, nach Artikel 146 GG uns eine gemeinsame, von allen Deutschen angeeignete Verfassung zu schaffen, die Grundlagen des sich bewährt habenden Grundgesetzes aufnehmend, aber um Neues angereichert. Die pure *Selbstbestätigung* der »Siegreichen« hat verhindert, einen neuen Aufbruch im *neu*vereinigten Deutschland zu wagen (wie Willy Brandt immer wieder sagte, statt des bloß *wieder*vereinigten!). Die Vereinigung des Unvereinbaren per im Vereinigungsvertrag geregeltem Anschluss musste zu einem Kulturschock führen. *Gemeinsame* Symbole der Einheit, wie z. B. ein neuer emotional und symbolisch wertvoller Nationalfeiertag, hätten dazu beitragen können, diesen Schock zu mildern und tatsächliche Gemeinschaft herzustellen.

Der Versuch vieler Ostdeutscher, auch aus der Bürgerbewegung, die Brecht'sche »Kinderhymne« 1990 zum Lied *aller* Deutschen zu machen, scheiterte, weil in so kurzer Frist der Mehrheit der Westdeutschen kaum ein »Ost-Text« populär gemacht werden konnte, den dieser »Kommunist« Brecht da gedichtet hatte. Die im Vereinigungsprozess 1990 wegen der sehr schnell nötigen pragmatischen Lösungen kaum ernsthaft geführte Debatte über unsere Nationalhymne sollte und könnte durchaus noch nachgeholt werden. Sinnvoll wäre dies nur, wenn es zu einer wirklich breiten Debatte käme – zu einer neuen Selbstverständigung des 40 Jahre geteilten und in vielem immer noch zerrissenen Deutschlands. Walter Jens, bis 1997 Präsident der – vereinigten! – »Akademie der Künste« in Berlin, hat im Sommer 2006 versucht, solch eine breite Diskussion (wieder) anzustoßen. Petra Pau, seit 1991 PDS-Politikerin, seit 2006 Vizepräsidentin des Deutschen Bundestages, dankte ihm dafür und erklärte, die »Kinderhymne« böte die Möglichkeit, »eine neue, humanistische und friedensstiftende Identität für alle Bürgerinnen und Bürger der Bundesrepublik zu stiften«. (Pressemitteilung vom 16. Juni 2006) Als Politikerin schätze sie die realen Chancen der Einführung einer neuen Hymne freilich als gering ein.

Wo sich Reales mit Symbolischem auf glückende Weise verbindet und wo ein großes öffentliches, auch mediales Interesse dafür geweckt wird, bekommt symbolisches Handeln eine Langzeit- und Tiefenwirkung, die die innere Einheit befördert und befestigt. Gerade deshalb kann und muss immer wieder erzählt werden, wie viel gelungen ist, wie viel zusammengewachsen ist, wie viel Trennendes unwichtig und wie das Verbindende bei der Lösung jetziger Aufgaben wichtig geworden ist, wie viele in der ost- wie westdeutschen Öffentlichkeit wegen ihrer Person und wegen ihrer Leistung, wegen ihres Charakters Anerkennung gefunden haben und finden, nicht wegen ihrer Herkunft: Angela Merkel, Maybrit Illner, Wolfgang Tiefensee gehören dazu. Michael Ballack hat für Bayern München und als Kapitän der deutschen Nationalmannschaft Tore geschossen, und alle liebten Franzi.

Luther und Bach, Schiller und Goethe und ihre Wirkungsstätten »gehören« wieder uns allen. Vor zehn Jahren kamen nach dem Tod Heiner Müllers seine Verehrer aus Ost und West – vor allem Schriftsteller, Schauspieler, Wissenschaftler – zusammen, um seine Texte zu lesen. Wie gut konnten wir unsere gemeinsame Geschichte verstehen in den Büchern und in den Verfilmungen Viktor Klemperers, Erwin Strittmatters oder Uwe Johnsons. Andreas Dresens Filme werden in Ost und West ebenso angenommen und aufgenommen wie die eines Leander Haußmann. Die Bilder des Maler Neo Rauch hängen in vielen großen ausländischen Museen.

Vor dem von Christo verhüllten Reichstag hat uns das Staunen und die Stille zusammengebracht. Die Dresdner Frauenkirche war und ist ein *Symbol* für gemeinsames Aufstehen aus Ruinen, auch aus unserer Zaghaftigkeit. Symbole reichen nicht, aber sie helfen, insofern wir sie mit *Inhalten* zu versehen verstehen, in denen *Perspektiven* stecken, in denen unsere *Erinnerungen* und *Träume* aufgehoben sind.

Solidarisches Handeln im Angesicht der Flut

Nie waren die Deutschen sich seit jener Nacht des 9. November 1989 so nahe wie während der Flut im August 2002. Bilder der Verwüstung und Verzweiflung erweckten tiefe Gefühle des Mit-Leidens und mobilisierten den Willen zu persönlicher Hilfe. Auch Erschrecken. Was ist los mit unserer Welt, was ist unser aller Anteil an weltweiten »extremen Wetterlagen«?

Im Mittelpunkt: Dresden. Die Symbolstadt der Zerstörung seit dem Inferno vom 13. Februar 1945 und Symbol für selbstbewussten Wiederaufbauwillen. Pirna, Schmiedeberg, Grimma, Weesenstein, Meißen. Und Eilenburg, Bitterfeld, Dessau, Mühlberg, Torgau, Wittenberg-Seegrehna und das Wörlitzer Gartenreich. Hitzacker und Amt Neuhaus – Namen von Orten, die jetzt jeder kennt, der die »Reise durch ein geschundenes Land« verfolgt hat: Mitbangen wegen jeder Sickerstelle, jeder Sandsackaktion und jeder Evakuierung, wegen jedes Durchbruchs, der gemeldet wurde. Aufatmen bei jeder Entwarnung.

Viele Westdeutsche sahen persönlich – oder in den Medien – zum ersten Mal, was alles überall wieder oder neu erstanden war und nun »den (reißenden) Bach hinunterging«. Und sie registrierten, wie viel eigenes Geld, Initiative und Mut die Ostdeutschen aufgebracht hatten, wie verzweifelt die hart Betroffenen waren und wie entschlossen, noch mal und noch mal zu beginnen – *wenn* man ihnen materiell eine Chance gibt und wenn sie nicht auf den alten Schulden (Krediten) sitzengelassen werden. Die haben ja nicht bloß »Nehmerqualitäten«, sondern ein enormes Anpackpotential! Von wegen jammern – kämpfen!

Tiefste Erschütterung, lähmende Unbegreiflichkeit, irrationale Schuldzuweisung, Suche nach Adressaten für die Wut, dumpfe Frustration, tränenerstickte Stimmen gestandener Männer – all das vermittelten Medien, ohne den sonst üblichen Katastrophenvoyeurismus.

Dass nicht noch viel mehr überflutet und vernichtet wurde, ist mitten in allem Leid ein Wunder. Das Wunder war auch Folge eines Mutes gegen alle Wahrscheinlichkeit, gegen begründete schlimmste Befürchtungen, gegen bohrende Gefühle der Aussichtslosigkeit. Die Emotionen wechselten ständig, manchmal im Minutentakt. Tausende kämpften vereint mit brennendem Herzen und kühlem Verstand, mit Umsicht und modernster Technik gegen die Wassermassen.

Der Osten kam auf eine Weise in den gesamtdeutschen Blick, wie sich das wahrlich niemand gewünscht hatte. Doch haben wir da eine ganz selbstverständliche Zusammengehörigkeit erlebt. Diese Flutkatastrophe hat uns zusammengebracht, mit Herz und Hand. Damals sind noch ganz andere Dämme gebrochen. Durch Hilfe. Ein neues Bewusstsein für Hilfeleistungen in »das Land jenseits der Elbe« ist gewachsen – anders als nach 1990. An *dem* Schaden sind »die im Osten« nicht selbst schuld. Das hätte uns an Rhein, Main, Mosel auch treffen können. Da ist Hilfe nötig, viel und schnell; nicht »für den Osten«, sondern *für unser Land*. Das ist eine Bürde, die von *allen* getragen werden muss, so wie dies auch gälte, wenn es an Rhein oder Weser geschähe. Die Verschonten – ahnend, dass sie zufällig verschont, die anderen aber ohne Schuld hart getroffen waren – brachten eine Spendensumme auf, die in Deutschland einmalig ist: mehr als 100 Millionen Euro.

Es war nicht übertrieben, wenn Bundespräsident Rau dies eine »nationale Katastrophe« nannte. Sie verlangte nun auch eine nationale Anstrengung, die dem Katastrophenausmaß entspricht. Eine außerordentliche Anstrengung, die das Gemeinwesen und jeden Einzelnen fordert. Vor fünfzig Jahren gab es das Lastenausgleichsgesetz. Dies war eine Vermögensabgabe der nicht von (Heimat-)Verlust Betroffenen. Es war keine Steuer, sondern eine Vermögensabgabe, um anderen wieder auf die Füße zu helfen. Von uns allen musste alles uns Mögliche dafür getan werden, dass die Betroffenen Ausgangsbedingungen bekamen, mit denen sie wieder anpacken *konnten*. Und dann haben wir ihnen auch *Mut* gemacht, noch einmal anzupacken.

Bei dieser Katastrophe wurde sichtbar, was man Zivilgesellschaft nennt. Und *Solidarität*, dieses so oft verunglimpfte Wort ist damals in dem allgemeinen Sprachschatz zurückgekehrt: Die Solidarität der Nichtbetroffenen mit den Betroffenen, der Betroffenen mit anderen Gefährdeten. Mitgefühl hat sich mit Hilfe durch Spenden und Handanlegen verbunden. Die Helfer kamen von nebenan und von weit her; sie waren einfach zur Stelle. Spontan, von niemandem gerufen, waren sie dort, wo sie gebraucht wurden, bisweilen gar in der Überzahl, bildeten Hilfsketten beim Sandsäckeschippen, brachten Essen oder lösten erschöpfte Deichläufer ab. Alle Generationen und Berufe waren vertreten, Kompetenz verbrüderte sich mit Engagement.

Da zeigte sich ein »Unser-Land-Bewusstsein«. Und der Ort der Hilfe hatte einen *Namen*, die Not hatte ein *Gesicht*, der Schaden eine *Zahl*. In der Not brach Gemeinsinn durch und das Bedürfnis, unbürokratisch, schnell und konkret zu helfen. Jeder, der mitgeholfen hat, kann sich sagen: »Dass das wieder so schön ist, daran habe ich auch einen kleinen Anteil.« Ein großes Potential an Gutwilligkeit und Gemeinsinn lässt sich in unserem Land mobilisieren. Jedenfalls im Ausnahmezustand. Das wird sich im Alltag nicht fortsetzen lassen – so sehr man es sich wünschen mag. Zugleich ist es und bleibt es eine überraschende und für alle ermutigende Erfahrung, dass die Bevölkerung nicht gerufen werden musste, dass sie auch keiner aufwendigen Organisation bedurfte. Die Hilfswilligen kamen in Scharen und fanden sich an den Orten ein. Und da sah man plötzlich, wo die Helfer herkamen: aus Rheinland-Pfalz, Bayern, Württemberg, Hessen, Nordrhein-Westfalen, Berlin. Die Niedersachsen bedankten sich bei den Brandenburgern für die Entlastung ihrer extrem gefährdeten Dämme durch die gesteuerte Flutung an der Havel. Das föderale Deutschland bestand eine Nagelprobe seiner Zusammengehörigkeit.

Nachhaltig wird *ein* Eindruck bei den Flutopfern und den Flussanrainern bleiben – wie plötzlich fachkompetente, engagierte, aufopferungsbereite Hilfe durch das Technische Hilfswerk, die Feuerwehren, die Bundeswehr und das DRK erfolgte! Es wurde erlebt, was es heißt: *Wir sind ein Volk*. Dies ist *unser* Land. Wir haben *eine* Heimat, hier und dort. Wir sprechen eine Sprache in vielen Dialekten. Wir gehören zusammen!

Wie schnell wurde die Zusammenarbeit in den Krisenstäben verzahnt. Auch wenn es unvermeidbare Konflikte und Kompetenzgerangel gab – »lagen doch die Nerven blank« –, waren die Gefahren in der Schnelle der Zeit doch schwer kalkulierbar. Maßnahmen waren in ihren Wirkungen kaum absehbar. Musste evakuiert werden und wann? Sollte geflutet werden? Was? Mit welchem Effekt? Wer übernimmt die Verantwortung? Auch alte Reflexe kamen hier und da zurück: »Die Fremden« wüssten hier nicht Bescheid und wären bereit, »uns« zu opfern … Eine DDR-typische Mischung aus Opferwahn, Gerüchtegläubigkeit und Erfindungsreichtum bei deren Verarbeitung sowie schnelle Schuldzuweisung an »die da oben«, diagnostizierte der Wittenberger OB nach zwei Dammbrüchen. Die *Flut* führte auch zu Wut, und die *Wut* suchte sich einen Adressaten und wurde ungerecht. Nun aber brauchte es *Mut*. Und nun kam Mut. Der »Solidarpakt gegen die Flut« blieb auf die Länge der Zeit erlebbar.

Jedenfalls wurde die Mauer, die immer noch Schatten wirft, an den Deichen gänzlich überwunden. Das Grundgefühl mancher Ostdeutscher – abgeschrieben, abgehängt, abgewertet zu sein – verschwand, weil viele, viele Tausende gekommen waren und ganz selbstverständlich halfen. Sie wurden freudig-überrascht begrüßt, mit vielen Worten und Gesten bedankt. Schließlich *wollten* sie nichts – als helfen! Und sie konnten was. Und sie setzten sich ein, als ob's das Eigene wäre. Was da in angestrengter Tag- und Nachtarbeit beschützt wurde, immer unter dem Vorbehalt, ›es könnte alles nichts genützt haben‹, war *unser Land,* geschützt mit Millionen Sandsäcken. Und das wird im individuellen wie im kollektiven Gedächtnis der Deutschen bleiben: dass man sich in der Not auf die Hilfe anderer – und dies nicht in Ost und West gespalten! – verlassen kann. Und vonseiten der Helfer wird im Gedächtnis bleiben, dass man in höchster Not dabei war, sich der Gefahr entgegenstellte und sich selbst in Gefahr brachte, um die Mitmenschen, die Kultur und die Natur, die Städte und die Dörfer vor (noch) größerem Unheil zu bewahren.

Während der Flut schrieb ich in einem Artikel: »Vielleicht brauchen wir solche ›paradoxen Interventionen‹ wie diese Katastrophe, um zu wissen, wer wir sind und wie sehr wir zusammengehören, aufeinander angewiesen sind und unsere Lebensgrundlagen im lokalen und globalen Kontext zu bewahren haben. Auf längere Sicht gilt es, etwas von jener Energie und vorurteilsfreien Zusammenarbeit, jener Verständnis- und Einfühlungsfähigkeit, jener Solidarität und Akzeptanz, jenem Einfallsreichtum und Zukunftswillen (samt dem Mut zur Einsicht in nötige Veränderungen) aufzubringen. Das wäre der schmerzlich-produktive *Ruck der Deutschen,* die in akuter Not einander nähergekommen sind.

Vielleicht haben viele (West-)Deutsche erst bei der Zerstörung mitbekommen, wie sehr die Ostdeutschen schon erfolgreich angepackt und nicht handaufhaltend gejammert hatten, wie schön das Land an Elbe, Saale und Mulde ist. ›Ihr, die ihr auftauchen werdet aus der Flut ... gedenkt unserer mit Nachsicht‹, schrieb Brecht. Gedenkt unserer *ohne* Nachsicht, wenn wir nicht *Einsicht* hatten, dass nicht nur alles wieder neu, sondern vieles *anders* werden muss. Die Wassermassen haben uns eine Lektion erteilt – ob es auf Dauer eine heilsame Lektion wird, ist offen.« Es geht nicht bloß um Anpassung an Klimawandel, sondern um entschlossene Ursachenbekämpfung für Klimakatastrophen!

Schließlich ist es eine Erfahrung, die Menschen immer wieder mit sich machen: Emotionale Hochzeiten – freudige oder traurige – verbinden uns für Momente auf eine uns selbst überraschende und berührende Weise. Elementare existenzielle Herausforderungen setzen Kräfte der selbstlosen Hilfe, des tiefen Mitgefühls, der spontanen Einsatzbereitschaft frei, bringen uns einen Erkenntnisruck und helfen Beziehungsbarrieren überwinden.

Aber sie verführen auch zu (vor-)schnellen Schlussfolgerungen, die bei nachfolgender Enttäuschung die vorherigen Urteile umso mehr verfestigen.

Naturkatastophen und globale Solidarität

Fernab im Indischen Ozean raste am 26. Dezember 2004 unter der Wasseroberfläche ein Tsunami auf die Küsten zu und vernichtete unterschiedslos zehntausende Häuser, die Habe und das Leben der Anwohner und der Urlauber. Etwa 230 000 Menschen starben. Unbegreiflich bleibt das alles. Aber man versucht, es doch zu begreifen, irgendeinen Sinn darin zu finden.

»Wo war Gott?«, fragten besonders die, die sonst gar nicht danach fragen. Aber nun fragte *BILD* auf seiner Titelseite. Eine archaische Vorstellung: Gott – eine in Naturprozesse je und dann eingreifende höhere Macht – auf der Anklagebank! Haben wir Menschen denn vergessen, dass wir außerhalb des Paradieses leben und die Natur uns ganz und gar nicht mütterlich, ja geradezu grausig begegnen kann? Jedenfalls ist sie uns Menschen gegenüber nicht weniger fühllos als wir ihr gegenüber. Am Menschen und seinem Geschick ist sie jedenfalls nicht interessiert. Sie »braucht« ihn auch nicht – aber er braucht sie, die schöne und schreckliche Natur. Wir haben weithin verlernt, ihre Stimme, ihre Warnung zu hören. Wir haben uns vor ihr zu bewahren (und sie bei unserem Gebrauch zu bewahren!). Noah wusste noch die Zeichen zu deuten – wie die Ureinwohner heute noch und auch die Tiere.

Das Unglück sagte uns etwas über unsere Verletzlichkeit, über unsere kreatürliche Abhängigkeit, den brüchigen Boden unter uns. Wenn darin eine Botschaft steckte, dann die: Du alles beherrschender Mensch bleibst abhängig. Das Unglück kam uns diesmal *so* nahe, weil Menschen betroffen sind, die uns nahe sind – Urlauber aus unseren Breiten, die dem »ewigen Winter« in ein sonniges Urlauberparadies – mitten in einer Armutswelt – entflohen waren. Sie konnten zugleich mit ihrem Geld aus der reichen Welt die Armut etwas lindern, ohne dass sie sich hätten darum kümmern müssen. (Wenn an den Küsten Thailands oder Sumatras niemand mehr Urlaub machte, hätten die Menschen dort noch weniger; aber eine Lösung ist der Billigtourismus, abgeschottet von der Armut, keineswegs.)

Eine weltweite Welle der Solidarität folgte der Welle des Unheils. Mitgefühl zeigt sich nunmehr global, nicht mehr nur lokal. Der Radius unseres Mitleides war größer geworden, nachdem die Welt kleiner geworden war. Im Un-Glück wird die Welt eins: soziale Globalisierung durch Mitgefühl der Völker miteinander – weil wir alle uns betroffen und getroffen fühlen. So schmerzlich das auszusprechen ist: weil auch »von uns« Opfer dabei sind. In dieser einen Welt hängt *alles von allen* ab und *alles* hängt *mit allem* zusammen. Wir sind abhängig, wir sind verflochten. Wir brauchen globale Mitverantwortung. Unser menschliches Mitgefühl ist *zunächst* – emotional – in unserem Nahbereich angesiedelt. Nun aber kommt es Menschen ganz ferne zugute. Je anschaubarer die gegebene Hilfe ist, desto wahrscheinlicher wird sie.

Es gibt globale Anrührung – neben der Apathie, der Gleichgültigkeit, der Sorglosigkeit, der Selbstbezogenheit. Aus Sorge ist Fürsorge, aus Klage Handeln, aus innerem Mitgefühl äußere

Hilfsbereitschaft geworden! »Sympathie« mit den anderen, das heißt zunächst nichts anderes als Mit-Leiden, »sympathein«. »Solidarität« ist ein Gefühl von Zusammengehörigkeit. Dies wurde gerade durch die Katastrophe als ein globales Gefühl von Zusammengehörigkeit geweckt. Die Bilder vom Erdbeben aus Pakistan vom Oktober 2005 aber waren für den Seelenhaushalt von uns Fernerwohnenden einfach zuviel. Man konnte nicht endlos virtuell angerührt sein und wurde geneigt, abzuschalten: das Medium und das Mitempfinden. Hatte neun Monate zuvor der Tsunami noch so etwas konstituiert wie eine globale Solidaritätsgemeinschaft, wo wir plötzlich *eine* Welt wurden, so überstürzten sich 2005 die Katastrophenmeldungen – und die Katastrophenbilder –, ob vom Verjagen und Ermorden im Südsudan, von täglich vielen Toten bei Selbstmordattentaten im Irak, von Hunderten in der Sahara zum Verdursten ausgesetzten Flüchtlingen. Hurricans in der Karibik und in den USA, Beben im Iran und Überschwemmungen weltweit. Immer wieder kommen uns verzweifelte und flehentliche Gesichter fern-sehend nahe. Menschliche Anrührung meldet sich. Unser unverdientes Glück, *nicht* betroffen zu sein, weckt spontane Hilfsbereitschaft und hinterlässt zugleich Lähmungs- und Ohnmachtsgefühle. Plötzlich finden wir uns merkwürdig *un*berührt vor – und eigenes Unberührtsein macht uns ratlos.

Alle Wohltätigkeitsorganisationen rufen immer wieder zu Spenden auf. Wer ganz redlich auf sich selbst sieht, wird indes spüren, wie die Mitgefühlsfähigkeit und Hilfswilligkeit mit der Verkürzung der Katastrophenintervalle abnehmen, wie sich eine Dumpfheit ausbreitet, die in Abgestumpftheit und Gleichgültigkeit mündet. Wir können doch nicht täglich das ganze Elend der ganzen Welt an uns rankommen lassen!

Zugleich melden sich Fragen, die an den daran unschuldigen Opfern vorbeisehen: ob also der amerikanische Präsident sich genügend um sein eigenes Land kümmert, ob das arme Pakistan sich wirklich eine Atombombe leisten sollte u. s. f. New Orleans wurde für die USA selbst zum Menetekel.

Und wir sind – nicht zuletzt publizistisch – weit mehr mit den kleinen politischen Beben in Berlin beschäftigt als mit dem großen Beben in Kaschmir oder mit der versunkenen Blues-Stadt.

Die Gefühle verwirren sich angesichts des schroffen Nebeneinanders von Unvereinbarem: Wenn wir am Fernseher einmal durchzappen oder wenn in einer großen Tageszeitung auf der linken Seite ein großes Bild vom Trümmerfeld der Kaschmirstadt Balakot samt Detailaufnahmen von Opfern zu sehen ist und auf der rechten Seite unter der Überschrift »EINFACH ANZIEHEND!« ein Karstadt-Model einen rosa Kaschmir-Pullover anbietet. Genau das ist es: Das unbezifferbare Elend ist weit weg – der 29,95 €-Pullover sehr nahe. Wir wissen, dass bei diesem Preis weder die Rohstoff-Lieferanten noch die Näherinnen angemessen bezahlt werden können. Unsere Empathiefähigkeit erreicht schnell ihre Grenze.

Gerade das Unfassbare, das so Aussichtslose kann zum schnellen Sich-Abwenden und Weg-Sehen führen. Und doch ist es in der *einen* Welt bitter nötig, dass wir einander beistehen in der Not – so gut wir können, uns einfach hineinversetzend in die anderen – fühlend, wie sehr wir auf Hilfe warten würden, wären wir betroffen.

Die Friedensbrücke zwischen Indien und Pakistan wurde zerstört. Sie muss schnell wieder aufgebaut werden, auch mit unserer Hilfe, unterstützend den Erkenntnisruck in der Katastrophe: Erzfeind Indien bietet Pakistan Hilfe an. Hilfe in der Not vermag politische Gräben zu überbrücken, emotionale Annäherung zu befördern. Das macht Katastrophen keineswegs sinnvoll; aber sie rütteln wach, den *natürlichen* Katastrophen nicht unentwegt *menschengemachte* hinzuzufügen. Jedes Mitgefühl ist viel wert. Jeder Euro zählt. Jeder Ferne ist nahe – als Mensch unserer Hilfe würdig und wert. Sym-pathie meint Mitleiden. Es gehört zur Grundsubstanz aller großen Religionen und Humanismen. »... denn alle Kreatur braucht Hilf' von allen«, schärfte Bert Brecht ein. Die Kreatur, die heute und morgen Hilfe von uns allen braucht, kroch aus den Trümmern pakistanischer Dörfer und Städte. Eins ist sicher in dieser unsicheren Welt: Schon übermorgen wird irgendwo wieder Hilfe nötig sein von denen, die Hilfe geben können – sei es global wie beim Tsunami oder beim Erdbeben in Pakistan, sei es national wie während der Elbeflut oder sei es im ganz alltäglichen Umgang mit den Mitmenschen.

Mit Verlierern umgehen

Jeder ist fehlbar. Jeder braucht gute Freunde, die einem aufhelfen, wenn man gefallen ist. Wer noch nicht in Versuchung gekommen ist oder gebracht wurde, soll in seinem Urteil über andere etwas vorsichtig sein, zumal bei Verlockungen der Macht, des Reichtums oder der Prominenz. »Ich habe Leute sich ändern sehn, das war manchmal nicht mehr schön«, dichtete Wolf Biermann, und es war auch bei ihm »manchmal nicht mehr schön«.

Zumal unsere von medialer Vermittlung beherrschte Welt braucht offenbar ihre wechselnden Stars, braucht Leute, die auf Podeste gehoben werden, auf Treppchen stehen, sie kürt die Lieblinge der Nation, sucht die Politiker mit den höchsten Sympathiewerten oder solche, die am besten angezogen sind. Was gilt da noch, *wofür* sie stehen – es kommt darauf an, wie sie *dastehen*. Stars mit Superleistungen für die Identifikation und Stars mit kleinen und großen Skandalen für die tägliche Unterhaltung beherrschen die Schlag-Zeilen. Und nachdem sie aufgebaut worden sind, müssen sie auch wieder heruntergerissen werden, möglichst mit einem Knall, der sich für die erste Seite der Zeitung, für die Balkenüberschrift oder als erste Meldung in den Nachrichten eignet.

Die Mehrheit der Menschen liebt die Gewinner, sie verachtet die Verlierer und straft diese noch zusätzlich ab. Am anschaulichsten wird dieses Spiel bei »Personen des öffentlichen Lebens«: Sportidolen wie Jan Ulrich, Steffi Graf, Dieter Baumann oder Christoph Daum, Politikern wie Rudolf Scharping oder

Reinhard Höppner, Künstlern wie Konstantin Wecker, Roy Black und Harald Juhnke. Das Muster wird immer wieder angewandt: Eine ganze »Klasse« aus der DDR sah sich auf der Bank der Verlierer, der »unberührbar« Gewordenen. Jeden Tag gibt es auf Seite 1 der Zeitung für Analphabeten eine Rubrik »Verlierer« und »Gewinner« – mit Passbild.

Ob man wirklich Freunde hat, zeigt sich erst in der Not; vor allem die »da oben« spüren bei ihrem Fall, von wie vielen Schmeichlern sie umgeben waren und wer ihre wirklichen Freunde sind. Da sortieren sich selbst die politischen Lager neu; bisweilen findet man verständnisvolle Menschen in der Niederlage dort, wo man sie nicht vermutet hatte. Verlierer verbittern, vereinsamen, verstummen, werden depressiv oder in ihnen staut sich Aggressivität, die Rachegefühle auslöst und über destruktive Phantasien in destruktive Handlungen mündet. Gestrauchelt, gestürzt, gefallen, verfehlt, verdächtigt. Vom Pech verfolgt, in Sackgassen gerannt, die Bodenhaftung verloren, zum Abschuss freigegeben, in eine Falle gelockt, einer Versuchung erlegen. Weggetretene, Abgewählte, Rausgemobbte, Runtergeredete, Abgedrehte, Rausgeekelte, Demontierte, Abgestrafte. Bestochene, Übergeschnappte, Ge- und Verblendete, Versessene. Nun am Boden. Woher neue Selbstachtung nehmen, wie die Kraft zum Neuanfang finden?

Die Humanität einer Gesellschaft misst sich daran, wie sie mit ihren Verlierern umgeht – und da geht es nicht nur um die große Welt der Prominenten, Schönen und Reichen, denn *winners* und *losers* gibt es überall, und wir »Normalen« sehen kaum, wie gefährdet sowohl die *winners* wie die *losers* sind. Was am Erfurter Gutenberg-Gymnasium am 26. April 2002 geschah und inzwischen schon so fern scheint, bleibt ein so erschreckendes wie aufrüttelndes Signal für den alltäglichen Umgang mit Verlierern in der Konkurrenzgesellschaft, in der Machtausübung so grobe wie subtile Formen angenommen hat. »Einander achten und aufeinander achten« bildet einen unauflöslichen Zusammenhang. Dieser Satz klingt rückblickend geradezu wie ein Vermächtnis des großen Menschenfreundes Johannes Rau.

Ohne FRIEDEN ist alles nichts

Haben Sie Feinde?

Ich bin mit einer kleinen Maschine von Tempelhof nach Friedrichshafen geflogen. Der Mann neben mir hatte den Platz bereits raumgreifend besetzt – mit seiner Zeitung. Versuchen Sie dann einmal, jemanden ein Stückchen zurückzudrängen. Sie wollen schließlich auch lesen, fuchteln aber in der engen Reihe rum, weil Sie Ihre Arme am Körper halten müssen. Während ich krampfhaft überlegte, wie sagst du ihm, dass wir die Lehne doch teilen könnten, merkte ich, wie die Wut langsam in mir hochstieg, weil er seinen Arm immer weiter herüberschob und ich mich immer beengter fühlte. Und plötzlich schien es so, als ob ich *ihn* einengen würde ... Hier ging es um nichts, und das Ganze dauerte auch nur anderthalb Stunden. Aber wenn es um etwas gegangen wäre, wir hätten wohl bald Krieg geführt ...

Ich stelle vier Fragen, die jeder für sich beantworten kann:
Haben Sie Feinde (gehabt)?
Mit welchen Gefühlen haben Sie Feinde?
Was wünschen Sie ihnen?
Können Sie (Ihre) Feinde lieben?

Ich musste die Erfahrung machen: *Die* Feinde kann ich lieben, nur *meine* Feinde nicht. Die Menschheit liebe ich auch; »diesen Kuss der ganzen Welt«. Aber die Menschen! Wenn nur die Menschen nicht wären, könnte ich auch die Menschheit lieben. Und wenn es nur die Feinde an sich gäbe, wäre alles nicht so schlimm. Ich ertappe mich, wie ich anderen, die »richtige« Feinde haben, rate, sie sollten doch mit diesen ein bisschen netter umgehen.

Wer von der Feindesliebe redet, ohne einmal reale, gar mörderische Konflikte erlebt zu haben, redet wie ein Blinder von

Farben. Er hat noch nicht erlebt, was Feinde aus uns und was wir aus unseren Feinden machen, wenn sie uns zu Feinden gemacht haben. Wer keine konkreten Feinde hat, kann sich den Luxus der Feindesliebe leisten, für den ist das, was Jesus in der Bergpredigt provozierend sagt, »kein Problem«. Wie anders soll denn aber Frieden werden, wenn nicht Friede mit dem Feind wird? Wir Menschen machen meist Friede *ohne* den Feind, indem wir alles tun, dass er verschwindet, unschädlich gemacht oder liquidiert wird. Das ist nicht Friede – das ist Siegfrieden. Die wohl schwerste Herausforderung bei unserem Kampf gegen das Böse ist: nicht selber des Bösen zu werden. Das ist das, was das Neue Testament in vielen Variationen einzuschärfen versucht. Martin Luther hat den Konflikt mit großer Ehrlichkeit in ein Gebet gefasst:

> Siehe, mein Herr Christus,
> da hat mir mein Nächster Schaden zugefügt.
> Er hat mich in meiner Ehre gekränkt.
> Er hat sich an meinem Eigentum vergriffen.
> Das kann ich nicht ertragen.
> Darum wünsche ich ihm den Tod an.
> Ach mein Gott, lass dir das geklagt sein!
> Eigentlich sollte ich ihm verzeihen,
> aber ich kann es leider nicht!
> Siehe, wie ich so ganz kalt, ja so ganz erstorben bin.
> Ach Herr, ich kann mir nicht helfen!
> Da stehe ich nun; machst du mich anders,
> so kann ich nach deinem Willen
> und nach deiner verzeihenden Liebe handeln.
> Wenn nicht, dann muss ich bleiben, wie ich bin.
> Ich kann nicht anders.

Wie verhindert man aggressive Handlungsweisen, von denen man weiß, dass sie einen selber zerstören? Es geht darum, sich aus der Spirale von Hass, Gewalt und Gegengewalt rechtzeitig auszuklinken. Wer Konflikte menschlich bestehen will, muss möglichst präventiv handeln. Wer die destruktiven Hassantriebe nicht vorsorglich durcharbeitet, wird im Ernstfall noch schneller zum Opfer seiner Negativgefühle. Das heißt, darüber nachzudenken, was in mir steckt und was in mir weckbar ist. Das heißt auch, so zu leben, dass ich mir Feinde zu Freunden mache und alles dafür tue, dass Freunde nicht zu Feinden werden und ich nicht so werde, wie meine (abschreckenden) Feinde sind. Der Feind repräsentiert für uns alsbald das Böse – und für ihn sind *wir* das Böse. Das ist der Teufelskreis, aus dem auszubrechen ist. Schwer genug. Aber genau das ist es, was Jesus uns im Verzicht auf den Gegenschlag zumutet.

Kain und Abel in mir (an)erkennen

In mir stecken ein Räuber *und* ein barmherziger Samariter. Ich kenne viele Leute, die noch nichts von dem Räuber in sich wissen – dem, der sein Recht mit Macht und notfalls ohne Recht durchsetzt. Und andere wollen nichts von dem mitfühlenden Menschen in sich wissen, weil sie nicht als weich gelten wollen. Was steckt in jedem von uns? Ein treu sorgender Familienvater *und* – zumal auf Befehl! – ein Exekutor des Vaterländischen oder der »historischen Notwendigkeit«. Das Abraham- oder Milgram-Experiment wurde gemacht, als der Vietnamkrieg tobte und die US-Amerikaner sich nicht erklären konnten, dass liebenswürdige Familienväter nach kurzer Zeit in diesem barbarischen Krieg gegen »den Vietcong« alle zivilisatorischen Maßstäbe vergessen hatten und sich neben abgehackten Köpfen von Vietcong fotografieren ließen. Das waren dann keine Menschen mehr, sondern Vietcong. Sie wurden auch in deutschen Nachrichten so bezeichnet. Wie konnte das alles geschehen?

Das Abraham-Experiment ergab, dass 95 Prozent der Menschen bereit sind, im Interesse einer guten Sache (wenn ihnen das als notwendig eingeredet wird) Menschen auf Anweisung oder Befehl zu quälen; nur 5 Prozent sagten: »Nein, das mache ich nicht mit«. Damals wurde eine Debatte darüber ausgelöst, ob die Verbrechen der Deutschen im Zweiten Weltkrieg einmalig in der Welt seien. Was von Deutschen angerichtet wurde, bleibt wohl als eklatanter Zivilisationsbruch unvergleichlich. Zugleich erkennen wir, dass Gewalttaten, zumal im Krieg, eine Gefährdung sind, vor der *wir* stehen. Die Haut der Zivilisation ist dünn, sehr dünn.

Kain und Abel – das sind wir. Abel ist der Arglose schlechthin. Abel nennt man heute die Blauäugigen, die Warmduscher, die Gutmenschen. Ich kenne einige Zyniker, die meinen, dass alle, die noch irgendetwas für gut und richtig halten, solche Gutmenschen seien. Sie selber scheinen nach der Devise zu leben: Ich Schwein, du Schwein, alle Schweine. Was willst du noch? Du weißt nur noch nicht, dass alle Schweine sind!

Abel ist in der biblischen Geschichte tatsächlich gefährlich arglos. Er denkt, es ginge alles klar. Der Rauch seines Opfers steigt zum Himmel auf. Was soll er sich Gedanken machen?! Muss sich nicht Abel auch Gedanken um Kain machen, damit Kain nicht Kain wird, damit z. B. der in seiner Ehre Gekränkte, Zurückgesetzte, der Unterlegene oder nur kulturell anders Geprägte eine gleichberechtigte Chance hat?

Kain – das ist die Geschichte einer Selbstverfinsterung. Kain krümmt sich in sich selbst, sieht nicht mehr auf, wird seiner destruktiven Antriebe nicht mehr Herr. Da fragt ihn die Stimme Gottes, die Stimme des Gewissens: Kain, warum bist du so finster? Sieh, die Sünde lagert vor deiner Tür wie ein wildes Tier. Du aber herrsche über sie. Kain ist aber schon – wie Martin Luther das ausgedrückt hat – ein homo incurvatus in se (der in sich selbst verkrümmte Mensch).

Was ist in uns weckbar? Diese Frage müssen wir uns als Menschen selbst stellen, wenn wir erklären wollen, was Feindschaft ist, wie Feinde zu Feinden werden und wie Feindschaft überwunden werden kann. 1933 bis 1945 im Volk der Dichter und Denker: welche Hassverblendung, welche Revanche- und Rachegelüste, welche Siegesräusche ... Wenn ich meine deutschen Mitbürger ansehe, kann ich mir das eigentlich nicht vorstellen. Ich kann es mir einfach nicht vorstellen, was aus diesem, meinem Volk für ein Unheil kommen konnte. Wenn ich das Tagebuch meines Vaters aus dem sogenannten Russlandfeldzug von

1942 lese, bin ich erschüttert, was er alles mit ansehen musste und was von Deutschen angerichtet worden ist. Ich kann wahrlich froh sein, dass ich nicht in seiner Zeit gelebt habe. Aber das ist nicht nur Gnade. Das ist eine Verpflichtung!

Wenn nur so wenige dem Verbrechen auf Befehl wirklich widerstehen, müsste ich – statistisch gesehen – davon ausgehen, dass ich nicht zu den wenigen gehören würde. Das zu erkennen ist hart, aber unausweichlich. Wie schwer es fällt, sich nicht herauszureden, Ausreden oder Rechtfertigungen zu suchen, zeigte 2003 wieder der große Zoff bei der Wehrmachtsausstellung in Halle an der Saale. Die Nazis, die SS waren verbrecherisch, aber die Wehrmacht war sauber. So hörte man es immer wieder. Das ist genauso falsch wie die Denunziation *aller* Wehrmachtsangehörigen als Verbrecher. Ich hatte die Ausstellung vor vielen Jahren in Potsdam besucht. Sie hatte mich auch erschüttert, aber nicht besonders überrascht, weil ich längst das Tagebuch meines Vaters kannte.

Das Dunkle, das Böse, das Verwerfliche nicht von sich und in sich abspalten und es nicht auf andere projizieren, sondern es mutig bekämpfen, bloßlegen, minimieren und umformen. Mein eigener Feind bin ich, solange ich nicht lerne, mich mit mir anzufreunden. Mich mit mir anzufreunden heißt auch, mutig meinen eigenen Abgründen zu begegnen. Ich nenne ein Beispiel aus der »Washington Post« vom 5. Mai 2004. Die Zeitung, die die Folterfotos von Abu Ghuraib als erste nicht beschönigte und auch das Wort Folter nicht mied, schrieb: »Es ist eine Lüge in Zeiten des Krieges, dass der Ruhm dem ganzen Lande gehöre, die Niederlagen und Grausamkeiten aber einzelnen Übeltätern. Diese Fotos – das sind wir.«

Es ist unglaublich hart, das auszusprechen. Aber nur das hilft. Alles, was du in dir verleugnest, das versuchst du alsbald auf andere zu projizieren. Deshalb brauchen wir Menschen wahrscheinlich immer ein paar Feinde, einfach aus einem fatalen Psychohygienebedürfnis heraus. Und was macht der Feind mit mir? Er beurteilt mich und mein Volk genauso wie ich ihn. Versuche in dir nicht das abzuspalten, was du deinem Feind zuschreibst.

Sonst könntest du sehr erschrecken, wie sehr du ihm schon gleichst.

Kritische Selbstreflexion ist noch keine ausreichende Barriere gegen tödliche Vereinfachungen, aber sie ist eine der wichtigen Voraussetzungen, um sein eigenes Tun und Lassen kritisch zu bewerten. Ein weltpolitisches Grundproblem ist heute, dass an der Spitze der Welt ein Mann steht, der zur Selbstkritik und -distanz kaum in der Lage scheint. Für ihn ist die Welt ganz einfach, nämlich eingeteilt in Gut und Böse, Willfährige und Feinde. Er schärft seinen Mitarbeitern ein, er wolle »keine Politik«. Politik hieße nämlich Differenzierung. Er will ganz einfach wissen, wie es ist: so oder so.

Freund oder Feind – Hass macht alle blind

Der Staatsrechtler Carl Schmitt meinte in den dreißiger Jahren des vorigen Jahrhunderts, dass das Freund-Feind-Denken das Prinzip von Politik überhaupt sei. Seine Thesen sind in der Nazizeit ausgiebig missbraucht worden und haben in der Weltpolitik seit dem 11. September wieder Hochkonjunktur. Dem Feindschema und dem daraus erwachsenden Hass zu widerstehen heißt zunächst, ein reflexiver Menschen zu bleiben, der stets vor sich selbst auf der Hut bleibt, sich nicht von Stimmungen treiben lässt, schon gar nicht von Mehrheitsstimmungen und Massenhysterie, die alles »auf die Feinde lenkt« und dem Feind alles Böse zutraut, sich selber alles Gute zuschreibt.

Die Weltherrschaftsansprüche der jetzigen amerikanischen Administration sind totalitär. George W. Bush verlangt von allen Freunden, dass sie ganz an seiner Seite stehen: »Wer nicht mit uns ist, der ist mit den Terroristen«. Das ist geforderte Vasallentreue, keine Freundschaft. Das ist Unterwerfung, keine Partnerschaft. Man muss das Kritikwürdige am Freund ihm sagen und es konkret benennen können. Die Wildsau am Spieß konnte im Sommer 2006 nicht darüber hinwegtäuschen, wie groß die Distanz der Mehrheit der Deutschen gegenüber diesem Kriegspräsidenten ist. Aber er bekam davon nichts zu sehen. Als »Supergau« für die Sicherheit wurde ein Plakat bezeichnet, das kurzzeitig am Kirchturm gehangen hatte: »No Nukes – No War – No Bush!« Erst Offenheit macht aber Freundschaft aus.

Das Bedenkenswerte beim Feind zu sehen ist ebenso wichtig, wie dessen Beweggründe zu analysieren. Nicht alles Üble soll man bei ihm ablagern. Solche Mechanismen aber erleben wir als Individuen, und das funktioniert häufig in der Politik ganz genauso – bis in die Parteien hinein, nicht nur *zwischen* den konkurrierenden Parteien, die sich in ihrer Kritik nichts ersparen.

»Der Mensch ist ein Seil, gespannt über dem Abgrund von Tier und Übermensch« – so resümiert Friedrich Nietzsche. In jedem stecken ein Liebender und ein Hassender, ein Sanftmütiger und ein Wütiger. Wir sind ein Seil, gespannt über einem Abgrund – passiv und aktiv. Wenn ich den Gouverneur von Texas, der 2000 auf zweifelhaftem Wege Präsident geworden war, sprechen höre, fällt es mir meist sehr schwer hinzuhören, nicht nur hinzuhören, sondern auch mit ansehen zu müssen, wie all das, was er tut, auf optimale Wirkung hin einstudiert ist: seine Gestik, seine Mimik, seine Rhetorik. Mir fällt es schwer, ihn anzusehen. Ich muss über mich nachdenken. Fängst du schon an, ihn zu hassen? Ich habe starke Abwehrgefühle, seit ich weiß, wie seine Reden zustande kommen und welche Redefiguren aus welchem Denk-Trust kommen, wie es z. B. zu der problematischen Metapher »Achse des Bösen« gekommen ist.

Mir wird unheimlich. Schon länger. Ich kenne ein paar Leute, denen es ähnlich geht. Aber ich muss aufpassen, dass ich mich nicht auf ihn, sein Gesicht, seine Sprache, seine einstudierten Posen des patriotischen Machtgehabes fixiere. Mir fällt es schwer, wenn Bush z. B. als Tom-Cruise-Performer im Kampfanzug aus seinem Kampfjet springt und sich als Sieger feiern lässt. So geschehen am 1. Mai 2003 auf dem Flugzeugträger »Abraham Lincoln«. Da landet er als ein Held am Seil eines »Shock and Awe«-Bombers. Er springt medienwirksam-sportlich aus dem Cockpit und zeigt alles, was er hat, einschließlich seines hervorgehobenen

Gemächtes. Perfekt inszenierte Macht der Bilder. Dann hält er eine seiner »freien« Reden, die links und rechts in den Monitoren ablaufen. Er spricht von der Befreiung des Irak. Kein Wort der Trauer über die in einem Krieg zwangsläufig umgekommenen unschuldigen Opfer bei den Gegnern und in den eigenen Truppen. Hinter ihm stehen professionell aufgereiht junge Soldatinnen und Soldaten.

Nicht der Verachtung der Mächtigen zu verfallen – das hatte ich schon lange üben müssen, bei Breschnew und bei Honecker. Dieses hohle und dazu noch völlig wirkungslose Pathos! Wenn ich Breschnew sah, dachte ich, dümmer ginge es gar nicht mehr. Solche geistlosen Leute mit so viel Macht!

Immer wieder wird meine Friedfertigkeit auf eine harte Probe gestellt. Anmaßung, Manipulation, Lüge und Heuchelei quellen beinahe täglich in mein Arbeitszimmer. Ich sehe zu viel »fern« – etwa in das verschlagen wirkende Milchgesicht Wladimir Putins, als er nach dem tragischen Kursk-Unglück im Sommerhemd auf der Krim bleibt und banal abwiegelt. Unerbittlichkeit in Person. Ich sehe die Mütter, die Frauen und Bräute, die verzweifelt weinen. Und er bleibt in der Sonne. Da hat er sich zu erkennen gegeben. Mir fällt Smerdjakow, der Undurchsichtige, in Dostojewskis »Brüder Karamasow« ein. Oder wurde je ein Wort der Trauer um die tschetschenischen Bürger gehört, die noch übrig geblieben sind nach den Verwüstungen durch die russische Soldateska? Da wird Machtpolitik exekutiert und auf das Barbarische mit barbarischen Aktionen reagiert. Die tschetschenischen Rebellen lassen sich in Sachen Brutalität auch nicht lumpen – bis hin zur Geiselnahme in einem Moskauer Theater oder in der Schule in Beslan. Der Tschetschenien-Konflikt kann nicht mit kompromissloser Härte gelöst werden, im Gegenteil, dadurch wird die Lage noch aussichtsloser, und der Konflikt droht weiter zu eskalieren.

Putin, dieser Möchtegern-Zar, der so gerne auf roten Teppichen schreitet und auf einem Schimmel reitet, hielt im Bundestag eine Rede und erntete stehende Ovationen im Hohen Hause. Seine Berater hatten ihm sehr geschickt aufgeschrieben, was man in Deutschland so gerne hört. Nach diesem Auftritt wusste ich wieder, wie wichtig es gewesen war, dass mein Vater uns immer wieder Märchen erzählt hat. Etwa das Märchen vom Wolf und den sieben Geißlein. Wie wichtig Märchen sind – wegen der Kreide. Wegen der Unbefangenheit des Kindes vor des Kaisers neuen Kleidern.

Wenn ich den Pentagon-Chef Rumsfeld lachen hörte und sah, dann wusste ich, warum ich nicht in die Hölle will. Vergessen kann ich auch nicht Chomeinis unbeweglich-erbarmungslose Heiligkeit. Manche Menschen sind so »heilig«, weil sie völlig unbeweglich erscheinen, ganz dem normalen Menschenleben entrückt, obwohl sie ganz normale Stoffwechselkreisläufe haben. Als die Jugendlichen des Iran in jenem Krieg gegen den Irak verbluteten, wurden sie einfach zu religiösen Märtyrern erklärt.

Besagter Donald Rumsfeld und der ganze Westen bestückten einst den so grausam wie hypertroph-neurotischen Saddam Hussein mit Waffen, auch mit C-Waffen, im Krieg gegen den Iran. Auf iranischer wie auf irakischer Seite gerierten die Staatslenker sich wie Halbgötter.

Man erinnere sich an die Bilder aus Bagdad mit dem stets krankhaft kraftstrotzenden Saddam – bis zum bitteren Ende, bis zur öffentlichen Demütigung durch die Amerikaner bei seiner Gefangennahme in einem Erdloch. So entwickelt sich abgrundtiefer Hass auf Amerika. Und der Hass Bush Juniors auf Saddam rührt unter anderem her vom Hass Saddams gegen Bush Senior. Hass macht alle blind. Die Lüge wird sein Geselle und der Hightech-Krieg seine Folge. Nachdem alle Lügen, die zur Begründung für den Irakkrieg gedient hatten, in den USA (durch einen offiziellen Untersuchungsbericht) im August 2006 regierungsamtlich offengelegt wurden und die Republikanische Partei die Kongresswahlen im November unter anderem wegen der Eskalation des Terrors im Golfstaat verlor, entließ Bush Verteidigungsminister Rumsfeld. Der Präsident bleibt im Amt. Er spricht nicht mehr von Sieg und gibt zu: »Wo Fehler gemacht wurden, liegt die Verantwortung bei mir.« Die im Irak stationierten US-Truppen sollen um mehr als 20 000 Mann aufgestockt und eine neue Offensive gegen Aufständische vor allem in

Bagdad gestartet werden. Seit Beginn des Krieges im März 2003 bis Dezember 2006 sind fast 3000 amerikanische Soldaten und mehr als 50 000 Iraker getötet worden. Die CIA behält ihre Sondervollmachten bei der weltweiten Jagd auf Terroristen und alle, die sie dafür hält. Sie unterhält illegale Lager, entführt, wohin sie will, foltert, schränkt die für Demokratien verbrieften Rechte ein. New War heißt das alles.

Die große Mehrheit der Iraker war zwar froh, dass sie vom Diktator und seinem furchtbaren Joch befreit wurde. Aber sie haben erfahren, dass es keine Konzeption für den Tag »nach Saddam« gab und durch die anhaltende Besatzung der Amerikaner ganz neue Konflikte aufbrachen – in diesem nachkolonialen Kunstgebilde »Irak«. Die Unterhöhlung der Autorität der gewählten, alle drei großen Volksgruppen umfassenden Regierung wird mit jedem Bombenanschlag dramatischer.

Jetzt verbindet viele Iraker die gemeinsame Wut auf die Besatzer, die in diesem Lande als die neuen Herren empfunden werden und sich auch so aufführen. Demütigungen haben Langzeitfolgen – nicht nur die Folter, sondern die zugleich beabsichtigte Demütigung der Gefolterten – auf die häufig nach Razzien Einsitzenden. Leidtragende sind insbesondere unschuldige Iraker und junge Amerikaner, die zu Militärmonstern ausgebildet wurden, und Militärstrategen, die nach ihrem Rausch der Unverwundbarkeit und eines »Shock and Awe«-Blitzkrieges ihre Verwundbarkeit bitter erleben müssen.

Wenn erst einmal Streit oder Krieg begonnen hat, bekommen sie eine schreckliche Eigendynamik. Wer Unrecht erlitten hat, möchte Unrecht sühnen, vergelten, zurückschlagen; Trauer, Wut, Verzweiflung münden in Hass. Hass generalisiert. Hass entlädt sich, wird aber nicht wirklich befriedigt durch die Entladung oder Genugtuung, weil er Ursache wird für neuen Hass. Hass zerfrisst. Hass macht nicht frei. Hass ist irrational und deshalb rational oder argumentativ nicht auszuheben, moralisch nicht aus der Welt zu schaffen. Hass wird zu einer Daseinsweise, indem der Hassende mit seinem Hass geradezu identisch wird, wobei er alles Böse in sich selbst abspaltet und auf das Hassobjekt projiziert. Den Hass wieder loszuwerden ist eine so schwere wie langwierige Aufgabe. Die Menschheitsgeschichte ist voll von destruktiver Kraft des Hasses, bis zur Vernichtungslust gesteigert: Völkermord im »entdeckten« Amerika, »Magdeburgisieren« im Dreißigjährigen Krieg, der Holocaust an den europäischen Juden, Völkermorde in Armenien, im Sudan, in Kambodscha, Ruanda, Srebrenica, Grosny.

Hass hat Ursachen, aber er verselbständigt sich und nährt stets den Hass der jeweiligen Gegner. Hass wirkt ansteckend. Wer sich ihm entzieht, sobald ein ganzes Volk in Kriegsrausch gekommen ist – entweder in den Siegesrausch oder in den Rausch der Vergeltungsphantasien nach erlittenem Unrecht –, bekommt es als »Agent des Feindes« mit »den Seinen« zu tun.

Tapferkeit vor dem Freund

»Es ist ein paar Jahrzehnte her, da war Amerika ein Garant für Demokratie und Menschenrechte. Auch heute weisen die USA der Menschheit noch den Weg. Es ist der Weg ins Verderben. Heuchelei, Arroganz und Korruption bestimmen das Gebaren der Herrschenden und das Alltagsleben der Bürger. Amerika taumelt, bockt und keilt wie Frankensteins Monster, blind für die Zerstörung, die es bewirkt. Oft laufe ich am Capitol und am Weißen Haus vorbei, den Monumenten unseres einst so großen Staatswesens, und ich kann mir nicht helfen, ich empfinde Trauer und Bestürzung beim Gedanken an das, was aus meinem Land geworden ist.«

Am 17. August 2001 stand das im Magazin der *Süddeutschen Zeitung*, geschrieben von Jacob Heilbrunn, einem Kolumnisten der *Los Angeles Times*. Im August 2001!

Heilbrunn urteilte als ein trauriger Patriot, nicht als ein Hasser. Manchmal muss man über sich selber oder über sein Land und die Gemeinschaft, zu der man gehört, das sagen, was man sagen muss – aus der Traurigkeit des Wahren kann wieder etwas Heilend-Kämpferisches werden.

Die entscheidende Probe hat die Weltmacht USA nach dem 11.9.2001 nicht bestanden. Diese Administration hat nach diesen furchtbaren Anschlägen grundfalsch reagiert, aber sie schuf – und fügte sich – Volksstimmungen der Vergeltung. Sie hat sich nicht die Fragen gestellt: »Warum hassen sie uns so? Und was können wir gegen diesen Hass tun?« Präsident Bush verkündete so selbstbewusst wie drohend: »Wir finden euch, wir schlagen euch, wir räuchern euch aus.« In jedem Volk kann ein Zustimmungsrausch fürs Draufschlagen leicht geweckt werden. Die Reaktion auf erfahrene Schläge kann »ultimativer Präventivschlag« heißen. Oder Zuschlagen, bevor »die Achse des Bösen« zuschlägt! Volkswut ist weckbar, in jedem Volk. Und Völker, die Opfer wurden, können zu Tätern werden, bis sie wieder zu Opfern werden. Gewalt führt in mörderische Kreisläufe.

Diejenigen, die jene andere Frage stellten – »Warum hassen sie uns so?« –, mussten alsbald um ihr Leben fürchten, wie Susan Sontag. Wenn man so fragt, rechtfertigt man nicht, was am 11.9. an Schrecklichem geschehen war. Wenn man aber diese Frage nicht stellt, verschärft man das Problem und gerät in die Sackgassen bloßer Vergeltung.

So wie Freundschaft blind macht, blind für die Kritikwürdigkeit des Freundes, so macht Feindschaft blind für das Bedenkenswerte, das in meinem Feind und seinem Lebensinteresse steckt. Freundschaft macht blind für die dunklen Seiten – auch meines Freundes. Die Tapferkeit vor dem Freund ist dem abverlangt, der einen ehrlichen, tragfähigen Frieden will. Im *Freitag* vom 7. Mai 2004 erklärte Willy Wimmer in einem Interview: »Heute besteht die Gefahr, dass sich ein Volkskrieg im Irak entwickelt und zur Vorstufe eines großen schiitischen Imperiums wird ... Als die Amerikaner in den Irak hineingegangen sind, haben sie in diesem Raum unwiderruflich die Büchse der Pandora geöffnet.« Das sagt Wimmer, der lange Zeit der Vizepräsident der Parlamentarischen Versammlung der OSZE war, also für multilaterale Vereinbarungen eingestanden ist und es gewagt hat, sich zu seinen Freunden in seiner Partei (der CDU) quer zu stellen. Nach seinem Rat an die US-Regierung gefragt, empfiehlt er, wieder »den Weg des Ausgleichs einzuschlagen. Wieder berechenbare transatlantische Beziehungen herzustellen. Wieder im Verhältnis zu Indien, zu China oder zu Russland auf Kooperation zu setzen. Wir bekommen keine globale Sicherheit, wenn nationale Interessen nicht innerhalb der multilateralen Einrichtungen, die wir dafür haben, abgeglichen werden.« Interessen abzugleichen und dafür einzutreten ist Sache jedes Subjekts der Weltbürgergesellschaft, also jeder Frau und jedes Mannes. Die Summe dieser mitverantwortungsbereiten Subjekte ist als Weltöffentlichkeit die dritte große Kraft, auf die Immanuel Kant in seiner Vertragsfriedensutopie »Zum ewigen Frieden« vor über 200 Jahren gesetzt hat. Was individuell zwischen Menschen gilt, das trifft auch kollektiv-strukturell zu – und umgekehrt.

Dem Hass widerstehen – Frieden machen

Ich durfte einen kämpferisch-sanften, so nüchternen wie mitfühlenden *Peacemaker* kennenlernen. Er hat mich tief berührt. Täglich zieht er viel Hass auf sich, gerade weil er ein Liebender geblieben ist. Und er versucht, (Feindes-)Liebe in Politik zu übersetzen. Es ist Uri Avnery von Gush-Shalom in Israel. Er versucht mit all seiner Kraft, sich mit den Palästinensern fair zu einigen, und kämpft für die Rechte der Palästinenser innerhalb des israelischen Parlaments. Er versucht unablässig, die israelisch-palästinensische Konfliktkonstellation auch mit den Augen der Palästinenser zu sehen, deren Interessen und Gefühle beachtend. Dein Feind braucht Frieden. Dein Feind braucht ein Land. Dein Feind braucht einen Staat. Dein Feind will leben und muss leben dürfen. Mit solcher Haltung zieht er viel Feindschaft, auch Verachtung und Häme auf sich. Auf der palästinensischen Seite hat er Verbündete wie z.B. die Friedensaktivistin Sumaya Farhat-Naser.

Wo Gewalt und Hass sich aufschaukeln und jede Gewalttat nur noch als legitime Rache mit künftiger Abschreckungswirkung verstanden wird, da wird jeder zum Nestbeschmutzer gestempelt, der sich der wogenden Volksstimmung widersetzt. Die mutigen Friedensmacher *mit* dem Feind ziehen viel Schmach auf sich. Wer sich den Stimmungen, die allzu verständlich sind, nicht ausliefert, ist eigentlich klug, denn er weiß: Wenn ich mich Antistimmungen überlasse, werde ich nur das verschlimmern, was ich beseitigen will – die Feindschaft und den Hass nämlich. 1953 sagte dem 21-jährigen – zu sieben Jahren Haft verurteilten – Jiří Stránský ein mitgefangener älterer tschechischer Lyriker in einem Gefängnis der Stalin-Ära: »Bewahre dich vor dem Hass auf alle, die daran schuld sind, dass du unschuldig im Gefängnis leiden musst. Lass den Hass nicht in dich hinein. Du wirst sein erstes Opfer. Der Hass zerstört zuerst dich selbst.« Und Jiří konnte sein Leben lang das Wunder vollbringen, nicht zu hassen.

Eine ebenso fast übermenschliche Leistung des Nichthassens hat Nelson Mandela (nach 27 Jahren verschärfter Haft!) vollbracht und so sein Land ohne Bürgerkrieg in die Befreiung geführt – in eine Demokratie, in der heute noch Schwarze bis spät nachts, ja bis frühmorgens vor den Wahllokalen Schlange stehen, um ihre Stimme abgeben zu können. Sie haben in Erinnerung behalten, was es hieß, Abgespaltene, Ausgegrenzte, Minderbewertete und Minderberechtigte zu sein. Sie wissen die Demokratie nachhaltig zu schätzen.

Ich selber habe einen Menschen treffen dürfen, der viel durchgemacht hat, aber ein großer Liebender geblieben ist – Lew Kopelew. Was er durchlitten hat, hat er in seinem Buch »Aufbewahren für alle Zeit« aufgeschrieben. Warum war er lange in der Todeszelle der Sowjetarmee? Weil er sich gegen die Übergriffe sowjetischer Soldaten auf deutsche Zivilisten in Ostpreußen ausgesprochen hatte – er, ein Propagandaoffizier der Roten Armee auf dem Vormarsch, hinter sich verbrannte russische Erde, die Deutsche zurückgelassen hatten. Und Lew hat sich, nachdem er durch die Vermittlung Heinrich Bölls in die Bundesrepublik ausreisen durfte, unablässig für Menschen eingesetzt, die aus politischen Gründen in Gefängnisse gesperrt wurden, bis zum letzten Atemzug. Mit seinem alten Freund Wolf Biermann überwarf er sich – weil jener seiner Meinung nach zu einem Hassenden geworden war.

Sebastian Haffner hat in seinen großartigen Erinnerungen »Geschichte eines Deutschen« geschrieben:

»Man will sich nicht durch Hass und Leiden seelisch korrumpieren, man will gutartig, friedlich, freundlich, nett bleiben. Wie aber Hass und Leiden vermeiden, wenn täglich das auf einen einstürmt, was Hass und Leiden verursacht? Es geht nur mit Ignorieren, Wegsehen, Wachs in die Ohren Tun. Und es führt zur Verhärtung aus Weichheit und schließlich wieder zu einer Form des Wahnsinns: zum Realitätsverlust, Sich-Abkapseln. Ich habe kein Talent zum Hass. Ich habe immer zu wissen geglaubt, dass man schon durch ein zu tiefes Sich-Einlassen in Polemik, Streiten mit Unbelehrbaren, Hass auf das Hässlichste etwas in sich selber zerstört – etwas, das wert zu erhalten und schwer wiederherzustellen ist. Meine natürliche Geste der Ablehnung ist Abwendung, nicht Angriff. Auch habe ich ein sehr deutliches Gefühl für die Ehre, die man einem Gegner antut, wenn man ihn des Hasses würdigt – und genau dieser Ehre scheinen mir die Nazis nicht würdig. Ich scheue die Intimität mit ihnen, die schon der Hass auf sie mit sich bringt; und als stärkste persönliche Beleidigung, die sie mir antaten, empfand ich nicht so sehr ihre zudringlichen Aufforderungen mitzumachen – die lagen außerhalb der Dinge, an die man irgendeinen Gedanken oder Gefühl wendet – als die Tatsache, dass sie mich täglich durch ihre Unübersehbarkeit zwangen, Hass und Ekel zu empfinden, wo doch Hass und Ekel mir so gar nicht ›liegen‹.«

Wie selten gibt es solche Seelenstärke, und wie wichtig ist es doch, dass wir in Konflikten bestehen und möglichst über solche inneren Mächte reflektieren, bevor sie uns überfallen – dass wir offene Ohren behalten, uns nicht verhärten, sowie der Hass uns überfällt, gerade wenn es Ursache für Hass gibt.

Albert Camus hat noch vor Ende des Krieges seine Landsleute vor dem Hass auf die Deutschen gewarnt. Und in einer Zeit, in der der Hass seine Urständ feierte – eben auf Grund des

Erlittenen –, hat Camus in der Résistance sich für Versöhnung mit den Deutschen eingesetzt. Es gehört immer besonderer Mut dazu, für den Feind ein Wort einzulegen und in einer angespannten Situation für Versöhnung zu wirken, dem Hass und dem Gegenhass entgegenzutreten. Václav Havel, der dreimal in Gefängnisse (für insgesamt fünf Jahre) geworfen wurde, hat in einer Rede in Oslo im August 1990 gesagt:

»Ein hassender Mensch begreift nicht das Maß der Dinge, das Maß seiner Möglichkeiten, das Maß seiner Rechte, das Maß seiner eigenen Existenz und das Maß von Anerkennung und Liebe, die er erwarten kann. Er verlangt, dass ihm die ganze Welt gehört, und die Anerkennung der Welt soll grenzenlos sein. Er versteht nicht, dass er das Recht auf das Wunder der eigenen Existenz und auf ihre Anerkennung durch eigene Taten erkämpfen und verdienen muss. Im Gegenteil, er betrachtet dieses als etwas automatisch ein für alle Mal ihm Gegebenes, von keiner Grenze Eingeschränktes und durch niemand jemals in Frage Gestelltes ... Ich beobachte, dass alle Hassenden ihren Nächsten beschuldigen – und durch sie die ganze Welt –, sie seien böse. Im Hass steckt sehr viel Egozentrik und eine große Selbstliebe. ... Goldgräberhass übt geradezu eine magnetische Anziehungskraft aus und kann auch Menschen in seinen Sog ziehen, die vorher scheinbar unfähig waren, zu hassen ... und dem suggestiven Einfluss der Hassenden unterliegen.«

Bert Brecht hat 1938 in seinem Gedicht »An die Nachgeborenen« geschrieben, dass er wohl auch gerne weise wäre und Böses mit Gutem vergelten wolle und dass er auch wisse, dass Hass auf die Niedrigkeit die Züge verzerre. Und er, der den Boden bereiten wollte für Freundlichkeit, konnte selber nicht freundlich sein. Und dieses Nicht-Freundlichsein-Können empfindet er als Bruch, ja auch als Schuld. Also ist vor allem anderen etwas dafür zu tun, dass der Boden bereitet wird für Freundlichkeit. Dazu braucht es Mut, viel Mut, auch gegenüber sich selbst und seinen Freunden. Das haben die großen »Liebesprediger« Jesus, Gandhi, King besonders drastisch erfahren müssen. Sie kannten nur zu gut die Realität von Feindschaft und Hass und wollten die Läuterung des Feindes durch die eigene Läuterung.

Der Macht der Gewaltlosigkeit trauen. Gewalt gegen Gewalt ist nie eine Lösung, sondern nur Ausdruck eines Scheiterns wirklicher Lösungen. »Es gibt keinen Weg zum Frieden. Frieden ist der Weg« – sagte Gandhi. Das könnte Jesus gesagt haben. *Jedenfalls* ist es dir gesagt. Wer Frieden *machen* will, muss selber friedfertig *sein*, wenn er Durchhaltekraft und Glaubwürdigkeit behalten will. Deshalb einige Merksätze für *Menschen des Friedens* zum täglichen Gebrauch:

– Friede beginnt in dir, mit dir, zwischen dir und den anderen: deinen Feinden *und* deinen Freunden.

– Mit all deinem Tun und Unterlassen versuche so zu leben, dass auch andere Menschen würdig leben können. Neben dir, fern von dir, nach dir.

– Suche Menschen, die du verstehst und von denen du verstanden wirst. Dort findest du Heimat.

– Suche Kontakt zu denen, die dir fremd oder feind sind. Vermeide alle Abwertungen und lerne alle achten, weil du doch weißt, dass die Würde des Menschen unantastbar sein muss – dir und allen zugute.

– Wo du selber deine Angst überwindest, musst du anderen keine Angst mehr machen.

– Inmitten der Gewalt-Welt suche beharrlich kluge Alternativen zum Gegenschlag. Dazu brauchst du viel Mut, der dir zuwächst, wo du dich traust und wirklich etwas wagst.

– In dir selbst wirst du Spannungen, Konflikte, Widersprüche spüren. Sieh zu, dass du sie nicht auf andere überträgst. Trainiere deshalb die *Tapferkeit vor dem Freund*, die Courage im zivilen Leben – mit dem Wagnis, auch allein zu stehen.

– Wenn du aufrecht lebst und vor dir selbst bestehen kannst, deine Niederlangen und deine Schuld einzugestehen lernst, wirst du dich stark fühlen und deinen Weg aufrecht gehen – voll Vertrauen, ohne Hochmut.

– Deine Fähigkeiten und Kräfte setze für eine Gesellschaft ein, in der der Mensch dem Menschen ein Helfer wird.

– Je friedfertiger du bist, desto besser gelingt es dir, Frieden zu stiften. Der kleine Frieden ist auf den großen aus, und der große Frieden braucht den kleinen. Der Friede braucht dich.

– Lass dich – mitten in der Welt zerstörerischer Überlegenheitslogiken und alltäglich zermürbender Konkurrenzen – zur Vernunft des Friedens bringen.

Also: Alles für Prävention tun! Im *Inneren* Abgründe ausloten und sich nicht in sie stürzen, zur Reife kommen und alles uns Mögliche dafür tun, dass die Gewalt uns nicht in die Hassspirale reißt. Wenn uns das Unglück erst ereilt, sind wir schnell verloren. Wenn der Feind oder Gegner aber spürt, dass er nicht abgewertet oder gehasst wird, werden ihm seine Würde und sein Selbstbewusstsein zurückgegeben, und er definiert sich nicht mehr über Feindschaft, sondern über Interesse und Konkurrenz, die den je anderen leben lässt.

Das bedeutet global: Es geht um eine internationale Rechtsprechung, darum, dass alle Völker zusammenkommen und sich auf Friedfertigkeit einigen, *gemeinsame* Sicherheit auf der *einen* Welt suchen. Das Recht soll stark sein, nicht der Stärkere soll sich das Recht nehmen.

Auch für jeden persönlich muss die Devise »gemeinsame Sicherheit« lauten, wenn wirklich Friede sein soll. Der Prophet Jesaja hat mit bitteren Worten beklagt, wie häufig die Führer der Völker verblendet sind und wie oft Völker sich verblenden lassen. Aber: Es ist Wandel, es ist Einsicht möglich. Sie beginnt bei jedem, und sie betrifft jeden. Wir alle können Zeichen des Friedens setzen.

Zeichen setzen 1: Umschmieden und umdenken

Im September 1983 wurde in Wittenberg auf dem Lutherhof unter dem Jubel vieler hundert junger Menschen ein Schwert zu einer Pflugschar umgeschmiedet. Dazu wurde geklatscht, gesungen, gebetet. Man hielt den Atem an. Ein *Zeichen* war verboten worden. Dort zeigten wir in aller Öffentlichkeit an einem nächtlichen Feuer, wie man es macht: dass ein Schwert, das Tod bringt, zu einer Pflugschar umgeschmiedet wird, die Brot bringt. Das Problem ist nach fast 25 Jahren nicht erledigt. Im Gegenteil. Wettrüsten beginnt wieder.

Das Umschmieden geht von einer sehr alten Vision aus, die der Prophet Jesaja der Menschheit vererbt hat. Da heißt es: »Zur letzten Zeit werden alle Völker zusammenkommen und sagen: Kommt, lasst uns auf den Berg des Herrn gehen, dass er uns seine Wege lehre und wir wandeln auf seinen Steigen. ER wird richten unter den Völkern und alle zurechtweisen. Da werden sie ihre Schwerter zu Pflugscharen und ihre Spieße zu Winzermessern machen, und kein Volk wird gegen das andere das Schwert erheben, und sie werden fernerhin nicht mehr lernen, Krieg zu führen.« (Jesaja 2, 2–5)

Das ist es: Nicht mehr *lernen*, Krieg zu führen, sondern lernen, in Frieden zu leben, und die Konversion – diese Umkehrung – endgültig machen. Von unserem deutschen Land und unserem geschundenen europäischen Kontinent soll nie wieder Krieg ausgehen. Wir haben endlich zur Friedfertigkeit gefunden. Wir haben ein vereinigtes Europa, das schmerzlichste Kriege hinter sich hat. Krieg soll der Vergangenheit angehören. Friedliche Konfliktregelung soll gelten für alle Konfliktherde auf der Welt. Der Krieg ist nicht mehr Vater aller Dinge, sondern der Frieden Bedingung allen Lebens! Die wertvollen Rohstoffe werden nicht mehr vergeudet für Instrumente, die den Boden mit Blut tränken, sondern alles wird dazu dienen, dass die Erde Getreide hervorbringt und alle zu essen haben. Genauso sollen die Winzermesser immer Winzermesser bleiben, die den Wein schneiden, und nicht zu Spießen geschmiedet werden, um den Feinden in den Leib getrieben zu werden. Brot statt Tod und Wein statt Blut. Brot und Wein werden geheiligt. Genau daran knüpft das Abendmahl bei den Christen an. Jesus – mitten in der Machtwelt des Imperators und seiner Vasallen, in der Verratswelt des Judas und seiner Hintermänner – nimmt Brot, bricht und verteilt es, nimmt den Wein, dankt und teilt ihn aus. »Für

Euch!«, sagt er. Das ganz Natürliche – das, was Hunger und Durst stillt und zugleich Freude macht – wird zum Geheiligten.

Es ist schon ein bleibendes sprechendes Symbol, dass die Skulptur mit dem Schmied, der ein Schwert zu einer Pflugschar umschmiedet, in New York vor der UNO steht.

Zeichen setzen 2: Eine Kirche des Friedens

Wenn wir als Kirchen heute den Mächtigen ins Gewissen reden und zum Frieden raten, dann können wir das nur aus der Demut redlicher Erinnerung an unsere Schuldgeschichte tun. Ein Beispiel: in der von der protestantischen Obrigkeit genehmigten und in das landesherrliche Magdeburgische gebrachten Agende von 1740 ist die immer wieder wiederholte allgemeine Fürbitte zu finden »für gehorsame Untertanen, sieghafte Heere, Soldaten, die den Eid gehorsam nachleben«, und die Bitte, »dass Gott des Königs Armeen Glück und Sieg verleihen möge, damit ein redlicher und allgemeiner Friede beständig erhalten werde«. Es ging stets um den Sieg-Frieden. Und für die Christen als Einzelne blieb die Generalbitte für die Obrigkeit, die ich als Jugendlicher sonntäglich aus dem Munde meines Vaters im sogenannten »allgemeinen Kirchengebet« noch in den Ohren habe: »… dass wir unter ihrem Schutz und Schirm ein geruhiges und stilles Leben führen mögen, in aller Gottseligkeit und Ehrbarkeit.« Solch ein Satz wurde während der barbarischen Nazizeit, während des totalen Krieges und auch unter atheistisch-kommunistisch-kirchenfeindlicher Herrschaft gebetet. Nichts vom Wirken der Kirche im Geiste Jesu für den Frieden, nichts vom wachen Selbstbewusstsein, von helfender Begleitung für Schwache, von Suche nach der Wahrheit, Suche nach Frieden, Suche nach Gerechtigkeit, sondern eine gewisse Abduckmoral – *gottselig* und *ehrbar* leben. Irgendwie unbeeindruckt von dem, was in der Welt geschieht, und unter dem Schirm einer Obrigkeit sicher sein geruhsam-gehorsames Leben führen. In der Agende von 1981 ist der Tonfall ganz anders – dazwischen lag eine politische und eine liturgische Aufbruchsbewegung – die katholische und evangelische Kirchen erreicht hatte. (Die Holländer waren uns vorangegangen.) Da heißt es: »Dass in allen Landen Gerechtigkeit und Wahrheit siege, dass alle Ungerechtigkeit abgetan werde und wir im Gehorsam gegen dich ein ruhiges und stilles Leben führen können. Gewähre in deiner Barmherzigkeit Frieden unter den Völkern. Bewahre uns vor Aufstand und Blutvergießen und gib, dass wir einträchtig beieinander wohnen.« Zu solchen Sätzen kann ich mein Amen aus vollem Herzen sagen.

Denn: Die Kirche versäumt eine ihrer zentralen Aufgaben, wenn sie sich mit dem innerkirchlichen und interkonfessionellen Streit verbraucht, statt selber zu einer *Kirche des Friedens* zu werden, die zwischen den Zerstrittenen vermittelt und mithilft, die Methoden zu entwickeln, die zu einem dauerhaften Frieden führen.

Die Kirchen in der DDR hatten versucht, die Konsequenzen aus einer gewalt- und kriegsrechtfertigenden Geschichte der Kirche zu ziehen, indem sie z. B. *der Entfeindung* und *der Abrüstung* zugleich das Wort redeten und mahnten, Vertrauen gegen das zerstörerische Misstrauen zu wagen, gerade gegenüber denen, die uns feind sind. Zur Ökumenischen Versammlung in Dresden haben wir am 30. April 1989 in ökumenischer Gemeinschaft mit evangelischen, katholischen und freikirchlichen Kirchenvertretern sowie den Gruppen zwei biblische Zentralbegriffe konkret durchbuchstabiert: *Schalom* und *Umkehr*. Umkehr brauchen wir als Einzelne und als (Welt-)Gesellschaft angesichts der Weltungerechtigkeit, des Weltunfriedens und der Schöpfungszerstörung in den Schalom. Schalom als eine Gabe, eine Aufgabe und eine Verheißung Gottes an die Welt. Friede fand nach unserer Auffassung seine politische Gestalt in einem kooperativen Verständnis von Frieden: Statt weiter der jahrhundertelang dominanten Idee des Sieg-Friedens zu folgen, eine Konzeption »Gemeinsamer Sicherheit« zu entwickeln. Was bedeutet es, *Kirche des Friedens* zu werden, fragten wir und antworteten:

– die Last der Geschichte und Schuld bekennen
– den Platz im eigenen Land annehmen
– im ökumenischen Horizont denken und handeln
– ein gemeinsam verbindliches Zeugnis ablegen.

Die *Ökumenische Versammlung für Gerechtigkeit, Frieden und Bewahrung der Schöpfung* hat in ihren drei Sessionen (1988–1989) einen wesentlichen Anteil daran, dass es zu einem friedlichen Umbruch in der DDR kam. Christen sind in den Jahren der Ost-West-Trennung Scharniere zwischen den Menschen geworden, aber auch Türöffner im politischen Bereich. Besonders die Konferenz Europäischer Kirchen (KEK) befruchtete den KSZE-Prozess.

Eine *Ökumene des Friedens* hat sich vielleicht erstmalig im gemeinsamen Widerstand gegen den Irakkrieg ergeben. Ich habe auf der großen Friedensdemonstration in Berlin am 15. Februar 2003 als Vermittlungskandidat der östlichen und westlichen, der katholischen und evangelischen Friedensgruppen geredet und versucht zu bündeln, was an gemeinsamem christlichem Engagement gegen eine präventive amerikanische Kriegsstrategie entstanden war. Ich sah geradezu eine *Ökumene des Friedens*, die über die einzelnen Kirchen, Religionen, Weltanschauungen weit hinausreichte. Die entscheidende Erkenntnis war, dass es nicht mehr darum gehen kann zu fragen, welcher Krieg »gerecht« sei, sondern entschlossen Schritte auf einen »gerechten Frieden« hin zu suchen und zu gehen. Hier waren sich Christen in aller Welt fast aller Konfessionen einig: Krieg ist keine Lösung. Ursachenbekämpfung soll die Langzeitstrategie bleiben – das soziale Elend und die Demütigungen bilden Nährboden für Terrorismus. Die UNO als internationales Friedensinstrument muss gestärkt und weiterentwickelt werden. Dialog muss möglich gemacht werden. Gerade der Bischof von Rom fand bestechend klare Worte: »Krieg ist immer eine Niederlage der Menschheit«.

Die Logik des Friedens

Wie wird Friede? – Das ist heute in vielen Regionen der Welt eine verzweifelte Frage.

Die *militärische Logik* zur Beantwortung dieser Frage ist die Logik des Sieges über Menschen, die man verallgemeinernd

Feinde nennt und deren effizientes Töten sodann zum höchsten Ziel wird. Militärische Logik ist die Logik des Todes, die Logik des Tötens und die Logik des Sieges über andere.

Natürlich gibt es Beispiele, wo nur noch militärischer Einsatz vor verbrecherischen Banden schützen kann und sollte wie in Ruanda 1994 oder Darfur seit 2003. Hier war, hier ist der Schutz durch die internationale Gemeinschaft unabdingbar. Es gibt Feinde, mit denen keine Einigung möglich ist und die nur durch gemeinsame Anstrengung oder gar durch Kampf der Völkergemeinschaft bezwungen werden können. Dies gilt für Terroristen wie Bin Laden. Auch Hitler-Deutschland ließ sich nicht mit Friedensfähnchen besiegen.

Das kann aber nur mit einer stärker gemachten UNO geschehen, die auch dort Gewalt anwenden kann und muss, wo schreckliche Gewalt nicht anders eingedämmt werden kann – allerdings bitteschön nur nach Völkerrechtsnormen und dort, wo keine primären strategischen oder Ölinteressen vorliegen. Alles andere ist grundverlogen und unterhöhlt die Substanz des freiheitlich-demokratischen Systems.

Das Einander-Leben-Lassen nach Rechtsnormen ist das Mindeste, was wir Menschen einander schuldig bleiben – notfalls mit der Härte des Gesetzes, mit Anklagen vor dem internationalen Gerichtshof. Aus dieser Erkenntnis heraus wurde die UNO nach 1945 gegründet. Die Menschenrechte müssen für alle gelten. Auch heute in Guantánamo. Ausgerechnet die Vereinigten Staaten – jedenfalls die jetzige Administration – handeln global-strategisch unilateral aus ihrem Recht der Stärke heraus. Die westliche Führungsmacht hat inzwischen ihre Führungs- und Vorbildfunktion so eingebüßt, dass Freiheits- und Menschenrechte zum missbrauchten Kampfbegriff geworden sind. Sie führt die Welt in eine gefährliche Sackgasse.

Die *Logik des Friedens* ist die Logik ziviler Lösungen, die Leben lässt und Leben schafft, die Konflikte mit aller Kraft und mit allem Mut zum Leben angeht.

Es gibt beglückende Erfahrungen mit friedlichen Konfliktlösungen beim Feindbildabbau und bei der Abrüstung. In Europa gehört der KSZE-Prozess dazu, ohne den die Mauer wohl noch stünde oder aber gar nichts mehr stünde. Wir erinnern uns, wie kurz die Vorwarnzeiten für Kurz- und Mittelstrecken-Atom-Raketen und wie marode die Raketensysteme im Ostblock gewesen waren. Solche gelingenden Beispiele können und müssen ermutigen. *Peacemaker* sind keine Stubenhocker, keine Helden des feigen Rückzugs, sondern Menschen, die die Tapferkeit der Zivilität einüben, Leute, die nicht einfach *über* den Feind zu gewinnen versuchen, sondern *den* Feind zu gewinnen versuchen. Sie wollen rechtzeitig die Ursachen ausräumen, statt im Nachhinein den Schutt wegzuräumen. Denn: So, wie der Krieg sich im Herzen meines Feindes eingenistet hat, so beginnt auch der Friede im Herzen meines Feindes. Er beginnt in meinem Herzen, indem ich – mühsam! – verstehen lerne, warum der andere so von Hass erfüllt ist und was ich tun kann, damit der Hass geringer wird. Man muss zugleich nach den sozialpolitischen Ursachen des Hasses fragen, statt alles allein moralisierend oder psychologisierend zu erklären.

Man muss auch nach Strukturen, nach Interessen und nach Macht fragen. Wer sich die Frage nach dem Feind, den Feindbildern und der Versöhnung stellt, muss wissen, dass individual-psychologische, ethische, kommunikative, strukturelle und machtpolitische Aspekte unentwirrbar ineinander verwoben sind. Die einen reden hauptsächlich von Strukturen und Interessen (also meine linken Freunde, sobald ich individuell oder ethisch argumentiere). Sie werfen mir vor, ich hätte nichts von Strukturen begriffen. Und dann begegne ich den anderen, die *alles* personalisieren und psychologisieren: Da wird dann der Irakkrieg *nur* als ein Krieg verstanden, den der Sohn Bush geführt hat, um sich vor seinem Vater zu beweisen.

Keine verallgemeinernde Aussage trifft die Komplexität der Feindschaft in der Welt.

Wir, die wir in ganz geordneten Verhältnissen leben, können uns kaum vorstellen, was der Hass mit uns tun würde, wenn wir Bewohner von Gaza oder von Tel Aviv wären, als Muslime in Falludscha oder als GIs in Bagdad lebten. Hass, Gewalt und Erniedrigung haben in anderen Gegenden der Welt eine noch ganz andere Härte, als wir sie hier in Deutschland erleben. Aber die Negativwirkung von Hass, wenn einem Hass begegnet, der zerstören will, ist vergleichbar. Und vergleichbar ist, ob du die Kraft findest, aufrecht zu bleiben und dir deine Würde zu bewahren, dich nicht dem Hass und der Verbitterung zu überlassen. Der Bazillus Feindschaft überträgt sich allzu leicht.

Soldatsein als Gefährdung unseres Menschseins

Ich erinnere an ein Plakat, das wir 1987 zum Olof-Palme-Friedensmarsch getragen hatten und das uns damals entrissen wurde: »Für die Entmilitarisierung der Wälder, des Himmels und des Denkens«. Auch heute geht es wieder um die Entmilitarisierung unseres Denkens – zugunsten der Zukunft der Menschheit, aber auch zugunsten unseres eigenen Mensch-Seins.

> Soldat Soldat in grauer Norm
> Soldat Soldat in Uniform
> Soldat Soldat, ihr seid zu viel
> Soldat Soldat, das ist kein Spiel
> Soldat Soldat, ich finde nicht
> Soldat Soldat, dein Angesicht
> Soldaten sehn sich alle gleich
> Lebendig und als Leich.

Ein Foto aus einem Bombentrichter vor Verdun mit einem toten französischen und einem toten deutschen Soldaten – es könnte mein vermisster Großvater sein – hatte ich ebenso vor Augen wie das Kriegstagebuch meines Vaters, als ich dieses Gedicht Wolf Biermanns 1988 im Magdeburger Dom bei der 2. Session der Ökumenischen Versammlung zitierte. Gottfried Forck entgegnete mir damals erregt, damit hätte ich alle jene beleidigt, die sich zum Dienst in der Volksarmee entschlossen hätten. Fast alle, die einmal in einer Armee gedient haben – und sei es in der »Wehrmacht« –, unterstellen schnell eine selbstgerechte

Überhöhung von Wehrdienstverweigerern und pauschale Diffamierung von Soldaten.

Unverständlich war mir manche Polemik in der Debatte um meinen Beitrag. Was daran war verletzend, pauschal, perfid, verleumderisch, und wer wurde zum »verabscheuungswürdigen Wesen« erklärt? Wo schien eine »pervertiert-naive Welt von Gut und Böse« durch? Was war undifferenziert oder oberlehrerhaft?

Ich hatte den Soldaten nicht »pauschal« ihr Menschsein abgesprochen oder ihnen unmenschliche Verhaltensweisen unterstellt.

Ich wollte und will vielmehr auf Gefährdungen hinweisen, die mit einer Struktur zusammenhängen und »im Ernstfall« Entladungen mit sich bringen – was *alle* Armeen betreffen kann, wie *alle* historische Erfahrung lehrt.

Ich kann Fernsehaufnahmen von der brutalen Erstürmung irakischer oder palästinensischer Wohnungen nicht vergessen. Sie erschüttern mich nicht minder als die Razzien von Truppen Saddams in Kurdıstan oder die Terroranschläge der Hamas. Serbische Tschetniks und kosovarische UČK haben sich in ihrer Brutalität nichts genommen – anders als einseitige Propaganda glauben macht, indem sie letztere zu Freiheitskämpfen stilisiert. Deutsche Verteidiger der »Festung Breslau« waren ebenso wenig Unmenschen wie sowjetische »Angreifer« – aber sie wurden es durch diesen Krieg. Wenn deutsche Soldaten heute bei der KFOR ihren schweren Dienst tun, bewirkten sie doch bisher nichts weiter als die Trennung der Hassparteien. Wenn sie weggingen, ginge es wieder los. Deshalb bleiben sie.

Ich möchte zudem darauf hinweisen, was in einem Befehlssystem durch Kasernierung, durch täglichen Umgang mit Waffen und systematische Weckung von Angst und Tötungsphantasien – Manöver genannt – mit ganz normalen Menschen geschieht. Erst recht im Falle realer militärischer Auseinandersetzung! Das Konzept der »inneren Führung« hat Auswüchse weitgehend verhindert. Ich kenne Soldaten und Offiziere (verschiedener Nationen), denen ich keineswegs ein beschädigtes Menschsein attestiere, und ich bewundere sogar, wie sie innerhalb militärischer (Denk-)Strukturen »zivil« bleiben konnten. Es gibt nicht nur die »Menschenführung von Millionen junger Soldaten bei der Bundeswehr im Kasernenalltag«; es gab auch die seelsorgerliche Begleitung Billy Grahams im Vietnamkrieg für Präsident Nixon oder die deutscher Militärpfarrer in den Jahrhunderten unserer militaristischen Tradition.

Ich habe nicht mit Tucholskys nachdenkenswertem Frontbericht »Soldaten sind Mörder« argumentiert – den so schwierigen wie mutigen Einsatz von Soldaten demokratischer Staaten zur Abwehr von Verbrechen vor Augen, wiewohl auch dort »Entgleisungen« passieren. Man denke nur an das Verhalten niederländischer UNO-Soldaten während der Massaker in Srebrenica 1995 oder an die Übergriffe von UN-Blauhelmen im Kongo seit 2003.

Ich will aber gerade nicht Steine auf »Staatsbürger in Uniform« werfen, sondern auf eine prinzipielle Problematik des »Wehrstandes« hinweisen. Jeder Krieg wird geführt gegen Feinde, und er braucht ein Bild vom Feind, wodurch die Tötungshemmung nicht nur vermindert wird, sondern es zur totalen Enthemmung kommt. Der »andere« darf kein Mensch mehr sein, sondern wird bloßes Hassobjekt. Welche Sprache sprechen Fotos über den Feldzug der Roten Armee in Afghanistan oder über den »sauberen Krieg« der USA? Immer sollen es bei Übergriffen nur Einzelne gewesen sein. Das Gute wird dem Ganzen zugemessen, das Böse dem Einzelnen angelastet. Krieg provoziert offenbar destruktive Antriebe und weckt eine diabolische Lust am Töten oder Quälen. Wird Töten auf Befehl zur Pflicht, ist der Gegner zu vernichten und der Feind kein Mitmensch mehr. Keine Armee ist vor Exzessen gefeit. Das zeigen uns die Bilder von Kriegen bis heute.

Der ehemalige Chef der Grenztruppen der DDR, Generaloberst Baumgarten, erklärte: »Lehnte ein Grenzer den Gebrauch der Schusswaffe ab, so wurde er in Ausbildungs- oder rückwärtige Einheiten versetzt. Wir haben unsere Grenzsoldaten ... zur Achtung des Lebens als höchstes Menschengut erzogen.« Kein Wort verlor er indes über die Toten an der Grenze. Als ob es eines Beweises bedurft hätte, wie konsequent Militärs *jede* Kritik abwehren.

Der Krieg gegen den Terror als Gefährdung unserer Gesellschaft

Es gilt heute nüchtern festzustellen, dass es Feinde gibt, denen eine demokratische offene Gesellschaft nicht passt und die ihre (terroristischen) Aktionen mit unterschiedlichem ideologisch-religiösem Überbau garnieren. Und es gilt festzuhalten, dass gegen sie in gemeinsamer Anstrengung oder gar im Kampf der Völkergemeinschaft vorgegangen werden muss. Es muss aber auch darauf hingewiesen werden, wie problematisch ein solcher Kampfzustand für unsere Gesellschaft ist.

Die Gefahr in jeder Auseinandersetzung mit einem »Feind« besteht darin, dass man sich ein Bild von ihm macht und dieses so sehr generalisiert, dass die so Etikettierten tatsächlich so werden (müssen), wie man von ihnen denkt. Man selbst merkt hingegen nicht, wie ähnlich man ihm im Kampf mitsamt dem Feindbild wird. Der Kampf gegen den Islam als Kampf gegen islamistisch-aggressiven Fundamentalismus ist eine solche Gefahr für die Substanz unserer laizistischen bzw. säkularen demokratischen Gesellschaften.

Der »New War« dauert nunmehr seit Jahren an als ein Krieg gegen einen kaum fassbaren Weltfeind. Da lohnt es sich endlich wieder zu leben, zu kämpfen, sein Leben hinzugeben für die große Sache des Volkes und dem Feind »bis in die verborgensten Winkel der Welt« zu folgen und für angetanes Unrecht – auch emotionale – Genugtuung zu suchen. Bin Laden als Hauptverantwortlicher für die Anschläge vom 11.9.2001 ist inzwischen zu einem wirkmächtigen Phantom mutiert. Man kann heute gar nicht mehr so sicher sein, ob alles daran gesetzt wird, ihn selbst zu fassen, oder ob dieses Phantom den Bekämpfungsstrategien gar besser dient, solange er so anonym aktiv bleibt. Es muss die Frage gestellt werden: Kämpfen wir tatsächlich gegen reale Feinde? Oder (ge)brauchen wir wieder Feindbilder?

Jede Gesellschaft ist zur Hysterisierung fähig, sowie sie sich auf ein kollektives Bedrohungsszenarium verständigt, das sich an einem konkreten Anlass entzündet, aber sogleich zur Generalisierung führt und Abwehrreflexe mobilisiert. Ein gemeinsames, möglichst kräftiges, emotional aufgeladenes, angstbesetztes und so zu besonderer gemeinsamer Gegenwehr anspornendes Feindbild bindet eine Gesellschaft (wie jede kleine oder größere Gemeinschaft) offenbar kraftvoller zusammen, als das jede positive Idee, jede Utopie und jedes Leitbild vermag.

Wenn ein innerer Zerfall droht, dient ein äußeres Bedrohungsszenario zur Stabilisierung des Staates. Zumeist ist hiermit auch der Abbau demokratischer Freiheitsrechte verbunden. Denn: Ein Phantom erfordert in seiner Allgegenwärtigkeit und Ungreifbarkeit gesteigerte Wachsamkeit und kann drastische politische Maßnahmen als die einzig wirksamen Mittel im Kampf gegen den Feind rechtfertigen. »Um des gemeinsamen Kampfes gegen den Feind willen« müssten die Freiheitsrechte eben eingeschränkt werden. Zudem müsse die Wachsamkeit erhöht werden, denn der innere Feind arbeite mit dem äußeren zusammen, oder er sei gar dessen fünfte Kolonne. Wer da anfängt zu differenzieren, macht sich angeblich der Verharmlosung schuldig. Wer der Vereinfachung entgegentritt, stört das nationale Volksempfinden, wird unpatriotischer Gesinnungen geziehen. Wo eine Gesellschaft kein lohnendes gemeinsames Ziel mehr benennen kann, muss sie wenigstens einen Feind haben, um im Kampf gegen diesen einig zu sein und alle Kräfte zu mobilisieren. Wer da kritisch rückfragt, wird leicht als (unbewusster) Agent des Feindes denunziert oder mindestens verdächtigt, ihm »objektiv« in die Hände zu arbeiten, ihm vorwerfend, er würde die Gefahr verharmlosen und mache sich mitschuldig an künftigem Unglück.

Um die Abwehrbereitschaft der Bürger auf hoher Stufe und einen bestimmten Pegel an Hysterisierung zu erhalten, muss es auf der Gefahrenskala ständig Bewegung geben: Wie oft gab es in den Vereinigten Staaten seit dem 11.9. den »Code Orange«, zumal kurz vor besonders wichtigen politischen Entscheidungen? Es war zwar nichts passiert, aber der Angstpegel war wieder hochgegangen! Die bisher völlig ungeklärten Anthrax-Anschläge dienten ebenso zur Steigerung des permanenten

Gefahrenbewusstseins wie auch alle seither weltweit eingeführten Sicherheitsvorkehrungen mit diffizilen Abtast-Ritualen beim Betreten diverser öffentlicher Gebäude etc. etc.

Und wir in Deutschland? Wohin soll denn der Eurofighter fliegen, der das »Rückgrat der europäischen Luftwaffen für die kommenden dreißig Jahre« werden soll? Er kann, wie *IP* meldet, »zwanzig Ziele in der Luft gleichzeitig verfolgen und Gegner schon aus 130 km Entfernung bekämpfen«. Wo aber ist der Feind für ihn? Muss er noch gesucht und gefunden werden, um seine Kosten zu rechtfertigen? Er wird sich schon finden lassen … Immer gibt es Feinde, die einem den Gefallen tun, als Feindbild herzuhalten.

Dabei sollten wir doch aus der Vergangenheit gelernt haben und hochsensibel sein für die mögliche Instrumentalisierung von Feindbildern. Ein Rückblick in unsere deutsche Geschichte ist doch auch ein Blick in Abgründe: Hitler wäre kaum zu solcher Machtentfaltung gelangt und hätte die hysterische Zustimmung der Mehrheit des deutschen Volkes nicht bekommen, wenn die Nazis nicht die Feindbilder vom Bolschewismus, von der Weltverschwörung des Judentums, von amerikanischer Finanzoligarchie samt Versailler »Schandvertrag« gebraucht hätten. Dazu kam die Abwertung alles »Nicht-Arischen«, das die Barrieren für dessen Vernichtung oder Versklavung mitten in einem Kulturvolk niedrig machte. Schließlich verbanden sodann gemeinsam verübte – ob unter Befehl oder als Befehlsgeber – Verbrechen in geschürter Angst vor der Rache der Gegner.

Die Strategie besteht stets darin, dem Gegner alles zu unterstellen, was »böse« ist, sich selbst das Gute zuzurechnen bzw. sich selbst auf der Seite der »Guten« zu sehen. Die Kommunisten kannten dieses Muster und spielten auch darauf mit der Lenin'schen Frage: Wer wen? Das ideologisch untermauerte Feindbild vom aggressiven Imperialismus konnte alles rechtfertigen: die GULAGs, die Schauprozesse, die Ermordung Trotzkis, die Zensur, die Einmärsche in die Tschechoslowakei und in Afghanistan. Ein Feind(-Bild) macht eine politische Aktion immer politisch-strategisch stimmig und im Volke zustimmungsfähig.

Wer 40 Jahre im kommunistischen System gelebt hat, kennt diese Mechanismen und ist nur etwas verwundert darüber, wie strukturparallel solche Vorgänge offensichtlich selbst heute in demokratischen Gesellschaften ablaufen.

Demokratien, die sich auf die Verwirklichung der Allgemeinen Menschenrechte als eines ständig gefährdeten und zugleich lohnenden Prozesses einlassen, muss aber daran gelegen sein, im Kampf gegen die Feinde ihres Gesellschaftsmodells nicht allmählich die Handlungsprinzipien ihrer Gegner zu übernehmen. Vielmehr müsste »das feine Metier der Diplomatie«, wie Johannes Paul II. das nannte, wirksam werden zusammen mit einer »Volksdiplomatie« – als Versuch der Verständigung der Völker zur Unterstützung internationaler Institutionen, die den mühsamen Weg des Interessenausgleiches zur Existenzsicherung aller (samt allen unvermeidbaren Konflikten) suchen.

Das ist die zu jeder Zeit von allen persönlich und politisch abverlangte zivilisatorische Leistung – es sei denn, man bliebe sich einig in seinen Vor-Urteilen: Die Amerikaner sind arrogant und geschmacklos, die Russen gefährlich und grob, die Muslime tendenziell terroristisch, die Ukrainer mafiös, die Wessis großfressig, die Ossis jammervoll, die Katholiken falsch, die Protestanten freudlos, die Politiker machtgeil, die Parteien opportunistisch, die Unternehmen gewinnsüchtig, die Gewerkschafter betonköpfig. Nur wir selbst sind ganz in Ordnung!

Voraussetzung für den Frieden ist der Abbau von Vorurteilen und Feindbildern, der unermüdliche Versuch, die Ursachen von Feindschaften auszuräumen und gemeinsam mit der Stärke des Rechts gegen die zu stehen, die auf der Klaviatur von Gewalt, destruktiver Stärke, Überlegenheit, Omnipotenz, Potenzphantasien oder religiös-apokalyptischer Zerstörungsszenarien leben. Nur dann kann Frieden wirklich Frieden und nicht der Anfang eines neuen Krieges sein. Kein Sieg-Frieden, sondern fairer Ausgleich. Miteinander leben, einander ertragen, einander leben lassen auf dieser einen wunderbaren so zerrissenen Erde.

Max Frisch sagte in seiner Friedenspreisrede 1976: »Eine friedensfähige Gesellschaft wäre eine Gesellschaft, die ohne

Feindbilder auskommt. Es gibt Phasen, wo wir nicht ohne Auseinandersetzung auskommen, nicht ohne Zorn, aber ohne Haß, ohne Feindbild: wenn wir (einfach gesprochen) glücklich sind oder zumindest lebendig ... und das durch eine Art des Zusammenlebens von Menschen, die Selbstverwirklichung zuläßt. Freiheit nicht als Faustrecht für den Starken, Freiheit nicht durch Macht über andere. Selbstverwirklichung oder sagen wir: wenn es möglich ist, kreativ zu leben. Noch immer sind wir weit davon entfernt, noch immer hoffen wir und glauben an die Möglichkeit des Friedens. Dies bleibt ein revolutionärer Glaube.«

Kann es eine solche friedensfähige Gesellschaft geben, die ohne Feindbilder auskommt? Es sind besonders innerlich gespaltene Nationen, die dazu neigen, den gefährdeten Zusammenhalt durch Feindbildprojektionen zu überwinden. Grundmuster, typische Merkmale des Feindbildes, sind immer wieder Misstrauen, Schuldzuweisung, negative Antizipation, Identifikation mit dem Bösen, Entindividualisierung und jegliche Empathie-Verweigerung. Hinter allem steht eigene Unsicherheit und Unfähigkeit, Identität positiv zu konstituieren. Wer sich nicht positiv definiert, muss sich negativ konstituieren und nach außen verlagern, was man an sich selber nicht ertragen kann. In der Feindbildproduktion kulminieren Identitäts-, Projektions- und Wahrnehmungsprobleme. Das gilt für Individuen wie für ganze Gesellschaften.

Eine reife Gesellschaft, die auf das mündige Individuum, auf Konsenssuche nach Regeln, auf Selbsterkenntnis und Einfühlung in Fremdinteressen bezogen bleibt, kann ohne Feindbilder existieren. Unser Handeln an der oben genannten Erkenntnis Max Frisch's auszurichten und an der gemeinschaftlichen positiven Konstitution von Gesellschaft zu arbeiten, muss unser Ziel auch zu Beginn des 21. Jahrhunderts bleiben – global, im vereinigten Deutschland und im ganz persönlichen Lebensumkreis.

Dass ein gutes DEUTSCHLAND blühe

Nach-Sicht und Weit-Blick

»Das Hemd ist einem näher als der Rock«, sagt das Sprichwort. Und das ist wahr. Doch wer nur das Nächste sieht, wird bald das Nachsehen haben. Das lehrt alle Erfahrung. In einer unübersichtlich gewordenen Welt, in der uns das Ferne täglich nahegerückt wird, gilt es, das umgrenzte eigene Revier in Ordnung zu bringen, in Ordnung zu halten, und zugleich die Rückwirkungen globaler Prozesse zum Guten zu wenden. Dass möglichst jeder ein Leben in Würde führen kann, muss Ziel allen Strebens bleiben. Was uns gemeinsam trägt, kann nur das sein, was jeden Einzelnen trägt, prägt und bindet. »Was gut ist für alle und zugleich dem Einzelnen gut tut« wäre eine brauchbare Lebensmaxime.

Gerade in einer entgrenzten Welt ist die Orientierung auf eine regionale und nationale Identität wichtig, die sich nicht gegen andere richten *darf*, richten *muss* und richten *braucht*. Nichts wäre fataler als die direkte oder indirekte Aufforderung, sein eigenes Land nicht zu lieben oder lieben zu dürfen. Wir Deutschen tun gut daran, dass wir uns auf die großen, beachtenswerten, Respekt gebietenden humanen Traditionen und Leistungen von Deutschen zurückbeziehen, um daraus geistige Impulse, auch Kraft zu schöpfen – ohne jede Überheblichkeit, aber mit Dankbarkeit, als Teil der Menschheit. Es ist aller Ehren wert, sein eigenes Land zu lieben und zugleich andere Länder, fremde Menschen, ferne Kulturen zu achten. Wenn wir unsere *Identität* nicht *positiv* suchen, überlassen wir nationale Emotionen einer rechten »Denke«, die mit einer Gefühlswalze in uns schlummerndes nationalistisches Gedankengut wieder zu erwecken sucht und inzwischen damit weit mehr Bürger erreicht als jene, die rechtsradikal wählen. Nichts wäre jedoch unangemessener und für die Zukunft gefährlicher, als uns den Abgründen deutscher Geschichte nicht zu stellen. Das eine relativiert das andere nicht. Es gehört zusammen, obwohl es eigentlich nicht zusammenpasst.

Als Bürger eines toleranten, eines solidarischen, eines friedlichen und eines selbstbewussten Landes zeigen wir uns, wenn wir Übereinstimmung darüber erlangen, von welcher Vergangenheit her wir uns definieren, was uns als Vergangenheitsschutt geblieben ist und was uns fernerhin wirklich »etwas wert ist«, worauf wir stolz sein können, wofür es sich lohnt, sich – gemeinsam – einzusetzen und wie wir ohne Illusionen gemeinsam unsere Zukunft gestalten können.

Vielleicht mit einer neuen *Bescheidenheit*, mit einer neuen *Demut*, mit einer neuen *Einfachheit* erneut nach dem *Sinn* suchen, weil die bloßen *Zwecke* das Leben nicht erfüllen können. Die bloß individuelle und spirituell fokussierte Frage nach dem inneren Reichtum wird nur zu sinnvollen Resultaten führen, wenn zugleich die Frage nach der Verteilung des zur Verfügung stehenden sozialen und materiellen Reichtums gestellt wird. Die Verteilungsfrage darf im real existierenden Kapitalismus weder tabuisiert noch den Apologeten des Neoliberalismus überlassen werden. Dazu aber bedarf es ganz neuer nationaler und internationaler Verbünde, entschlossener Koalitionen von Gewerkschaften, Kirchen sowie von all jenen, die nicht dulden wollen, dass sich die Welt in Gewinner und Verlierer teilt. Auf jeden kommt es an, auf alle kommt es an. Auf Sie kommt es an.

Lieb dein Land

Schwarz-Rot-Gold im Sommer 2006, wohin das Auge schaute, als ob wieder ein Einheitsrausch anstünde. Der Fußball war »Zu Gast bei Freunden«, die Gastgeber wollten allzu gern gewinnen und außerdem als Ausrichter einen gewinnenden Eindruck hinterlassen. Das ist gelungen. Fröhliche Fans, ein ganzes Volk angesteckt. Eine archaische Sehnsucht nach Zusammengehörigkeit, nach Nationalität, nach einem großen WIR hat sich auf eine gänzlich unpolitische und kaum aggressive Weise wieder gemeldet. Wir stehen zu »unseren Jungs«, sie stehen für uns ein; aber das richtet sich nur in einem sportlichen Sinne gegen andere.

Die deutschen Fußballer als »Weltmeister der Herzen«. Warum auch nicht? Wo gibt es noch solch öffentlich gezeigte, gemeinschaftsstiftende Emotion?

Deutschland scheint in der Normalität des Nationalbewusstseins und des Nationalstolzes anderer Völker wieder angekommen zu sein. Solche Sätze waren im Sommer 2006 in Deutschland und bei unseren Nachbarn überall zu hören. Auf Nachfrage hat sich die Begründung bei den Fahnenschwenkern für Deutschland indes als ziemlich hohl erwiesen. Und es ist nicht von der Hand zu weisen, was sofort als Political Correctness bespöttelt worden ist: dass nationalistische Selbstüberhebung und Verachtung anderer Völker, Übergriffe gegen Fremde leichter weckbar als wieder eindämmbar sind. Nicht umsonst wurden immense Sicherheitsvorkehrungen getroffen und »No-go-areas« ausgerufen. Der Innenminister hatte Vorsorge getroffen, um – notfalls mit Panzern – gegen terroristische oder nationalistische Gewaltakte vorzugehen.

In welchen Begriffen, Personen, Ereignissen, Zeilen, Symbolen finden wir uns als Deutsche gern wieder, ohne dass bei anderen wieder böse Erinnerungen wach werden?

Schwarz-Rot-Gold – das sind die Farben der deutschen Demokratie! Aber mit welchem Nationallied sollen Menschen in größeren Mengen und bei feierlichen Anlässen ihrem Nationalgefühl Ausdruck geben? Man erinnere sich, wie das Lied Hofmann von Fallerslebens »Deutschland, Deutschland über alles« aus der Sehnsucht nach der Einheit des zersplitterten Landes hervorgegangen war und das Wort »Deutschland« sich über die partikularen Interessen der einzelnen Landesteile setzen sollte.

Die Suche nach neuen Nationalsymbolen führte nach dem Ersten Weltkrieg zu erheblichen Auseinandersetzungen, bis der erste Präsident der Weimarer Republik, Friedrich Ebert, am 11. August 1922 zum Verfassungstag erklärte: »Wir wollen keinen Bürgerkrieg, keine Trennung der Stämme. Wir wollen Recht. Die Verfassung hat uns nach schweren Kämpfen Recht gegeben. Wir wollen Frieden. Recht soll vor Gewalt gehen. Wir wollen Freiheit. Recht soll uns die Freiheit bringen. Wir wollen Einigkeit. Recht soll uns einig zusammenhalten. So soll die Verfassung uns Einigkeit, Recht und Freiheit gewährleisten. Einigkeit und Recht und Freiheit! – dieser Dreiklang aus dem Liede des Dichters gab in Zeiten innerer Zersplitterung und Unterdrückung der Sehnsucht aller Deutschen Ausdruck; er soll auch jetzt unseren harten Weg zu einer besseren Zukunft begleiten … es soll auch nicht dienen als Ausdruck nationalistischer Überhebung. Aber so wie einst der Dichter, so lieben wir heute ›Deutschland über alles‹. In Erfüllung seiner Sehnsucht soll unter den schwarz-rot-goldenen Farben der Sang von Einigkeit und Recht und Freiheit der festliche Ausdruck unserer vaterländischen Gefühle sein.«

Friedrich Ebert hatte also damals schon insbesondere die dritte Strophe im Auge, während sehr bald die Nazis nur die erste Strophe in einer militärischen Rhythmik singen und spielen ließen und seit dem 30. Januar 1933 stets in Verbindung mit dem Horst-Wessel-Lied:

> Die Fahne hoch! Die Reihen fest geschlossen.
> SA marschiert mit ruhig festem Schritt.
> Kam'raden, die Rotfront und Reaktion erschossen,
> Marschieren im Geist in unseren Reihen mit.

Der Alliierte Kontrollrat hatte das Singen des »Deutschland-Liedes« 1945 untersagt, weil man darin einen Ausdruck des deutschen Ungeistes sah. Bei den Deutschen selbst war dieses Lied nach der Katastrophe dennoch populär geblieben. In den Debatten um eine Nationalhymne für die Bundesrepublik Deutschland unterlag schließlich Bundespräsident Theodor Heuss Kanzler Konrad Adenauer. Bei staatlichen Anlässen wurde seit 1952 wieder die dritte Strophe von Hoffmann von Fallersleben gesungen. Freilich wurde dabei stets die schwarz-rot-goldene Fahne gehisst.

In der DDR stellte sich die Frage nach einer möglichen Übernahme dieses Liedes überhaupt nicht. Dort wurde Johannes R. Bechers Text »Auferstanden aus Ruinen ...« mit der Musik von Eisler zur Hymne bestimmt. Die Schwülstigkeit des Textes wie der Melodie fanden durchaus Annahme, gaben sie doch ein verbreitetes Lebensgefühl wieder: Die Trümmer liegen hinter uns, und wir gehen mit Optimismus an die Gestaltung einer neuen Gesellschaft, in der »nie mehr eine Mutter ihren Sohne beweint«. Allerdings ließ sich das Bekenntnis »Deutschland, einig Vaterland« mit dem Mauerbau und der Zweistaatentheorie als endgültiger Lösung der deutschen Frage nicht vereinbaren. Der Text wurde deshalb seit Anfang der siebziger Jahre nicht mehr gesungen.

Die Mehrheit der Bundesbürger kann sich heute mit der dritten Strophe des »Deutschland-Liedes« identifizieren, selbst wenn diese Mehrheit den Text nicht mehr sicher beherrscht. Bei einigen emotional besetzten Anlässen, vor allem, als sie bei der Fußball-Weltmeisterschaft 1990 gespielt wurde, klang für deutsche Siege immer noch die erste Strophe mit.

Brechts »Kinderhymne« entstand 1950 als Gegenlied zum Deutschlandlied und trug zunächst den Titel »Hymne« oder »Festlied«. Der anspielungsreiche Text ist von einem völkerverbindenden Pathos geprägt, ohne die Liebe zum eigenen Land zu verleugnen. »Deutschland, Deutschland über alles« setzt er das nüchterne »ein gutes Deutschland« oder »ein gutes Land« entgegen, dem er durchaus Blühen wünscht, aber zugleich wird unmissverständlich betont, wie Deutschland sich künftig im Konzert der Völker verhalten wolle.

> Und nicht über und nicht unter
> Anderen Völkern woll'n wir sein
> ...
> Und das Liebste mag's uns scheinen
> so wie andern Völkern ihrs.

Jeder mag das eigene Land für das liebste halten. Bundespräsident Johannes Rau hatte immer wieder eine eingängige Formel wiederholt: »Patriot ist einer, der sein Vaterland liebt; Nationalist ist einer, der andere verachtet.«

In seiner politischen Nüchternheit setzt sich Brechts Text zugleich von der Schwülstigkeit des Becher'schen Textes ab. Brecht gelingt es, die leidvollen Erfahrungen anderer Völker in die eigene Nationalhymne zu integrieren.

> Dass die Völker nicht erbleichen
> wie vor einer Räuberin.

Eine politische Utopie schließt er unmittelbar an:

> sondern ihre Hände reichen
> Uns wie anderen Völkern hin.

Und – 1950! – die politisch bejahte Entscheidung über die künftigen deutschen Nachkriegsgrenzen, statt Elbe bis Memel:

> Von der See bis zu den Alpen
> von der Oder bis zum Rhein.

Schließlich sei auf den nicht so eingängigen Eingangsdoppelvers verwiesen, in dem er Leidenschaft *und* Verstand, Anmut *und* Mühe zusammenzubringen versteht; daran soll man wahrlich nicht sparen, aber eben mit *Leidenschaft und Verstand*, mit *Verstand und Leidenschaft*.

Es täte unserer Nation im vereinten Europa gut, wenn wir diesen Brecht'schen Text mit voller innerer Überzeugung künftig singen könnten!

Wer mit offenen Augen durch Deutschland fährt und sich eine Empfindung für die Schönheit bewahrt hat, kann nur staunen, in welch einem wunderschönen Land wir leben, und mag sich blinzelnd vorstellen, wie es aussähe, hätten wir nicht diesen furchtbaren Krieg vom Zaune gebrochen.

Es entbehrt nicht einer gewissen Ironie, dass ein kleiner Vers, den ich 1983 formuliert und in den Schaukasten des Lutherhauses in Wittenberg gehängt hatte, sofort für Wirbel sorgte und zu einer Demarche des Abteilungsleiters für Kirchenfragen führte:

Entweder dieser Text kommt sofort raus oder der Schaukasten kommt ab.

In Kinderliedmanier hatte ich damals für meine Freunde zum Jahreswechsel geschrieben

> Lieb dein Land.
> Brich die Wand.
> Verbind das Leid.
> Such, was eint.
> Und sag es weiter.

»Lieb dein Land« war die trotzige Behauptung, dass dieses Land *unser* Land, nicht das Land der nicht legitimierten Kommunisten ist, dass man es nicht verlässt, weil es liebenswert ist und weil man es jenen nicht überlassen will, die es – mit einer sogenannten »historischen Gesetzmäßigkeit« folgenden Politik – für sich beanspruchen.

»Brich die Wand« interpretierte die Staatsmacht sofort als Aufforderung, die Mauer, jenen »Antifaschistischen Schutzwall«, zu durchbrechen. Natürlich! 1983! Ich hatte alle zwischen Menschen, Parteien und Ideologien, aber auch zwischen Völkern und Blöcken aufgerichteten Wände im Sinn gehabt. Wir hatten in jenem Jahr den Vers »Mit meinem Gott kann ich über Mauern springen« (Psalm 18,30) erst entdeckt.

»Verbind das Leid« zielte auf die Versöhnung zwischen Verfeindeten, auf die Sorge um Leidtragende in einer Zeit, in einer Gesellschaft, in der *einen* Welt.

»Such, was eint«, wurde von den Zensoren sofort als Aufforderung, nach der deutschen Einheit zu streben, verstanden. Sicher war dies von mir auch intendiert, aber nicht an erster Stelle. Vor allem sollten die Worte als Aufruf verstanden werden, die sogenannten »antagonistischen Widersprüche« nicht hinzunehmen, das Einende und nicht das Trennende zu suchen.

Mein schönstes deutsches Wort

Sein Vater-Land zu lieben heißt auch, seine Mutter-Sprache zu lieben. Unsere schöne deutsche Sprache verdient und braucht Pflege. Sie droht zu verarmen; Schönes, Tiefes, Wunderbares, Begeisterndes, Bereicherndes, Berührendes, Erheiterndes, Köstliches, Erhabenes, Aufrüttelndes und zu Herzen Gehendes wird z.B. weithin auf »cool«, »total gut« oder gar »geil« reduziert.

Die vom Goethe-Institut initiierte Suche nach dem »Schönsten deutschen Wort« war – so absurd das auf den ersten Blick erscheint – ein wertvoller Beitrag zur Sprachpflege und zum Bewusstwerden vieler Muttersprachler für das Schöne, Reiche und Klangvolle unserer Sprache.

Auf meiner Suche nach dem schönsten deutschen Wort habe ich beide Hände voll zu tun; körbeweise sammle ich sie ein.

Worte ziehen Worte nach sich, an sich, zu sich. Worte stiften Sinn und entfalten sich im Gesang der Sprache. Ich wäge sie, werfe sie in die Luft, sitze staunend vor ihnen, murmele sie vor mich hin, höre ihnen nach, betaste sie rundum, ergründe ihren Ursprung. Und dann kaue ich sie. Jedes für sich. Ja, sie schmecken, je länger ich sie kaue, richtig durchkaue. Da erschließen sie mir ihre Geschmacksbreite. Welch ein Reichtum an Konnotationen tut sich auf (so nennen das die Sprachwissenschaftler).

Ich beginne mit dem Wort »Du«. Du. Du. Du. Martin Buber hat eine ganze Philosophie um diese zwei Buchstaben gebaut. Dialogisches Prinzip nennt er das.

Was wäre Ich ohne das Wort Du. Was ohne *mein* Du und was ohne *dein* Du?

Die zusammengesetzten Worte haben es mir angetan, jene in andere Sprachen kaum übersetzbaren Doppel-Dreifach-Vierfach-Dingworte. Vom Heideröslein über das Fahrrad bis zum Friedensreich. Der Augenblick, die Himmelsschlüssel, das Ährenfeld. Der Honigmund, der Handkuss, das Briefgeheimnis, auch die Herzenswärme samt Verstandeskühle. Die Tiefenschärfe, der Grundton, der Mutterboden. Das Sonnenlichtflimmern, das

Weihnachtsbaumschmuckkästchen, die Erntewagenleitersprosse. Verschwiegen seien nicht die bürokratischen Ungeheuer wie die Arbeitsunfähigkeitsbescheinigung, die Lernmittelkostenentlastungsverordnung, das Aufenthaltsgenehmigungsformular und der Eierschalensollbruchstellenverursacher.

Mein liebstes Wort ist *Freimut.* Eindeutig. Der Mut zur Freiheit. Die unbefangene Offenheit. Die überwundene Angst. Das geläuterte Selbstbewusstsein. Freimut, flankiert von Demut und Sanftmut. Jedenfalls der Mut, man selbst zu sein, unermüdlich zu trotzen ohne Trotz.

Frei-Mut = befreiender Mut und befreiter Mut. Ein Wort, das ich brauche – täglich wieder! –, das sich nicht abnutzt, an dem ich mich aufrichte, jetzt, da ich es ausspreche.

Und dann laufe ich durch meine Alltage: Im Frühlingsrauschen, durch die Sommerfrische, bis zur Herbstfärbung und in die Wintergrüne.

Ich komme wieder an im Augen-Blick und gewinne Frei-Mut.

Christlicher Patriotismus

Die Inschrift »Für Gott und Vaterland« findet sich auf vielen alten Kriegerdenkmälern. Die Symbiose von Volk Gottes und Volk hatte nicht nur in deutscher Tradition verheerende Wirkungen. Kirche wollte Volkskirche sein. Und Christen teilten die Verblendung der großen Mehrheit der Deutschen, als die Wertschätzung des eigenen Volkes ins Völkische abglitt. Aus der biblischen Trias »ein Gott, ein Glaube, eine Taufe« konnte gar politisch »ein Volk, ein Reich, ein Führer« werden.

Patriot zu sein hieß lange Zeit, alle Kräfte für sein Vaterland in Gehorsam gegen die jeweilige Obrigkeit einzusetzen, öfter auch, eine Höherstellung des Deutschen zu beanspruchen. In Deutschland ist Patriotismus – abgesehen von den Befreiungskriegen gegen Napoleon – zunächst an die vielen größeren oder kleinen Königreiche, Kurfürstentümer oder Herzogtümer gebunden gewesen, also an Bayern, Sachsen, Hessen, Preußen etc.

Einen großen, bisweilen mythisch überhöhten nationalistischen Schub erfuhr Deutschland, als das deutsche Kaiserreich nach dem Sieg über Frankreich mit »Blut und Eisen« neu gegründet wurde.

Unsere Kirchen feierten bis 1918 stets feierlich den Sedan-Tag, den Tag *deutschen* Sieges und *französischer* Niederlage. Von der Reichsgründung in seiner kleindeutschen Variante her datiert der verheerende Nationalismus des 19. Jahrhunderts, verbunden mit der Abwertung anderer Nationen – bis hin zur rassistisch-nationalistisch-chauvinistischen Ideologie des Nationalsozialismus.

Wir Deutsche können und dürfen nicht mehr von dem Zivilisationsbruch, der von unserem Volk ausgegangen ist, absehen. Die Erinnerung an das sogenannte »Tausendjährige Reich« und seine Verbrechen darf jedoch nicht »alles Deutsche« diskreditieren. Wir können uns mit guten Gründen auf positive deutsche Traditionen zurückbesinnen. Wer sich redlich erinnert und Mitverantwortung für die Vergangenheit nicht abschiebt, wird positiv von unserem Volk reden und sich mit einer bestimmten Dankbarkeit, ja vielleicht auch mit »Nationalstolz« auf deutschstämmige Persönlichkeiten beziehen, die Großes für unser Volk und für die Menschheit geleistet und das Weltkulturerbe bereichert haben. Ich nenne hier nur wenige Beispiele: die Musik von Bach und Brahms, die Dichtkunst Goethes und Heines, Thomas Manns und Bert Brechts, die Entdeckungen Wilhelm Röntgens oder Max Plancks.

Ein geläuterter Patriotismus tut Menschen gut. *Solange* man die anderen Völker achtet und ihnen zugesteht, dass auch sie stolz auf ihre Heimat sind, bedeutet Patriotismus nichts anderes als positive Verankerung in einer Herkunft, die Besonderheit und Einmaligkeit des eigenen Volkes zu erkennen und Respekt oder gar Bewunderung für die anderen aufzubringen.

Patriot ist, wer alles dafür tut, Krieg von seinem Vaterland abzuwenden und den Krieg gegen andere Vaterländer zu verhindern. Patriot ist, wer sich stets aller patriotisch-militärischen Stimmung verweigert, die im Konfliktfalle stets zu bedrohlicher

Gleichschaltung des Denkens und Fühlens ausartet – eben auch in freien, demokratisch verfassten Nationen.

Der Prophet Jesaja warnte vor all jenen, die nicht sehen *wollen*, obwohl sie sehen *können*, und die nur hören wollen, was angenehm ist, all das schauen, was das Herz begehrt (Jesaja 30, 10). Statt sich innerlich auf Frieden vorzubereiten und mit innerster Kraft auf Frieden hinzu*wirken* und zu *hoffen*, sagen sie: »Nein, sondern auf Rossen wollen wir dahin*fliegen*.« Da prophezeit ihnen der Prophet: »darum werdet ihr dahin*fliehen*. Da sie sagen: »Und auf *Rennern* wollen wir reiten«, prophezeit er ihnen: »Darum werden euch eure Verfolger über*rennen*.«

Patriot ist einer, der sich zunächst für das Wohl seines Landes einsetzt, der gleichzeitig als Internationalist in der *einen* Welt darauf hinwirkt, dass Artikel 1 des Grundgesetzes für alle Menschen in der Welt gelten möge. »Die Würde des Menschen ist unantastbar.« Auch wem eine europäische oder weltbürgerliche Perspektive wichtiger ist, der wird seine Herkunft nicht leugnen, sondern sie in Größeres einbringen.

Erst recht sollte das für Christen gelten. Denn in Christus sind sie alle eins, nicht mehr Jude oder Grieche, Sklave oder Freier, Mann oder Frau. Christen sind in diesem Sinne ganz Universalisten, keine Patrioten, für die Nation oder gar Blutsbande entscheidend wären – doch immer mit dem Vorbehalt: »Wir haben hier keine bleibende Stadt, sondern die zukünftige suchen wir.« (Hebräer 13, 12–14) Das Reich Gottes bleibt eine alle menschlichen Reiche, Nationen oder Herkünfte transzendierende Größe. Das meint Ökumene!

Mitglieder der Bekennenden Kirche – voran Dietrich Bonhoeffer – stellten die Rechtmäßigkeit des Eroberungs- und Vernichtungskrieges des Naziregimes infrage. Doch Frieden höher zu schätzen (und dem Krieg selber den Krieg zu erklären) als das Vaterland, das im Krieg steht und jeden Mann brauche, dazu verstanden sich nur ganz wenige, einzelne Christen. Bereits 1934 hatte Dietrich Bonhoeffer formuliert: »Friede soll sein, weil Christus in der Welt ist. Die Kirche Jesu Christi lebt zugleich in allen Völkern, doch jenseits aller Grenzen völkischer, politischer, sozialer, rassischer Art...« Ein Konzil des Friedens solle »den Frieden Christi aus[zu]rufen über die rasende Welt.« Das war Bonhoeffers Stimme gegen eine völkisch-nationalistisch verirrte Kirche. Er entwickelte einen *Patriotismus des Widerstandes*. Er stellte die jahrhundertealten Theorien des sogenannten gerechten Krieges infrage und warf fast als Erster (seit der Zeit Kirchenvaters Tertullian im 2. Jahrhundert) die Frage nach der Wehrdienstverweigerung aus dem Geist Christi auf, so, wie das die Quäker jahrhundertelang getan hatten.

Niederlage – Befreiung – Neubeginn

Der 8. Mai 1945 ist ein großer und zugleich tragischer Tag für unser Volk – alles in allem ein glücklicher Tag der deutschen Geschichte, weil er das Ende unseres dunkelsten Kapitels bedeutete. Unsere schönen Städte in Schutt und Asche, unsere deutschen Tugenden so missbraucht, das Denken der großen Mehrheit so nazifiziert. Das Leid, das wir anderen zugefügt hatten, war auf uns zurückgeschlagen. Durch eine demütigende Niederlage waren wir als Volk gezwungen, den unvorstellbaren Verbrechen ins Auge zu sehen, die von uns ausgegangen waren. Aber wir bekamen die Chance zu einem Neubeginn. Und wir haben sie genutzt. Heute sind wir als demokratischer Staat wieder *Teil der Völkergemeinschaft*.

Zweimal musste die bedingungslose Kapitulation unterschrieben werden – am 7. Mai '45 in Reims und am 8. Mai in Berlin-Karlshorst. Vierzig Jahre blieb unser Land geteilt. Wir tragen noch an den Folgen dieser Trennung. Aber was ist das im Vergleich zu dem, was wir überwunden haben?!

Der 8. Mai 1945 wurde in der DDR offiziell als »Tag der Befreiung« bezeichnet; dieser Tag war bis 1974 sogar ein Feiertag. Unter sich sprachen die Menschen meist von »Zusammenbruch«. In der SBZ klang »Befreiung« angesichts der Reparationen ironisch.

In der Bundesrepublik hatte der 8. Mai lange die Konnotation von Kriegsende, Niederlage, »Stunde null«, Untergang des deutschen Nationalstaates, bis Richard von Weizsäcker 1985 klare Worte fand, die unsere Erinnerungskultur in West und Ost nachhaltig prägten: »Der 8. Mai war ein Tag der Befreiung. Niemand wird um dieser Befreiung willen vergessen, welche schweren Leiden für viele Menschen mit dem 8. Mai erst begannen und danach folgten. Aber wir dürfen nicht im Ende des Krieges die Ursache für Flucht, Vertreibung und Unfreiheit sehen. Sie liegt vielmehr in seinem Anfang und im Beginn jener Gewaltherrschaft, die zum Kriege führte. Wir dürfen den 8. Mai 1945 nicht vom 30. Januar 1933 trennen ... Wir alle, ob schuldig oder nicht, ob alt oder jung, müssen Vergangenheit annehmen. Wir alle sind von ihren Folgen betroffen und für sie in Haftung genommen. Jüngere und Ältere müssen und können sich gegenseitig helfen zu verstehen, warum es lebenswichtig ist, die Erinnerung wachzuhalten. Wir können des 8. Mai nicht gedenken, ohne uns bewusst zu machen, welche Überwindung die Bereitschaft zur Aussöhnung den ehemaligen Feinden abverlangte. Es gab keine ›Stunde null‹, aber wir hatten die Chance zu einem Neubeginn. Wir lernen aus unserer eigenen Geschichte, wozu der Mensch fähig ist.«

Bereits im Januar 1940, als alle deutschen Städte noch heil waren und die berauschenden Siege der Wehrmacht noch bevorstanden, fragte sich Thomas Mann, was aus Deutschland nach Kriegsende werden würde. Es sei unmöglich, zwischen bösen Nazis und guten Deutschen zu unterscheiden. »Das unselige deutsche Volk wird mit all seiner Intelligenz und Lebenskraft« für das Regime kämpfen und »nicht von ihm loslassen, ehe ihm selbst der Atem ausgeht«. Thomas Mann sollte Recht behalten.

Der britische Außenminister Eden erklärte im Mai 1942: »Die Wurzeln des deutschen Militarismus müssen zerstört werden, und zwar durch die Deutschen selber. Je eher umso besser. Solange sich die Deutschen nicht selbst vom deutschen Militarismus befreit haben, so lange werden die Engländer und ihre

Verbündeten unter Waffen bleiben, um einen Dritten Weltkrieg zu verhindern ... Deutschland könnte morgen Frieden haben, wenn es sich selbst von Hitler und dem Militarismus befreit – einen Frieden in Freiheit und in Gerechtigkeit.«

Das Naziregime hielt bis zuletzt an der perversen Demagogie vom zu verteidigenden »Abendland« fest. Am 18. April '45 hieß es im »Völkischen Beobachter« angesichts der Offensive der Roten Armee an der Oder: »Im Osten entscheidet sich deshalb in diesen Tagen oder Wochen unerbittlich und unwiderruflich das Geschick des Abendlandes. Hier kämpft Europa in einer Front mit allen seinen großen Geistern der Vergangenheit. Hier steht das antike Griechenland wieder bei den Thermopylen und bei Salamis in seinem Entscheidungskampf gegen den persischen Osten. Hier steht Rom wieder gegen die orientalische Welt Karthagos auf. Hier kämpft das Europa der Völkerwanderung gegen den Hunnensturm ...«

Welche furchtbaren Kämpfe wurden noch auf den Seelower Höhen und in Berlin geführt, bei denen 300 000 Sowjetsoldaten ihr Leben lassen mussten. Und in Halbe liegen abertausende deutsche Soldaten begraben. Heute ist dieser Ort ein bevorzugter Anlaufpunkt für Neonazis und Ewiggestrige.

Wir Deutschen mussten als Land und Volk besiegt werden. Deutschland wurde besetzt – zu seinem eigenen Vorteil. Wir mussten sowohl der Niederlage wie den Verbrechen ins Auge sehen, die von Deutschen und in deutschem Namen angerichtet worden waren, in ganz Europa.

In der US-Direktive JCS 1067 steht: »Deutschland wird nicht besetzt zum Zwecke seiner Befreiung, sondern als ein besiegter Feindstaat. Ihr Ziel ist nicht die Unterdrückung, sondern die Besetzung Deutschlands, um alliierte Absichten zu verwirklichen. Das Hauptziel der Alliierten ist es, Deutschland daran zu hindern, je wieder eine Bedrohung zu werden.«

Das wurde erreicht – im Verlauf von Jahrzehnten.

Wer vom 8. Mai 1945 spricht, muss sich zuallererst der schmerzhaften Tatsache stellen, dass sechs Millionen jüdische Deutsche und europäische Juden fabrikmäßig vernichtet wurden.

Und er muss von den ungeheuren Opfern sprechen, die die Völker gebracht haben, etwa die Polen und die Völker, die zur damaligen Sowjetunion gehört haben.

Man kann nicht über den 8. Mai und seine Folgen nachdenken, ohne sich zu erinnern, welche Rassenideologie, welche »Volk-ohne-Raum«-Demagogie das NS-System verbreitete. Am »deutschen Wesen« sollte die Welt genesen, und die Volksgemeinschaft hat »den Führer« in einer totalitären, politischen Unio mystica bedrohlich-rauschhaft vergötzt. Es bleibt schwer begreiflich, wie unser Volk so verblendet sein konnte und das Regime bis zum Schluss begeistert oder abgeduckt-angstvoll mitgetragen und mit »Tapferkeit vor dem Feind« bis zuletzt verteidigt hat. Viele jüdische Deutsche hatten sich einfach nicht vorstellen können, dass dieses Volk, zu dem Bach und Beethoven, Mozart und Brahms, Schiller und Goethe, Herder, Fontane und Thomas Mann, Kant und Hegel gehören, zu einem solchen Zivilisationsbruch kommen konnte. Wie auch?

Die meisten Deutschen hatten sich vom Nazismus infizieren lassen. (Wer wollte im Juni 1940 beim Fall von Paris nicht »patriotisch« empfinden?!) Einige behielten Klarsicht und Einsicht, Mitgefühl und Mut – wie Sophie und Hans Scholl, wie Georg Elser, Dietrich Bonhoeffer und Propst Lichtenberg, wie der Kreisauer Kreis und die »Rote Kapelle«, wie Graf Stauffenberg und Graf Schwerin … und jene, die keinen großen Namen haben, wie z. B. die Märtyrer, an deren Schicksale in der Kapelle in Xanten erinnert wird. Diese wenigen Widerständler müssen uns nicht als Ikonen, schon gar nicht als Selbstrechtfertigung, sondern als eine Verpflichtung wichtig bleiben – uns als einer Nation, von der Goethe einmal (ausgerechnet während der Zeit der Preußischen Freiheitskriege) notierte: »Ich habe oft einen bitteren Schmerz empfunden bei dem Gedanken an das deutsche Volk, das so achtbar im Einzelnen und so miserabel im Ganzen ist.«

Jeder kann dazu beitragen, dass man diesen Satz umkehrt: Die Deutschen sind im Ganzen achtbar, auch wenn es im Einzelnen miserable Leute gibt. Wie überall.

Freilich muss auch gesagt werden, welche Opfer der von Deutschen angezettelte Krieg Deutsche gekostet hat. Viele hatten alles verloren – 12 Millionen Ostpreußen, Pommern, Schlesier, Sudentendeutsche gar ihre Heimat. Eine Bauernfamilie aus Schlesien, die für den Überfall auf Polen mit dem Verlust ihrer Heimat büßte, wird von dem sprechen, was sie erlebt und erlitten hat. Viele deutsche Frauen wurden von verrohter Soldateska vergewaltigt; ihnen wurde es verständlicherweise nie möglich, vom 8. Mai als einem »Tag der Befreiung« zu sprechen. Aber mit dem Ende des Krieges konnte die Rückkehr Deutschlands in den Kreis der zivilisierten Nationen beginnen.

Wer individuell leiden muss, ohne besondere persönliche Schuld zu haben, wen das Schicksal einfach hart trifft, dem sind historische Prozesse, deren Teil er ist, nur schwer nahezubringen. Die »Entnazifizierung« erwies sich als schwierig (obwohl sich die Deutschen westlich wie östlich ihren Schutzmächten gegenüber schnell sehr gelehrig zeigten). Das zerstörte Land zwang zu äußerster Anstrengung beim Wiederaufbau, und diese Anstrengung befreite weithin vom Nachdenken über sich selbst:

Warum konnten wir diesem verbrecherischen Wahnsinn nicht selbst Einhalt gebieten? Wollten die Deutschen nichts wissen, weil Wissen zu gefährlich war, oder hat man einfach weggehört und wegsehen wollen? Ich will über niemanden richten – aber um der Zukunft willen müssen solche Fragen gestellt werden.

Diese Fragen lasten weiter auf uns. Wir können letztlich nur froh sein, dass wir nicht einen abgemilderten Faschismus ohne Hitler bekommen haben und nach der bedingungslosen Niederlage einen Neuanfang wagen konnten.

War es nicht alles in allem eine großartige Integrationsleistung der deutschen Nachkriegsgesellschaft in Ost und West, Millionen Flüchtlinge aus den ehemaligen Ostgebieten aufzunehmen, sie im ganzen Land anzusiedeln, statt sie in Dauerlager zu pferchen? Es musste überall Platz für sie geschaffen werden, das ging nicht ohne Konflikte und Druck. Aber was wäre geworden, wenn man sie in Wartelager gesteckt hätte, Flüchtlingsghettos – also in deutsche »Gazastreifen« an der Oder oder an der Weser?

All das kommt wieder hoch, wenn wir jährlich an den 8. Mai zurückdenken. Die Freude der aus den KZs Befreiten ist sogleich Quelle der Scham für die, in deren Land und von deren Mitbürgern solche KZs als Vernichtungslager betrieben wurden. Das Leid ist von niemandem zu ermessen – und die Verbrechen bleiben unbegreiflich und unverzeihlich.

Der 8. Mai wurde ein *Tag der befreienden Niederlage*, auch wenn nun viele Deutsche für etwas büßen mussten, das sie nicht persönlich verschuldet hatten, auch wenn das Leiden so unbegreiflich ungleich verteilt wurde. Ein unempfindsames »Schicksal« schlug zu, während andere schnell (wieder) oben waren. (Wohl zehnmal habe ich den Film »Wir Wunderkinder« gesehen – eine entsprechend selbstkritische Sicht gab es aus der DDR damals nicht, Humor schon gar nicht.)

Ich denke besonders an alle, die aus ihrer Heimat vertrieben worden waren, und an alle, die im Bombenterror gegen unsere Städte umkamen oder alles verloren, was ihnen lieb und teuer gewesen war. Ich denke auch an alle, die ohne besondere persönliche Schuld in die Lager der GPU gepfercht wurden und dort Ähnliches erleiden mussten wie diejenigen, die gerade aus den KZs, den deutschen Vernichtungslagern, befreit worden waren. Und dennoch war das nicht »dasselbe«, wie es jetzt häufiger aufrechnend-selbstentschuldigend klingt, bis man vorrangig von den »deutschen Opfern« spricht und die »Täterperspektive« sich in der Erinnerung ganz nach vorn schiebt. Man denke an den Erfolg des Films »Der Untergang« mit Bruno Ganz im Unterschied zur schwachen Resonanz auf den beeindruckenden Dachau-Film »Der Neunte Tag« mit Ulrich Matthes.

Wir können es den westlichen Siegermächten nicht hoch genug anrechnen, dass sie die Fehler von Versailles nicht wiederholt haben, dass sie Deutschland nicht auf ewig zerstückelten, dass sie Deutschland nicht nach Morgenthaus Plänen deindustrialisierten, sondern den (West-)Deutschen halfen, die Demokratie aufzubauen, ein demokratisches Bewusstsein herauszubilden, verbunden mit einer enormen materiellen Hilfe, dem *Marshall-Plan* als ökonomisches Aufbau- und Anschubprogramm, das Deutschland ökonomisch und damit auch den Einzelnen sozial wieder nach oben brachte.

Für mich bleibt es ein Wunder, mit wie wenig Hass uns die Polen begegnet sind oder wie viel Zutrauen uns überlebende Juden – oder Nachkommen unserer jüdischen Mitbürger – entgegenbringen. Es bleibt ein großes Geschenk, dass die sogenannte Erbfeindschaft mit Frankreich überwunden ist, dass *Versöhnung* mit Israel ansatzweise möglich wurde – dass Bundespräsident Johannes Rau und nun auch Horst Köhler vor der Knesseth reden durften.

Im Osten versuchte die Siegermacht einerseits ihr *Sowjetsystem* auf das Ursprungsland kommunistischer Ideen zu übertragen, ein ganz »neues Kapitel« der Welt- und der deutschen Geschichte aufzuschlagen, die Kräfte des »Militarismus, des Revanchismus, des Rassismus« mit Stumpf und Stil zu beseitigen und alle ehemaligen Machteliten abzulösen. »Alte Nazis« gab es offiziell bald nur noch im Westen.

Ich habe in meiner Kindheit erlebt, mit welchen Opfern die »sozialistische Umgestaltung« verbunden war; aber ich habe auch nicht vergessen, mit wie viel Begeisterung viele einfache Leute – auch die sogenannten Umsiedler – nun eine neue Gesellschaft aufbauen wollten, in der es keine »Ausbeutung des Menschen durch den Menschen« mehr geben sollte und wo das Volk über die Produktionsmittel bestimmen sollte und konnte. (Dass dabei ein regider Staatssozialismus herauskam, dämmerte vielen erst allmählich.) Ich weiß ebenso genau – als ein Staatsfeind von Kindheit an –, was die »*Diktatur des Proletariats*« und fortdauernder Klassenkampf für die Insassen der 28 Jahre eingemauerten DDR bedeutete. Ich kann und will trotzdem nicht nachträglich vielen daran beteiligten Ostbürgern, also den Sozialisten, ihre Ideale absprechen. Aus diesen Idealen erwuchs ein bestimmter – auch falscher und blinder – Enthusiasmus, der unter Führung der Partei mit einem geradezu »katholischen« Wahrheits- und Alleinvertretungsanspruch nicht wenige Menschen ergriff, die fest glaubten, sie würden ein wirklich »neues Deutschland« aufbauen.

Wollen wir uns daran überhaupt noch immer und immer wieder erinnern, etwas auf unsere Seele laden, was wir sowieso nicht mehr ändern können und was wir selbst ja auch nicht verschuldet haben? Dazu schrieb im November 1952 Bertolt Brecht: »Das Gedächtnis der Menschheit für erduldete Leiden ist erstaunlich kurz. Ihre Vorstellungsgabe für kommende Leiden ist fast noch geringer. Die weltweiten Schrecken der 40er Jahre scheinen vergessen. Der Regen von gestern macht uns nicht nass, sagen viele. Diese Abgestumpftheit ist es, die wir zu bekämpfen haben, ihr äußerster Grad ist der Tod. Allzu viele kommen uns schon heute vor wie Tote, wie Leute, die schon hinter sich haben, was sie noch vor sich haben, so wenig tun sie dagegen. Und doch wird nichts mich davon überzeugen, dass es aussichtslos ist, der Vernunft gegen ihre Feinde beizustehen. Lasst uns das tausendmal Gesagte immer wieder sagen, damit es nicht einmal zu wenig gesagt wurde! Lasst uns die Warnungen erneuern, und wenn sie schon wie Asche in unserem Mund sind.«

Ja, lasst es uns nicht einmal zu wenig sagen, und lasst uns die Warnungen erneuern, ohne zu verharmlosen und ohne zu übertreiben.

So wie es für die überlebenden Juden zu ihrer Identitätsbildung gehört, dass sie immer vom Holocaust erzählen, so werden wir Deutschen wohl um unserer selbst willen in absehbarer Zeit nicht darauf verzichten dürfen, mit unserem Deutschsein auch immer Auschwitz, Majdanek, Buchenwald und Bergen-Belsen zu verbinden bzw. uns klarzumachen, dass *beides* in uns steckte und zur Wirkung kam: der Geist von Weimar – Goethe, Schiller, Wieland und Herder – und der Geist des Gau-Forums, der Baracken Buchenwalds – hinter dem Buchen-Wald.

Wir Deutschen werden beides im Blick behalten müssen, wollen wir als ein stabilisierender Faktor für die Demokratie und Menschenrechte in der Welt wirken – ohne erneute Selbstüberhebung. Wir brauchen in besonderer Weise Erinnerungskultur, allerdings ohne allen weiteren Generationen einen Dauerschuldkomplex aufzuladen. Das können sich stets die Falschen zunutze machen, die inzwischen vom »Bombenholocaust« reden, wenn es um die Erinnerung an den 13. Februar 1945 in Dresden geht. Die NPD-Jugend wollte am 8. Mai 2005 Plakate mit der Aufschrift tragen »60 Jahre Befreiungslüge – Schluss mit dem Schuldkult«.

Aber nicht nur für Leugner oder Verharmloser deutscher Kriegsschuld bleibt es immer noch schwer zu akzeptieren, was der britische Historiker Frederik Taylor 2005 über Dresden sagt: »Ich denke, dass Dresden ein legitimes Ziel war ... In Dresden haben die Bomber nicht die Industrie anvisiert, das Ziel war die Stadt, deren Funktionsfähigkeit ausgelöscht werden sollte. Die Bombardierung war moralisch verwerflich – aber ich bezweifle, dass sie völlig ungerechtfertigt war.«

Churchill wollte im März 1945 die Bombardements einstellen, aber, so Taylor, »die Militärs wollten nicht. Das widersprach ihrer Logik. Sie wollten auf die Möglichkeiten des Flächenbombardements nicht verzichten.« Der Krieg erzeugt und vollstreckt stets seine eigene schreckliche Logik.

Wir werden von einer Verantwortung der Deutschen sprechen müssen, die mit dem Namen »deutsch« und auch mit unserer wunderbaren Sprache auf immer verbunden bleibt.

Es gibt bestimmte Worte und Wortkombinationen, die sich ins Bewusstsein eingeprägt haben und die wir aktiv bekämpfen müssen. Zum Beispiel »Führer befiehl, wir folgen.« Was war das für eine Lebenshaltung? Auch dafür gilt: »Nie wieder!«

Unsere Nachbarn und die Völker der Welt bitten wir, sich dem zu stellen, was in ihrer Geschichte versäumt oder auch verbrochen wurde – freilich ohne jeden Aufrechnungsgedanken.

Vorurteile sind wieder weckbar. Immer wieder lassen sich alte Antistimmungen reaktivieren. Daher müssen wir die Gründe auch für fortwährenden Antisemitismus erforschen. Als Einzelne wie als Nation bleiben wir gefordert, stets vor uns selbst auf der Hut zu sein und zu bleiben. Die Geschichte ist unsere Lehrmeisterin – im Guten wie im Bösen.

Wir Europäer können uns glücklich schätzen, dass wir jetzt in der Europäischen Gemeinschaft miteinander leben und keiner irgendeinen Kriegsgedanken hat. Aber wenn *BILD* titelt »Wir sind Papst«, dann reagiert *SUN* mit der Schlagzeile »Er war Hitlerjunge«. Und am nächsten Tag titelt *BILD* »Wir auch« und nennt die Namen prominenter ehemaliger Hitlerjungen. Das klingt dann wie Stolz, wie etwas, das auch nachträglich als »normal« gelten kann.

Susan Sontag, die große amerikanische Intellektuelle, Friedenspreisträgerin des Deutschen Buchhandels 2003, mahnte: »Menschen sind imstande, dies hier anderen anzutun – vielleicht sogar freiwillig, begeistert, selbstgerecht. Vergessen wir das nicht.« Was nicht zu begreifen ist, bezeichnet Susan Sontag einfach mit der Formulierung »dies hier«. Uns ist es nach wie vor unmöglich, angemessen an Auschwitz zu erinnern. Da lauert stets *falsche Feierlichkeit*. Es bleibt unbegreiflich.

Zugleich darf jetzigen und künftigen Generationen nicht wieder eine Schuld aufgeladen werden, als ob alle Deutschen für alle Zeit etwas »wiedergutzumachen« hätten. Das bekäme Züge einer Dauerbüßerpose, die Rattenfänger sobald publikumswirksam als «Nationalmasochismus» etikettieren können.

Jeder Krieg entfaltet seine eigene *destruktive Logik*. Kein Beteiligter kann da unschuldig bleiben. Die Logik von Vernichtung und Zerstörung erfasst auch die, die zunächst Opfer von Verbrechen waren. Die Parole »Nie wieder Krieg« ist daher keine hohle Phrase. Wir Deutschen sollten immer besondere Anstrengungen unternehmen, um Frieden zu bewahren und Bedingungen für Frieden zu schaffen – in nationaler und internationaler Perspektive.

Kein Land soll vor uns jemals wieder Angst haben müssen. Ingeborg Bachmann mahnte uns zur »Tapferkeit vor dem Freund«. (Dies hatte sich auch gegenüber unseren amerikanischen Freunden und dem Irak-Desaster zu erweisen.)

Die Haut unserer Zivilisation ist dünn. Deshalb müssen wir alle auf der Hut sein, dass wir uns nicht wieder an Abgründe bringen oder andere in Abgründe stürzen.

Demokratie lebt, so lange es Demokraten gibt, die unser Grundgesetz ausfüllen. Demokratie braucht Teilnahme und Teilhabe aller auf der Grundlage von Artikel 1 unseres Grundgesetzes – gegen alles Autoritäre wie gegen alles Nationalistische.

Respekt gegenüber anderen Kulturen

Sieben Thesen zum Dialog hatte Pfarrer Gottfried Keller am 31. Oktober 1989 an die Rathaus-Tür in der Lutherstadt Wittenberg geheftet:

– Im Dialog wird der Gegner nicht als Feind, sondern als andersdenkender Partner angenommen.

– Im Dialog wird keine Machtfrage entschieden, sondern die Beziehungen der Dialogpartner werden neu geklärt.

– Ziel des Dialogs ist nicht, seine Meinung zum Sieg zu bringen, sondern zu einer gemeinsam akzeptierten neuen Lösung zu kommen, bei der es weder Sieger noch Verlierer gibt.

– Dialog ist der Verzicht auf Gewaltanwendung, der Verzicht auf Warnungen, Drohungen und Abschreckungen, um so die Menschenwürde des anderen zu bewahren.

– Dialog ermöglicht, Schwächen, Fehler, Versagen und Schuld einzugestehen, ohne die eigene Menschenwürde zu verlieren.

– Im Dialog werden eigene und gesellschaftliche Tabugrenzen überschritten, die bisher anderen angelastet und bei ihnen bekämpft wurden.

– Dialog führt zu größerer Ganzheit im persönlichen und gesellschaftlichen Leben. Er hilft, widersprüchliche Impulse zu integrieren und ihre Potenzen für die Weiterentwicklung zu gewinnen.

Diese Thesen wurden für eine friedliche Konfliktlösung 1989 handlungswirksam. Ein Dialog setzt stets voraus, dass es Partner mit Positionen gibt und man sich gegenseitig Toleranz gewährt. »Im Widerspruch zu sich selbst beginnt der Dialog.« (Elazar Benyonetz)

Es ist aber inzwischen geradezu schick geworden, Menschen zu verhöhnen, die etwas wert- und hochhalten. Diese würden als sogenannte Gutmenschen nur noch, wie es dann heißt, »nerven«. Wer aber nichts mehr will, wem jedes Engagement sinnlos erscheint, wer keine behaftbare Meinung oder Haltung mehr hat, macht sich genüsslich über die her, die eine haben. Er labt sich an der Negation, an der Zertrümmerung, an der Verachtung, die ihn bald selbst ergreift. Wer nichts mehr für richtig und wichtig hält, mit dem lohnt kein Gespräch mehr. Da wird alles zum beliebig austauschbaren, mehr oder weniger intellektuellen Geplänkel oder zum so publikumswirksamen wie entleerten Schlagabtausch. Statt Gespräch gibt es Event-Show.

Wer aus dem universalistischen Gott einen partikularen macht, für den wird »die Wahrheit« alsbald zu einer partikularen Speerspitze gegen andere. Meinem *ich glaube* tritt ein anderes *ich glaube* gegenüber, das ein *wir glauben* noch nicht möglich macht; aber in dem einen Gott angelegt ist. *In ihm leben, weben und sind wir.* Aus ihm kommen wir, in ihm werden wir sein. Der *Polytheismus der Beliebigkeit,* des Modischen und der geschmeidigen Gefälligkeiten ist mindestens so gefährlich wie der *Monotheismus der Entschiedenheit* oder der starren Prinzipien, wo dann stets Widersprüche und Widerspruch ausgeschlossen sind. Das eine provoziert das jeweils andere. Sie führen in die gleiche Sackgasse: die Arroganz eines *Roma locuta, causa finita,* also der Anmaßung, über die Wahrheit zu verfügen – genauso wie eine fundamentalistisch-enge *protestantische* Frömmigkeit, zu der uns bestimmte religiöse Gruppen aus den USA bekehren wollen, oder ein *muslimisches* Denken, das keinen freien, gar kritischen Gedanken zulässt, aber auch eine bestimmte *jüdische,* religiös aufgeladene aggressive Siedlermentalität. Jede dieser Orthodoxien lästert den einen Gott und erlaubt ihm keine Überraschungen.

In einer Zeit der Verunsicherung erwachen wieder Sehnsüchte nach Ein-Deutigkeit, nach rauschhaft-religiösem Eintauchen in eine Masse Gleichgestimmter, nach einer auch Jugendliche massenhaft begeisternden Leitfigur – samt glorioser Inszenierungen für die Fernsehwelt, die Bilder braucht. Da gilt es für Protestanten, am kritischen Geist der »Unterscheidung der Geister« festzuhalten, am mündigen, innen- und gewissensgeleiteten Einzelnen, der in einer (Glaubens-)Gemeinschaft aufgehoben sein will, dort Orientierung und Vergewisserung erfährt, aber nie in der Gemeinschaft ganz aufgeht, sondern ein Ich bleibt: einmalig, unverwechselbar, hoch gewürdigt. »Würde-Trägerin und Würde-Träger« – jede Frau und jeder Mann mit ihren spezifischen Begabungen.

Gott wird unsere Bezugsgröße schlechthin bleiben im Vielerlei unserer Engagements, unserer konkurrierenden Prioritäten, unserer interessengeleiteten Absichten und unserer differierenden Lebensskripte. Gott wird im Alten Testament auch als ein Eifernder, als ein geradezu Eifersüchtiger vorgestellt, der nicht dulden will, dass wir anderen Göttern nachhängen. Wo aber wird heute ernsthaft um Gott gerungen, und was wird allgemein überhaupt noch gewusst über Gott?

Wenn 50 Prozent der Bürger – in Ost und West! – nicht mehr wissen, was Pfingsten bedeutet, und zugleich Pfingstmontag als quasi sozialer Besitzstand verteidigt wird, so deutet das auf einen kulturellen Notstand hin, auf innere Aushöhlung. Wir haben alle Hände voll zu tun, wir paar Christen, wenn wir denn wollen, dass unsere Kultur ihr Gepräge behält, ein Gepräge, das es verdient, weitergetragen zu werden.

Was hieße »Leitkultur Christentum« – mitten in einer multikulturellen und multipolaren, miteinander verflochtenen Welt? Von einer Leitkultur Christentum könnte man sprechen, sofern es geläutert würde, weil daran so viel verunreinigt wurde – durch unsere Vorfahren, durch uns Heutige – durch Tun und noch mehr durch Unterlassen. Wir sind ganz und gar nicht »perfekt«; aber wir haben einen großartigen Schatz zu verwalten, ein großes Geheimnis zu feiern, für unsere Begabungen von Herzen zu danken, für unsere Verfehlungen von Herzen Vergebung zu erbitten. Besudelt ist das große Wort »GOTT«. »Gott ist das beladenste aller Menschenworte, keines ist so besudelt, so zerfetzt worden. Gerade deshalb darf ich darauf nicht verzichten. Wir können das Wort ›Gott‹ nicht reinwaschen, und wir können es nicht ganzmachen; aber wir können es vom Boden erheben und aufrichten.« (Martin Buber) Die Geschichte ist voll von Blasphemie. Wilhelm II. rief am 6. August 1914 dem deutschen Volk zu: »Vorwärts mit Gott, der mit uns sein wird, wie er mit den Vätern war.« Noch am 3. Mai 1945 feuerte Albert Speer die Deutschen zum Kampf an und schloss blasphemisch-pathetisch: »Gott segne Deutschland«. Am 18. März 2003 segnete Präsident Bush in der verlogenen Kriegserklärung an den Irak abschließend sein Volk: »God bless America«. Die neuen Weltraumwaffen »Global Strike« tragen sogenannte »Rods from God« (also Göttepfeile) mit Zylindern aus Titan, Uran und Wolfram, deren Wucht einer kleinen Atombombe entspräche. (AFP 18. Mai 2005)»Rods from God« aus dem Weltraum – welch eine Perspektive der »frommen Krieger«! Am Ende aller Gottes-Kriege stehen die Opfer und fragen, wo der »gute Gott« geblieben ist. Frieden machen ist Ausdruck des Respekts vor anderen.

Toleranz üben

Im Osten Deutschlands gebe es »No-go-areas«. So war vor der Fußballweltmeisterschaft im Sommer 2006 gewarnt worden. Die Atmosphäre in den Stadien und auf den Fanmeilen war sehr heiter, von Fremdenfeindlichkeit war nichts zu spüren. Im Gegenteil: Spieler und Besucher aus nahezu allen Nationen waren miteinander euphorisiert, und wir Deutschen waren fröhliche, schwarz-rot-goldene Gastgeber.

Am 24. Juni, also während der Weltmeisterschaft, veranstaltete der Heimatbund Ostelbien in Pretzien (Sachsen-Anhalt) eine Sonnwendfeier. Am Feuer wurden martialische Reden gehalten, die amerikanische Flagge verbrannt und Joseph Goebbels zitiert. Und das Tagebuch der Anne Frank wurde in die Flammen geworfen. Niemand von den Anwesenden schritt ein, auch der Bürgermeister und die Polizisten nicht. Diese begriffen gar nicht, welche Brisanz der Vorgang hatte, welch weitreichende Symbolik darin steckte. Einige kannten schlicht den Namen Anne Frank nicht.

Der Heimatbund war aus einer Skinhead-Gruppe hervorgegangen, die in die Dorfgemeinschaft integriert werden sollte. Die Mitglieder organisierten Jugendveranstaltungen, engagierten sich bei Heimatfesten, fast alle der 900 Einwohner haben sie als harmlos eingeschätzt.

Dieser Vorfall hat besondere Aufmerksamkeit erregt, ist jedoch kein Einzelfall, das zeigen Fernseh- und Pressemeldungen, und das kann jeder beobachten. In den neuen Bundesländern ist Rechtsextremismus vor allem mit Ausländerfeindlichkeit verbunden. Wie der »Sozialreport 2006« zeigt, stimmen 44 Prozent der Ostdeutschen der Ansicht zu, bei uns lebten zu viele Ausländer. Bei den über 40-Jährigen ist der Anteil noch höher (49 Prozent). Die Frage, ob Ausländer soziale Probleme (Arbeitslosigkeit, Wohnungsnot) verschärfen, bejahten 36 Prozent voll und 35 Prozent teilweise. Es ist besonders erschreckend, dass so viele ältere Menschen Ausländer als »Ursache« der gesellschaftlichen Missstände oder ihrer persönlichen Misere ausmachen. Als seien Migranten und Asylsuchende schuld an fehlenden Arbeitsplätzen, Hartz IV, zu niedrigen Löhnen und hohen Mieten, Kriminalität usw.!

Fragen wir uns selbst, ob wir in Fremden einen Störfaktor oder gar einen Feind sehen oder einen Gast, dem wir das »heilige Gastrecht« gewähren, ob wir Fremde wirklich als ebenbürtig und gleichwertig anerkennen, nicht nur allgemein, sondern auch, wenn wir direkt mit ihnen oder ihren Ansprüchen im Alltag konfrontiert sind.

Gedeihliches Nebeneinander und gelingendes Miteinander setzt voraus, den anderen, den Andersdenkenden, den Fremden zu akzeptieren und sich in ihn einzufühlen, sich mit seinen Handlungen, Motiven, Werten, Sitten auseinanderzusetzen. Im ernsthaften Dialog mit dem Andersdenkenden kann die Tragfähigkeit des eigenen Denkens erprobt werden. Dadurch wird man herausgefordert, sich der eigenen Ansichten und Haltungen bewusst zu werden, sie zu prüfen und gegebenenfalls zu verändern. Wer seiner Wahrheit mit Gewalt Raum schaffen will, ist sich seiner Sache selbst nicht sicher.

Toleranz wird oft gleichgesetzt mit der Duldung des anderen – dessen Denken, Handeln und Lebensgewohnheiten. Für ein gelingendes längerfristiges Zusammenleben von Mitgliedern einer Familie oder Ethnie bzw. verschiedenen Ethnien, Kulturen, Religionen reicht bloßes Dulden nicht aus. Duldung wahrt einen tiefen inneren Abstand zum anderen. »Toleranz sollte eigentlich nur eine vorübergehende Gesinnung sein: Sie muss zur Anerkennung führen. Dulden heißt Beleidigen.« (Goethe) Duldung liegt wie eine Last auf der Seele; und diese Last ist der andere, der Fremde, der als Bedrohung erfahren wird und Angst macht. Wiewohl das Ziel menschlichen Zusammenlebens das Anerkennen, das ganz freie Akzeptieren des anderen darstellt, so ist doch Dulden bereits eine Tugend, die wenigstens Gewaltanwendung ausschließt und nolens volens die anderen leben lässt.

Eine sogenannte Multikulti-Ideologie ignoriert jedoch die Realität, verschweigt nicht nur Konflikte, sondern verstärkt sie gerade durch geflissentliches, moralisch hochstehendes Verschweigen, Verleugnen, Übersehen.

Das Anerkennen und Ertragen des Andersartigen, des Andersdenkenden, des Andersaussehenden und des Andersgeprägten ist ein wechselseitiger Prozess zwischen Einzelnen, zwischen Mehrheiten und Minderheiten. Anerkennung setzt Kompetenz zur Lösung von Konflikten und zur sachbezogenen Argumentation voraus. Solche Kompetenz muss von Kindheit an erworben und geschult werden.

Es bedarf überdies vertraglicher Regelungen, um zu verträglichem Neben- und Miteinanderleben zu gelangen. Toleranz und Intoleranz liegen nach aller Erfahrung nicht weit auseinander. Was ist, wenn der andere einen selbst nicht toleriert oder die Mehrheiten nicht die Minderheiten und umgekehrt? Zur Gretchenfrage für gegenseitig verträgliches Zusammenleben wird die Art und Weise, wie einer mit dem umgeht, der ihm nicht folgt.

Toleranz bedeutet bewusst zu ertragen, dass andere – meist aus Herkunftsgründen – nicht nur anders *sind*, anders leben, denken und fühlen, sondern auch anders *bleiben* wollen. Toleranz und Intoleranz liegen oft nicht weit auseinander. Intoleranz wirkt in aller Regel ansteckend. Dies gilt nicht nur in Hinblick auf Fremde, sondern auch für Konflikte zwischen Einheimischen.

Die Grenzen der Toleranz werden nach aller Erfahrung schnell erreicht, wenn es um religiöse oder kulturelle Eigenheiten geht. In solchen Fragen gibt es kein Mehr oder Weniger, sondern nur Entweder-Oder. Konflikte sind unvermeidbar. Die Frage ist nur, *wie* sie ausgetragen werden. Der Intolerante wird letztlich Macht ausüben und Toleranz beseitigen, von der er selber profitiert hat, als er die Macht (noch) nicht gehabt hat. Wenn der Tolerante nicht klar und frühzeitig den Intoleranten entgegentritt, so rechtzeitig, dass jene ihre Intoleranz nicht zum allgemeinen gesellschaftlichen Prinzip machen können, wird er verlieren, untergehen, zerrieben werden.

Echte Toleranz beruht auf innerer Souveränität, die den Unterschied nicht einebnet, die Differenz nicht verschweigt, aber stets für die Meinungsfreiheit des anderen ficht. Voltaire hat das unübertreffbar formuliert: »Ich mißbillige, was du sagst; aber bis in den Tod werde ich dein Recht verteidigen, es zu sagen.«

Toleranz muss aus dem Anerkennen des elementaren Lebensrechtes und der Würde des anderen erwachsen. Dabei geht es um mehr als die Vermutung, der andere könnte auch Recht haben: nämlich um die prinzipielle Anerkennung der universellen Menschenrechte unter der Ausgangsmaxime, dass *alle* Menschen die gleiche Würde in sich tragen. Die Würde des Menschen hängt nicht von Eigenschaften oder Einstellungen ab, auch nicht davon, ob sie anerkannt wird. Sie ist universell gültig und unantastbar. Wenn ich einem anderen seine Menschenrechte abspreche, weil er nicht die gleichen Merkmale oder Eigenschaften hat wie ich, wird er mir meine Menschenrechte auch absprechen, denn ich bin für ihn ebenfalls »anders«. Definiere ich als notwendige Voraussetzung für die Ausübung der Menschenrechte eine meiner Eigenschaften, über die er nicht verfügt, ist es für ihn naheliegend, seine Vorstellung von Menschenwürde mit einer seiner Eigenschaften zu verbinden.

Wohin die Diskrepanz zwischen Macht und Überlegenheit auf der einen Seite und Ohnmacht und Unterlegenheitsgefühlen auf der anderen Seite führt, zeigt sich im Hinblick auf Ausländer ebenso wie in Hinblick auf West- und Ostdeutsche sowie auf Eliten und »Unterschichten«.

Was sich als Toleranz ausgibt, ist vielfach bloße Denkfaulheit, Unentschiedenheit, Gleichgültigkeit, Missachtung dessen, was andere denken, und kalte Ignoranz gegenüber den Lebensumständen anderer. Toleranz setzt im Grunde dialogische Existenz und Symmetrie voraus, zumindest Chancengleichheit. Werden Menschen, Gruppen oder Schichten sozial oder politisch auf Dauer ausgegrenzt, müssen sie sich ducken. Aus der Unfähigkeit, die eigenen Rechte, Interessen und Überzeugungen zu vertreten, erwachsen Hass, Wut und Gewalt, die sich wiederum gegen andere Ausgegrenzte richten, gegen noch mehr Benachteiligte oder gegen Minderheiten.

Die Freiheit der Meinung, der Lebensgestaltung und des Zusammenschlusses mit anderen findet ihre Grenze bei denen, die alles tun, um eben diese Freiheit lediglich dazu zu nutzen, sie zu zerstören oder für ihre eigenen Interessen zu instrumentalisieren. Die Freiheit zum Abwürgen der Freiheit kann um der Freiheit willen nicht toleriert werden.

Ein gegenüber jeder Intoleranz konsequent einschreitender Rechtsstaat bedarf neben seinen funktionstüchtigen Institutionen der mündigen, die Prinzipien einer freiheitlichen Ordnung aktiv vertretenden Staatsbürger. Allzu schnell, allzu gern, allzu oft bedienen sich die Intoleranten des Raumes, den ihnen die Toleranten gelassen hatten; gerade die Tolerantesten werden erste Opfer der Intoleranz.

Toleranz begegnet mindestens drei Gegnern, nachwachsenden Drachenköpfen vergleichbar:
– Dem universalen Wahrheitsanspruch für die eigene Überzeugung, einem vermeintlich sicheren Besitz von Wahrheit.

– Der Gleichgültigkeit, die alles zulässt und alles für »gleich gültig« und damit für gleichgültig erklärt. Meinungslosigkeit ist keine Toleranz, sondern Einfallstor für jedwede Intoleranz, weil das Vakuum von strammen Ideologen, von neuen Führern und Verführern ausgefüllt wird.

– Dem Fundamentalismus, der prinzipiell nicht nur intolerant gegenüber anderen ist, sondern auch alle Mittel einsetzt, um andere zu erniedrigen, zu unterdrücken oder auszulöschen.

Die Grundversuchung der Menschheit war und bleibt ein manichäisches Denken, das sich dialektischem Denken und der vielschichtigen Wirklichkeit prinzipiell verweigert. Dazu passt das Ja-Nein-, Gut-Böse-, Wahr-Falsch-, Stark-Schwach-Schema. Jedes dieser Schemata entfaltet in der Regel enorme destruktive Kräfte. Gerade mit Blick auf die deutsche Geschichte kann man davon ein Lied singen – ein erschreckendes.

In der Demokratie ist Toleranz die Voraussetzung für das Finden von tragfähigen Kompromissen, damit *allen* ein Leben in Würde möglich bleibt. Der Kompromiss beruht auf der Erkenntnis, dass die eigene Überzeugung, die eigenen Interessen und die eigene Lebensweise nicht das Maß aller Dinge sind. Wer erwartet, dass der andere nachgibt, soll diesem signalisieren, dass er selber auch prinzipiell in der Lage und konkret bereit ist nachzugeben. Demokratie bedeutet, andere ausreden zu lassen; Toleranz bedeutet, ihnen zuzuhören und sie ernst zu nehmen. Dann aber geht es um gemeinsam zu akzeptierende Entscheidungen.

Freilich kann Nachgeben auch Ausdruck von Feigheit, ein Aufgeben und Zurückweichen aus opportunistischen Gründen sein. Prinzipienfestigkeit ist andererseits noch längst kein Zeichen von Mut, sondern Ausdruck uneingestandener Starrheit, Lernunfähigkeit und Borniertheit. Nur der Problembewusste und Suchende kann von innen her tolerant sein, eben weil er sich beständig die Unvollkommenheit all seines Begreifens und Tuns klarmacht.

Wer einen Wahrheitsanspruch hat und geradezu »verkörpert«, wie dies römisch zentrierte Katholiken tun, ist eigentlich nicht zur Toleranz, sondern nur zur temporären Duldung in der Lage, genau so lange, wie dies realpolitisch unvermeidbar erscheint. Wenn aber die christliche Wahrheit angeblich in der Kirche (in der römischen!) substituiert ist, so können die anderen eben nur Teilwahrheiten partiell repräsentieren. Folgerichtig muss sie anderen Glaubensgemeinschaften ihr Kirche-Sein absprechen.

Sollte Rom sich nicht erinnern, welche fatalen – rückblickend auch verbrecherischen – Folgen Intoleranz aus Wahrheitsbesitzansprüchen für das geistige und für das physische Leben des ganzen Kontinents jahrhundertelang hatte?!

Und ist nicht auch die Römisch-Katholische Weltkirche im Sinne des Abaelard (1079–1142) im strengen Sinn eine »Sekte«? In seinem »Dialog zwischen einem Philosophen, einem Juden und einem Christen« schrieb er: »Die Bindung eines jeden an seine eigene Sekte macht die Menschen dünkelhaft und so überheblich, dass jeder, der sich von ihrem Glauben zu entfernen scheint, deshalb in ihren Augen auch der göttlichen Barmherzigkeit verlustig geht und dass sie für sich allein Glückseligkeit beanspruchen, während sie alle anderen der Verdammnis preisgeben.« Sekte – das Abgeteilte!

Welterlösungsideologien neigen zu Säuberungsutopien.

Die Kreuzzüge wie auch die Inquisition in der Geschichte des Christentums gehören zu den grausamen, religiös verbrämten christlichen Wahrheitsfanatikerexzessen mit Erlösungsgedanken, die durchaus dem Wohl der Opfer gelten sollten. In beachtlicher struktureller Analogie hatte die kommunistische Welterlösungsideologie für ihr Wahrheitsmonopol eine so zutreffende wie einfach drohende Parole: »Die Lehre von Marx ist allmächtig, weil sie wahr ist.« Das hatte Wladimir Iljitsch Uljanow dekretiert, den man als Lenin für einen großen Philosophen und für eine Verkörperung des Weltgeistes schlechthin gehalten und 70 Jahre wie einen vergöttlichten Pharao einbalsamiert und der Verehrung für würdig gehalten hatte.

Die Führer der Bewegung verkündeten – geradezu teleologisch abgesichert –, die kommunistische Partei verkörpere die historische Wahrheit. Daraus leiteten sie das Recht auf Befreiung der Menschheit ab, bis zur Durchsetzung des Fortschritts auch mit Gewalt. Sie hingen einer »Utopie der Säuberung« an, die sich nicht nur gegen Feinde, sondern auch gegen eigene Anhänger richtete. Die Opfer stehen zahlenmäßig denen der rassistischen Vernichtungsmaschinerie Hitlerdeutschlands nicht nach, wie wir heute wissen.

Rosa Luxemburgs vielzitiertes Diktum, am linken Rand des Aufsatzes »Zur russischen Revolution« (1917/18) notiert, konnte die DDR 1988 durch öffentlichen Gebrauch in ihren Grundfesten erschüttern. »Freiheit nur für die Anhänger der Regierung, nur für Mitglieder einer Partei – mögen sie noch so zahlreich sein – ist keine Freiheit. Freiheit ist immer Freiheit der Andersdenkenden.«

Die Mehrheit darf ihre Mehrheit nicht zum Argument gegen die Minderheit machen. Wahre Freiheit erweist sich am Umgang mit Andersdenkenden. Toleranz ist nichts anderes als die Freiheit der Andersdenkenden, seien sie in der Minderheit, seien sie in der Mehrheit. Sie ist keine bloße moralische Forderung; sie wurzelt in der (religiösen) Grundüberzeugung selbst. Der Wettstreit um die Wahrheit wird nicht zuletzt durch deren Wirkung entschieden. Aber es ist eben die Wirkung der je eigenen Grundüberzeugung.

Mahatma Gandhi fasste seine Lebenshaltung in seinen Briefen an den Ashram eindrücklich zusammen; sie entspricht einer inzwischen als universell geltenden Menschheitsmaxime: »Jeder hat von seinem Standpunkt aus recht, doch es ist nicht unmöglich, dass alle zusammen unrecht haben. Daher die Notwendigkeit, Toleranz zu üben, was nicht Gleichgültigkeit gegenüber dem eigenen Glauben entspringt, sondern einer reineren und intelligenteren Liebe zu diesem Glauben. Die Toleranz befähigt uns zu geistiger Durchdringung, die vom Fanatismus so weit entfernt ist wie der Nordpol vom Südpol. Die wahre Kenntnis der Religion läßt die Grenzen zwischen einem Glauben und dem anderen einstürzen. Indem wir *in uns* die Toleranz für andere Auffassungen pflegen, vertiefen wir das Verständnis unserer eigenen. ... Der Respekt, den wir den anderen Glaubensrichtungen gegenüber empfinden, darf uns nicht daran hindern, ihre

Mängel zu sehen. Wir müssen uns auch lebhaft der Mängel unseres eigenen Glaubens bewußt sein und dürfen ihn dennoch deswegen nicht aufgeben, sondern müssen versuchen, über seine Mängel zu triumphieren.«

Nur der Suchende kann von innen her tolerant sein, eben weil er sich der Unvollkommenheit all seines Begreifens und Tuns bewusst bleibt und es wagt, Grenzen zum anderen hin zu überschreiten und solche Überschreitung ebenso vom anderen zu erwarten. Dazu gehört die Bändigung von Feindobsessionen, die sich in Konflikten zwischen Einzelnen und Völkern täglich anstacheln und aufschaukeln lassen. Wer die Zuwanderung von Gastarbeitern und Asylbewerbern z. B. nur nach dem Nutzen für unser Land bewertet, fördert indirekt Nationalismus und rassistisches Gedankengut, statt die politische Kultur in einem demokratischen Sinn zu beeinflussen.

Der scharfzüngige Pastorensohn Gotthold Ephraim Lessing hat ebenso wie sein jüdischer Freund Moses Mendelssohn den Toleranzgedanken gerade *nicht* auf eine so rührende wie unrealistische moralische Maxime reduziert, sondern auf den beständigen »Erweis des Geistes und der Kraft« der eigenen Ideen gesetzt. Ideen begegnen den Ideen anderer. Die Wahrheit der eigenen Überzeugung muss sich aus sich selbst heraus bewähren; sie mit subtiler oder grober Missachtung und durch Liquidation anderer durchzusetzen ist inhuman. Aber die Kraft, der je eigenen Grundüberzeugung, jener »unbestochen, von Vorurteilen freien Liebe nachzueifern«, erfordert nicht nur, *Weisheit*, *Interesse*, *Vernunft*, *Einfühlung* und *Selbstüberschreitung* zusammenzubringen, sondern erfordert Alternativen, die inneren Frieden in einer praktizierten Demokratie ermöglichen. Erst dann lässt sich das bislang herrschende Prinzip »Wer wen?« durch das neue Prinzip »Leben und leben lassen!« ersetzen.

WERTE finden, SINN entdecken, MUT finden

Was mir etwas wert ist

Durch Fernsehen erblindete Menschen starren tagtäglich gespannt auf die *Börsenwerte*, die als Dauerzeile laufen und neben Katastrophen, Sport und Wetter das Wichtigste zu sein scheinen. Zugleich fragen viele wieder nach den *Werten*, die sich nicht in Geld ausdrücken lassen und die das Humanum ausmachen – eine (Mit-)Menschlichkeit, die wir nicht nur geben, sondern auch erfahren wollen.

Ein Wert ist nicht zuerst etwas moralisch Gefordertes, sondern etwas, das das Leben lebenswert, also reich, tief und sinnvoll macht. Vornean steht für mich die *Aufmerksamkeit* – bis sich in uns die egoistischen und die altruistischen Antriebe die Waage halten.

Wenn man sechs Geschwister hat, dann lernt man – besonders in kargen Zeiten –, was *Geschwisterlichkeit* heißt. In Notsituationen habe ich erfahren, wie wichtig sie ist, wie gut sie ist und wie gut sie tut, wenn man sie ausübt oder empfängt. (Später erweiterte sich das, was man Barmherzigkeit und Solidarität nennt.)

Bei uns zu Hause fing kein gemeinsames Essen ohne ein Dankgebet an. Heinrich Heine hat dies zu Unrecht als »Mastgebet des Egoismus« gegeißelt.

Ich habe von Kindheit an mitbekommen, was *Dankbarkeit* heißt. Sie hat mich reich gemacht und mich von unzufriedenstimmendem Anspruchsdenken freigehalten.

Denn nichts ist selbstverständlich. Alles ist zerbrechlich, alles braucht *Fürsorge*: die Natur und unsere Beziehungen, die Nahrung und die Gesundheit. Oft zeigt erst der Verlust, was sie bedeuten.

Nichts ist selbstverständlich. Nichts ist sicher. Aber es gibt *Verlässlichkeit*. Ich habe immer Menschen gefunden, auf die ich rechnen konnte und die auf mich rechnen können. Dazu gehört unabdingbar die *Freundlichkeit*, die Brecht zu den Vergnügungen des Lebens zählt. Ich habe sie als Kind erfahren durch einen Postboten, durch einen Kuhhirten und durch eine Bauersfrau.

Ersterer teilte mit mir, so oft er mich traf, seine saftige Birne, der andere sein Leberwurstbrot, und die Bauersfrau Plaue schöpfte immer etwas mehr Milch in das Kännchen, das ich täglich für meine zahlreichen Geschwister bei ihr geholt habe.

Später lernte ich die herzerwärmende Freundlichkeit eines Lew Kopelew, das lächelnde Zugewandsein eines Hans Treu oder die aufmerksame Fröhlichkeit in den Augen der 90-jährigen Hilde Domin kennen.

Werte bilden und verändern sich durch Lebenserfahrung. Ich musste Enttäuschungen durchstehen und habe andere enttäuscht. Geblieben aber ist mir ein großer *Respekt* vor Menschen und ihrer Lebensleistung, zusammen mit der Achtung vor dem Lebensgeheimnis, das in jedem steckt und ihn reich macht.

Natürlich halte ich auch viel von Pflicht, Ordnung, Pünktlichkeit. Mich ärgern Unzuverlässigkeit, Unordnung und Grobheit gegen alles Lebendige, vor allem gegen Schwächere. Was ich im Leben hochhalte, ist genau das, was mich hält, was täglich Atem gibt und trotz allem Mut macht zum Leben: *Staunen* und *Dankbarkeit*, aus der heraus *Mitgefühl* und Kraft wächst, *Verantwortung* zu übernehmen.

»Sisyphus ist ein glücklicher Mensch«, meint Camus.

Was ich weitergeben will? Hör nicht auf, zu staunen und dich zu wundern. Und handle stets in »*Ehrfurcht* vor dem Leben«.

Den Rhythmus des Lebens wiederentdecken

Unser Leben vollzieht sich als etwas Einmaliges – von der Geburt bis zum Tod –, aber es ist »gefasst« in Lebensphasen, in Tages- und Jahresrhythmen, ins beglückende Anfangen und ins unabwendbare Aufhören.

Lieben Sie auch das Winter- und das Frühlingsgefühl, den Geruch der Erntezeit und das Modrig-Trübe des November, die trocken-kalte Luft im Februar, die Rückkehr und den Abschied der Störche, den zugefrorenen See und die Entengrütze auf dem Tümpel, die unverschämt leuchtenden wilden Mohnblumen am Bahndamm, das Eichengerippe im Dezember, die Unkenrufe um Mitternacht im August und das Lärmen der Singvögel gegen Morgen, die Oktoberstürme und das Sonnenlichtflimmern? Tomaten schmecken doch im August wie Tomaten und Erdbeeren im Juni wie Erdbeeren. Mal ist es zu heiß, mal ist es zu kalt, mal ist es zu nass, mal ist es zu trocken, mal ist es zu still, mal ist es zu stürmisch – aber alles macht Leben aus.

Alles hat seine Zeit im Rhythmus des Jahres; der tut uns gut und wohl auch weh. Jeder Tag ist neu und unersetzlich, bei aller Routine. Das Kitzeln des Sonnenstrahls am Morgen, bevor der Wecker schrillt, das erfrischend kalte Wasser auf dem Gesicht, das Gedicht am Morgen oder ein Bibelwort, der erweckende Morgenkaffee, »flugs an die Arbeit gehen«, die Lust, etwas Neues zu beginnen oder Begonnenes zu beenden, das dampfende Mittagessen, die wohlige Tasse Tee nach einem kräftezehrenden Tagespensum, sodann das kurze Abendläuten, der Sonnenuntergang, die Dämmerung, der kühle Wein oder das Bierglas mit prächtiger Blume, der lang geplante Theaterbesuch oder das Bad im Fluss, das resümierende (Selbst-) Gespräch, das Nachtgebet und das Fallen in den Schlaf, das Eintauchen in die Träume. Jeder Tag – ein ganzes Leben. Trist alles für den, der nur das Einerlei spürt – wer alles wahrnimmt hat, viel mehr vom Leben.

Den Ruhetag im Wochenrhythmus, den Sonntag, verdanken wir dem siebenten Schöpfungstag. Am siebten Tage ruhte Gott von all seiner Arbeit und resümierte jeden seiner Tage: »Und siehe, es war gut.« Wer dies von sich sagen kann, der hat gelebt.

Wenn wir die Rhythmen verletzen, beschädigen wir uns selbst. Jeder Tag hat Tage hinter sich, und er verlischt in der Erwartung des nächsten Tages. Augustinus schrieb in seinen Bekenntnissen: »Was also ist die Zeit? Wenn niemand mich danach fragt, weiß ich's, will ich's aber einem Fragenden erklären, weiß ich's nicht. Doch sage ich getrost: das weiß ich. Wenn nichts verginge, gebe es keine vergangene Zeit, und wenn nichts käme, keine künftige, und wenn nichts wäre, keine gegenwärtige Zeit.«

Wir leben immer auf der Schnittstelle der Zeiten: »Das Vergangene ist schon nicht mehr und das Zukünftige noch nicht ... Wir können die Zeit nur messen, wenn wir sie beim Vorübergehen wahrnehmen. Wer aber könnte die vergangenen Tage, die nicht mehr sind, oder die künftigen, die noch nicht sind, messen? ... Man kann von Rechts wegen nicht sagen, es gebe drei Zeiten, Vergangenheit, Gegenwart und Zukunft. Vielleicht sollte man richtiger sagen: Es gibt drei Zeiten, Gegenwart des Vergangenen, Gegenwart des Gegenwärtigen und Gegenwart des Zukünftigen. Denn diese drei sind in der Seele, und anderswo sehe ich sie nicht. Gegenwart des Vergangenen ist die Erinnerung, Gegenwart des Gegenwärtigen die Anschauung, Gegenwart des Zukünftigen die Erwartung.« Nicht nur unser Erleben, sondern auch das, was wir erinnern und somit immer wieder in die Gegenwart zurückholen, obwohl es lange vergangen ist, macht uns reich.

Im Laufe der Jahre kann uns die »ewige Wiederkehr des Immer-Gleichen« zum Problem werden; aber es ist nie das Gleiche und es bleibt uns ein Geheimnis.

Wer es verlernt hat, in den Rhythmen des Tages, des Jahres und der Lebenszeit zu leben, wird sein Leben verpassen. Das strukturierte Jahr, der strukturierte Tag geben dem Leben Halt, Intensität, Fülle. Im Rahmen der Zeitordnung wird die Freiheit der Zeit, die Zeit der Freiheit erfahren. Jedes Lebensalter hat seinen eigenen Geschmack, seinen eigenen Entfaltungsraum und seine eigenen Gebrechen: die Kindheit, das Erwachsensein, das Altwerden.

Im christlich geprägten Abendland war in den Jahresrhythmus das Heilsgeschehen eingepasst. Die Kirche denkt nicht vom Wochen*ende* aus und nicht »aufs Wochenende hin«, sondern stets vom Sonntag, dem Auferstehungstag, vom Anfangstag *her* auf die kommende Woche *hin*. Im Kirchenjahr wird an jedem

Sonntag ein Grundthema des Lebens angeschlagen. Alle Jahre wieder: Erwartung und Hoffnung angesichts des Bedrohenden (Adventszeit), das Neuwerden der Welt von ganz unten her (Geburt im Stall zu Bethlehem unter einem Stern), die besondere Gefährdung der Verletzlichen (Flucht nach Ägypten). Vorhersagung und Vorbestimmung (der Stern von Bethlehem und die Sterndeuter), das Erleuchtetwerden des Menschen durch einen Menschen (Epiphaniaszeit), das Leiden und Mitleiden mit Jesus in der Passionszeit. Tod und Leben, so nah beieinander (von Karfreitag her zu Ostern hin), die Vertreibung des Bösen und die Reinigung mit Wasser und Geist (die Taufe), die Barmherzigkeit (Misericordias Domini), die Würdigung der Kinder, das Grundvertrauen ins Leben, das Beten, das Singen, das Loben, die Be-Geisterung und die wunderbare Verständigung (Pfingstwunder), die soziale Gerechtigkeit, die Erinnerung an die Zerstörung (Jerusalem-Tag), die Dankbarkeit und die Illusionen des äußeren Reichtums (Ernte-Danktag), die Einkehr und das Neue Denken (der Bußtag), das Gedenken an die Toten (Totensonntag).

So eingängige wie sperrige Texte und Lieder mit eindrücklicher Bildhaftigkeit und kühnen Abstraktionen, gefährlichen und befreienden Erinnerungen werden wieder und wieder gehört, gesprochen, gesungen. All dies wird vergegenwärtigt durch die lebensnahe Auslegung der alten Texte sowie eine lebens- und geheimnisvolle Liturgie.

Ein Schatz unserer christlich geprägten Kultur ist in die große *Musik* des Abendlandes gefasst: von der Gregorianik über die orthodoxen Gesänge bis zu Taizé oder zu den Kompositionen von Penderecki und Arvo Pärt, von Stabat Mater bis zur Matthäus-Passion, von Requien und Messen bis zu den Magnificat-Vertonungen und den Weihnachtsoratorien, von den Psalmenkompositionen des Heinrich Schütz und des Igor Strawinsky, den Choralvorspielen J.S. Bachs bis zu den Gemeindeliedern Paul Gerhardts, die jahrhundertelang Menschen getröstet, erbaut und ermutigt haben.

Die Prägung durch das Christliche spiegelt sich wider in

Domen und *Dorfkirchen*, in Fresken, Glasmalereien, Gemälden, in Skulpturen – von Riemenschneider bis Barlach, vom Isenheimer Altar bis zu Chagalls Fenstern im Fraumünster in Zürich.

Die Kirchen sind Wahr-Zeichen unserer Vergangenheit, vom Kölner und Magdeburger Dom bis zur Barockschnitzerei in dem winzigen Örtchen Osterwohle in der Altmark.

Die *Glocken* läuten, die Glocken rufen und schlagen. Sie verhallen im Lärm der modernen Großstädte. Ihr Ruf wird weithin ignoriert. Stattdessen wird das Sonntagsfrühstück heilig. Die Entfernung und Entfremdung vom Christlichen nimmt in unserem Kulturkreis zu, während andererseits neue Frömmigkeitsformen wachsen, die jede Aufklärung hinter sich lassen – bis hin zu diversen Fundamentalismen.

Neues Suchen nach Sinn, nach Rückbindung und Geborgenheit, nach Orientierung und Sicherheit kommt auf, fernab der verfassten Kirchen. Theater versuchen sich an heiliger Überlieferung (am Vaterunser, am Dekalog, an Maria und Maria Magdalena). Die Zeit alles abräumender Tabubrüche scheint vorüber.

Eine Kultur bildet sich durch Erinnerung an Gewesenes – im Dreiklang von Wissen, Verstehen und Annehmen. Vier Texte aus der Bibel persönlich zu verstehen, das würde schon genügen: den Psalm 23, das Gleichnis vom verlorenen Sohn und die Beispielgeschichte vom barmherzigen Samariter sowie das Vater-Unser-Gebet. Sie sagen alles und lassen nach mehr fragen, wenn man nicht ganz verstockt und in seinem Denken nicht auf die Schlagzeilen-BILD-Welt reduziert ist. »Wir sind auf die Anfänge des Verstehens zurückgeworfen.« (Dietrich Bonhoeffer, 1944) Es lohnt, Fernliegendes zu begreifen und sich anzueignen. Sinnsuche ist eben auch Schatzsuche in vergangener Kultur; sie kann gegenwärtig werden, beglücken, bereichern, Atem geben.

Fastenkult in der Übersättigungsgesellschaft

Es ist chic geworden, sich wieder zu alten religiösen Riten, Symbolhandlungen, spirituellen Übungen hinzuwenden. In Mode gekommen sind Zen-Buddhismus, elitär-esoterische Entrückungspraktiken bis hin zu spirituellen Wanderungen und zur Wiederentdeckung des Fastens in der Überfluss- und Überdrussgesellschaft. Ein spiritueller bzw. religiöser Kick wird gesucht – auch von Entertainern, die plötzlich den Jakobsweg gehen. Darin steckt eine tiefe Sehnsucht. Sie kommt auf, sobald man sich der Flach- und Fadheit des Alltags bewusst wird und sich nicht mit Events, medialer Gefühlsanstachelung im Horror& Thriller oder gar mit geschmacklosen Shows oder Dschungelcamps zufriedenstellen lässt.

Sogar der tiefere Sinn des Fastens im definitiven Ende des närrischen Faschingstreibens wird wiederentdeckt: Auf Rosenmontag folgt die Fast-Nacht und dann der Aschermittwoch, also auf die Nacht des Rausches der Morgen der Ausnüchterung. Nach der regellosen Ausgelassenheit kommt die strenge Fastenregel, ob mit Voll- oder nur mit Alkoholfasten, ob mit Saft- und Süßfasten oder einfach mit Reduktionsdiät zum längst fälligen Abspecken.

Geradezu als neue Sucht zeigt sich ein *Fastenrausch*, nachdem der *Konsumrausch* den Zenit seiner faden Faszination – Shoppen als Kulthandlung mit Suchtcharakter – überschritten hat und das ständige Satt- und Vollsein einfach lästig wird – zumindest vielen, die es hierorts noch ganz gut getroffen haben. Einen besonderen *Kick* soll es dabei geben, Glücksgefühle nach drei Tagen fastender Quälerei.

Fasten kann einen teuer zu stehen kommen, sobald es in Fastenkurse mündet. »Man gönnt sich ja sonst nichts.« Die katholische Kirche ist per SMS dabei – Prominente wie Norbert Blüm senden Fastenden fast-food-news.

Inzwischen finden sich 412 000 Einträge bei Google unter dem Stichwort »Fasten«. 120 000 mehr als im Vorjahr. Während die einen sich wöchentlich beim Bodybuilding kasteien, probieren es andere mit systematischem Abhungern, diesem Doping der Konsumgesellschaft mit Kicksucht – samt der Illusion, dass die Seele mehr bekommt, wenn der Leib sich quält. In Zeiten der notorischen Übergewichtigkeit – wo Schlankheit Kult-Charakter hat – bekommt die Hungerkur einen Kult-Status.

Die Probanden berichten im Frühstücksfernsehen von einem Lusterlebnis der Seele, von euphorisierten Zuständen, von Freiheitsrausch, vom Glücksgefühl der Entschlackung. Ich sehe etwas misstrauisch in leicht sauertöpfische Gesichter, die fest behaupten, es würde ihnen jetzt so unwahrscheinlich gut gehen und sie hätten ganz großartige Erlebnisse gehabt. Glücklich sehen sie mir nicht aus. Und welchen Hunger sie hatten, verleugnen sie meist.

Der Versuch, jenes eigentümliche Mangelgefühl mitten im Überfluss, jenen Hohl-Raum, den die Fülle hinterlässt, loszuwerden, ist dennoch so bedenkens- wie nachahmenswert. Wer nämlich eine Zeitlang auf Dinge verzichtet, die zum täglichen – selbstverständlichen! – Lebensgenuss gehören, kann sich durch freiwillige Abstinenz leiblich, psychisch und geistig darüber klarwerden, wie abhängig er bereits ist – und wie unabhängig er durch einen bewussten Akt des Verzichts wird. So kann selbstauferlegtes »Darben« geradezu befreiend wirken. Sagen wir: »Sieben Wochen ohne ...« – Alkohol, Tee und Kaffee, ohne Fleisch und Süßes, ohne Fernsehen und Zeitungen. Was aber stattdessen? Die Zeit muss anders gefüllt, die Gedanken müssen auf anderes gerichtet werden, will man in sich eine Veränderung erfahren!

Sinn macht solch bewusstes Lassen nur, wenn eine Zeit bewussten Verzichts auf äußere Genüsse als Zeit innerer Be-Sinnung genutzt, wenn Glück im Maßhalten erlebt wird, wenn man erkennt, was man alles nicht braucht, um glücklich zu sein, wenn man sich zugleich von dem ganzen Unrat freimacht, mit dem der eigene Seelengrund zugemüllt, mit dem der Geist tagtäglich vernebelt wird.

Ein bewusster äußerlicher Akt kann zu einem tiefen Erlebnis von Freiheit führen – als Folge einer leiblich-geistigen Entschlackung. Das meint weit mehr als die modische Fastenwelle, mehr als Glücksrausch im Hungerdelirium.

Im ur-christlichen Sinne ist die Fastenzeit zugleich Passionszeit, Zeit der herausgehobenen Solidarisierung mit denen, die leiden, im inneren Mitgehen, im mystischen Einswerden mit dem, der für andere Leiden auf sich genommen hatte, der die Leiden anderer nicht mehr übersehen und ihnen keine zufügen wollte. Passionszeit ist die Zeit der Sym-pathie im Ursprungssinne, also des Mitleidens. Der »Menschensohn«, der das Heil bringt, nimmt sich des Elends an: Er weint mit Weinenden, hungert mit den Hungernden und wird fröhlich mit den Fröhlichen.

Im christlichen Sinne sind Fastenzeiten immer Zeiten der Leidensmystik, also eines aktivierenden Mitbedenkens, des Innewerdens des Leidens in der Welt – zusammen mit der Ausrichtung auf die Wende zum Leben: Auf die Passion folgt Ostern, auf den Advent folgt Weihnachten, auf die Zeit des Verzichts folgt die Zeit der Fülle. Nur wer zuzeiten verzichten kann, kann sich zur gegebenen Zeit von Herzen freuen. Wer immer alles hat, kommt vom Überfluss in den Überdruss. Oder er lässt sich neidvoll faszinieren vom noch viel größeren Überfluss anderer, statt sich bewusst zu werden, wie reich er aus sich selbst und in sich selbst ist – und aus welchen Quellen ein befriedigender Reichtum kommt bzw. wie armselig Reichsein machen kann. Es geht darum, stets das rechte Maß zu finden.

Martin Luther hielt 1539 in Wittenberg eine Predigt über das Maßhalten:

»Es ist keinesfalls verboten, was zur Ehre sowie zur Lust und Freude gereicht. Der Apostel Petrus will keine sauer dreinblickenden Heiligen mit Heuchelei und Schein eines asketischen Lebens haben. Gott hat nichts dagegen, dass du dich nach deinen Möglichkeiten kleidest, schmückst und vergnügst. Allein, es muss bei einem bestimmten Maß bleiben. Essen, Trinken, Kleiden sind uns ja weder zur Notdurft noch zur Ehre und Freude verboten worden. Nur: dass wir dabei nicht unflätig und Schweine werden und so die Vernunft schändlich begraben.«

Die Evangelienlesung zum sogenannten ersten Fastensonntag »Invokavit« erzählt vom Zimmermannssohn aus Nazareth, der vierzig Tage und vierzig Nächte in der Wüste ausharrt, der hart fastet, dabei den Versuchungen der Macht, des Reichtums und der ewigen Unversehrtheit zu widerstehen weiß. Äußerlich reiches Dasein verwechselt er – selbst mitten im bitteren Mangel – nicht mit erfülltem Menschsein. Er unterwirft sich nicht. Er bleibt frei.

»Führe uns nicht in Versuchung« lautet die wichtigste Bitte des Vaterunsers, verbunden mit der Bitte um »das tägliche Brot«, für jeden Tag und für jeden.

Nicht die religiöse oder quasi-religiöse Verzichtsleistung mit egomanem Glücksgefühl ist eigentliches Fasten. »Soll das ein Fasten sein, an dem ich Gefallen habe, ein Tag, an dem man sich kasteit, wenn ein Mensch seinen Kopf hängen lässt wie Schilf und in Sack und Asche sich bettet? spricht der Herr. Das ist ein Fasten, an dem ich, Gott, der Herr, Gefallen habe: Laß los, die du mit Unrecht gebunden hast, laß ledig, auf die du das Joch gelegt hast! Gib frei, die du bedrückst, reiß jedes Joch weg!«

»Brich dem Hungrigen dein Brot, und die im Elend ohne Obdach sind, führe ins Haus!«, das nennt der Prophet Jesaja richtiges »Fasten« (Jesaja 58, 5–7).

Solches Fasten – als sozialpolitische Aktion und Konzeption! – bräuchte unsere jammer-reiche Welt-Gesellschaft, bräuchte jeder Einzelne: Praktische Solidarität mit den Armen, freiwilliges Abgeben dessen, was man selber nicht braucht, was aber andere bräuchten, um überhaupt zu leben. Inneres Loslassenkönnen zielt auf äußeres Abgeben. «Fasten» meint jedenfalls weit mehr als jenen zeitweiligen »Abhungertrip mit Seelenkick« einer Ich-AG. Leibliche Übung, geistige Klärung und soziales Engagement gehören in einem christlich verstandenen Fasten unabdingbar zusammen.

Scham als Sensorium des Gewissens

Jeder, der auch nur einmal schamrot geworden ist oder sich eines gravierenden Fehlverhaltens schamvoll bewusst geworden ist, hat erfahren: Scham ist ein unangenehmes *und* ein reinigendes

Gefühl: Ein Mensch wird sich scham- oder gar schmachvoll eines Versagens, eines schwerwiegenden Fauxpas, eines peinlichen Vergessens, einer (un-)bewussten Verschuldung vor einem anderen Menschen oder gar vor der Öffentlichkeit bewusst. Er wird nach innen oder nach außen ganz rot, fühlt sich ertappt, enttarnt, entblößt, an den Pranger gestellt. Andere wurden enttäuscht. Das Selbstbild wurde schmerzvoll zertrümmert.

Scham zu empfinden, Scham zuzulassen, Scham auszuhalten gehört zu den Grundbedingungen von (Mit-)Menschlichkeit. Sie setzt einerseits einen verinnerlichten moralischen Maßstab und andererseits eine ausgeprägte Sensibilität voraus.

Der Selbstbewusste, der Selbstgerechte, der ganz Selbstgewisse kennt kaum Scham, so wenig wie bei ihm das Gewissen anschlägt.

Der Übersensible kommt in seiner Scham um und wird vor jedem Handeln schon entmutigt. Scham ist eine moralische Empfindungsfähigkeit, sofern Moral etwas mit gelingender oder scheiternder Beziehung zu tun hat.

Sie ist immer etwas Nachträgliches, nicht etwas Warnendes wie die Stimme des Gewissens. Nachträglich schämen wir uns unserer Angst, unserer Verzagtheit, unserer ungerechten oder unbedachten Handlungsweise. Scham ist das Sensorium in der Seele, das uns – als einander verantwortliche, verpflichtete und aufeinander angewiesene Wesen – ein Fehlverhalten nicht bloß erkennen, sondern im Inneren spüren lässt.

Die im Abendland bekannteste, ja berührendste Geschichte von Schuld, Scham und Tränen ist die vom sich unerschütterlich treu gebenden Petrus, der dreimal leugnete, bis der Hahn krähte. Da ging er hinaus und weinte bitterlich. Er schämt sich nicht bloß seiner Feigheit, seines Treuebruchs – sein ganzes Selbstbild ist erschüttert.

Schamlos logen die Nazis am 1.9.1939, log Ulbricht im Juli 1961, log Barschel 1987 ehrenwortbewährt, log Wienand über seine Stasikontakte.

Schamlos wurde ein Krieg gerechtfertigt, der auf 16 der UNO vorgetragenen Lügen beruhte, und noch schamloser wurde das

Lügen einfach zugestanden – konsequenzenlos für alle Verantwortlichen.

Schamlos hat sich Ernst Welteke im Hotel Adlon bedienen lassen; schamlos hat Laurenz Meyer unverdientes Geld gescheffelt und noch schamloser von seiner Ankündigung Abstand genommen, es nachträglich einem wohltätigen Zweck zuzuführen.

Schamlos hat Klaus Esser wegen Rufschädigung geklagt, weil man ihm 30 Millionen Euro Abfindung öffentlich »geneidet« hatte.

Weit tiefer noch reicht die Scham, die darin besteht, dass der Mensch ein eigenes Geheimnis vor sich selbst zu bewahren sucht. Jeder lebt von gelungenen Verdrängungen, macht sich nicht alles klar, was in ihm steckt. Jeder Mensch braucht die Verhüllung von Bereichen seines (Da-)Seins vor anderen und hütet das Geheimnis seiner Besonderheit und Eigenheit, auch seiner individuellen Verletzlichkeit (»Lindenblatt«). Enthüllung kann geradezu etwas Barbarisches sein: eine Entblößung, die einen entkleidet, existenziell nackt dastehen lässt. Schutzlos. Ausgeliefert.

Insbesondere »jeder tiefe Geist braucht eine Maske« (Nietzsche). Alles übereinander wissen zu wollen wäre nicht bloß zerstörerisch, sondern geradezu eine Hybris. Nicht umsonst sind Märchen und Mythen voll von Verhüllung und von (gewaltsamem) Lüften gehüteter Geheimnisse.

»Wir Eichmannsöhne« nannte Günther Anders ein Buch und legte schmerzhaft etwas offen, was wir zu gerne abspalten. Wer wollte das nicht verstehen? Die bestürzenden Ergebnisse des Milgram-Experiments, durchgeführt zur Zeit des Vietnamkrieges, wurden gerne verdrängt.

Unsere *Kleider* sind unsere zweite Haut, die uns nicht nur wärmt und unsere Schamzonen *ver*hüllt, sondern uns reizvoll anzieht, etwas aus uns macht, was wir *nicht* sind, aber gerne wären.

Kleider gewähren Selbstschutz und die Möglichkeit, etwas vorzuspielen. Schamloses Spiel mit der Scham wurde getrieben, als die Angeklagten des 20. Juli 1944, einst schnittige Generäle, vor Freislers Gerichtshof ihre Hosen festhalten mussten, um nicht vor allen »in Unterhosen« der Lächerlichkeit preisgegeben zu sein.

Reiner Kunze reflektiert das zynische Spiel mit der Scham in dem Gedicht »Großer Hymnus auf eine Frau beim Verhör«:

> Schlimm sei gewesen
> der augenblick des
> auskleidens
>
> Dann
> ausgesetzt ihren blicken habe sie
> alles erfahren
>
> über sie

Sie, die mit der Scham gequält werden soll, reißt den Schamlosen die Maske so herunter, dass sie als die Freie dasteht.

Wir können beschämt werden durch die unerwartete und große Geste eines Gegners, durch ein überraschendes Geschenk, durch einen letzte Tiefen erreichenden Liebeserweis.

Scham deutet die Bibel als ein Ergebnis der selbstgewollten Entzweiung des Menschen mit Gott. Schamfrei wird der mit sich und mit anderen entzweite, der ent-kleidete Mensch erst durch die »Bekleidung« mit der Vergebung Gottes.

Nur ein zur Scham fähiger Mensch sollte größere Verantwortung für andere tragen, damit nicht Unverschämtheit zum Normalfall wird. Und der Normalbürger sollte seine Repräsentanten weder heroisieren noch verdammen. Aus Selbsterkenntnis.

Mose und die Sorge für die Alten

Mit feurigen Augen kommt Mose nach dem Bericht aus Exodus 19–20 vom rauchenden Berge Sinai. Sein Gesicht glänzt noch vom Widerschein des Allerhöchsten. Er bringt zwei Tafeln mit.

Erst einmal muss er sie zerschmettern. Beim zweiten Mal hält er sie dem Volke vor. Die erste Tafel regelt die Gottesbeziehung, die zweite regelt die Sozialbeziehungen und beginnt mit dem ersten »Generationenvertrag« der Geschichte: Kinder sollen ihren Vater und ihre Mutter ehren. Zum Gehorsam der Kinder gehört die Sorge für ihre hinfällig werdenden Eltern. Kinder sind für Eltern da, wie die Eltern für die Kinder da waren. Klar bleibt indes eine Machtordnung – immer behalten die Alten das Sagen und erheischen Respekt, bis die Jungen selber Alte sind.

Alle Macht den Alten? Wenn sie nun *zu alt* werden und viel zu viele werden? Die Jungen wollen's und können's nicht mehr tragen, und sie signalisieren den Alten, dass sie sich trollen sollen. Wer heute so über die Alten denkt, vergisst, dass er morgen auch alt sein wird und auch gern lange leben will. Das alte Gebot »Du sollst deinen Vater und deine Mutter ehren, auf dass es dir wohl gehe und du lange lebest auf Erden« stellt klar, dass die Alten bis zum Schluss zu ehren sind.

Die Alten tragen einen Lebensschatz an Erfahrung und Weisheit mit sich, der den Jungen zugute kommt. Zugleich ist Widerspruch ganz natürlich: Nicht immer auf die Alten hören! Selber entscheiden, selber probieren und sich von den Alten emanzipieren. Was aber wird, wenn es zu viele werden, deren »verbriefte« Ansprüche an Lebensunterhalt und Gesundheitsfürsorge überhandnehmen, nicht mehr tragbar werden? Wie werden wir fertig mit einer völlig überalterten Gesellschaft, wo fast überall Grauköpfe dominieren?

Ein bisher nicht gekannter Generationenkonflikt steht uns ins Haus – auf der mentalen, der medizinischen, der sozialökonomischen und auf der politischen Ebene. Ist es in jedermanns/jederfrau Belieben gestellt, Kinder zu haben oder keine zu haben, oder gehört es zu den selbstverständlichen, naturgegebenen und aus eigener Einsicht erwachsenden Verpflichtungen all derer, die Kinder haben können, auch Kinder zu wollen? Zweifellos ist es nicht in unser Belieben gestellt, sondern unsere Verpflichtung: einerseits für die Alten und andererseits für Kinder zu sorgen, während wir selber in der Blüte unserer Kraft stehen. Das richtet sich nicht gegen Selbstverwirklichung, aber gegen Egoismus als Karriereideologie.

Die Grundfesten unserer Gesellschaft sind erschüttert; nicht nur, weil es »zu viele Alte« gibt, sondern weil es »zu wenige Junge« gibt. Das Problem wird unsachgemäß auf den Arbeits- und den Finanzminister sowie auf die Gesundheitsministerin verlagert. Zugleich und zuförderst muss es um Familienpolitik gehen. Zuallererst ist unserer Gesellschaft wie jedem Einzelnen ein grundlegender mentaler Wandel abverlangt, auch ein Wiedergewinn alter Weisheiten:

Erstens ist die Fürsorge zunächst eine persönliche und *dann* eine gesellschaftliche Aufgabe.

Zweitens ist jeder im Prinzip dafür mitverantwortlich, dass es eine natürliche Regeneration, also genügend Kinder, gibt, für die man sorgen muss, bis sie für uns sorgen. Der soziale Rahmen muss freilich möglichst kinderfreundlich gestaltet sein.

Drittens soll man Leben nicht um jeden Preis verlängern wollen. Abgeben, Weggeben, Loslassen gehört zur Klugheit der sterblichen Kreatur. Man nannte diese Lebenskunst früher ars moriendi.

»Unser Leben währt 70 Jahre, und wenn's hoch kommt, so sind es 80 Jahre. Herr, lehre uns bedenken, dass wir sterben müssen, auf dass wir klug werden« (Psalm 90) – das ist eine Glaubensweisheit, die auf der Gewissheit der Güte Gottes beruht. Beides muss wieder ins Lot kommen: die Bereitschaft, selber für Nachwuchs zu sorgen, und die Bereitschaft, sein Leben loszulassen, nicht um jeden Preis weiterleben zu wollen.

Darüber können freilich die Jungen und Gesunden nur mit den Alten und Kranken gemeinsam entscheiden. Viel wichtiger wird die sinnvolle Integration der Alten ins gesellschaftliche Leben werden, statt weiter einem Jugendkult bei immer weniger Jungen zu frönen.

Leben lassen und sterben lassen

Brächten Sie es als Vater oder Mutter übers Herz, Ihrer jahrelang im Koma liegenden Tochter die lebenserhaltende Magensonde entfernen zu lassen?

Würden Sie als Ehemann Ihre 15 Jahre im Wachkoma liegende Frau in Frieden sterben lassen wollen, nachdem aufgrund allen menschlichen Ermessens klar ist, dass eine Rückkehr des Bewusstseins nicht mehr möglich ist?

Und was wünschten Sie sich selber für den Fall, dass Sie nicht mehr selbst entscheiden können, ob Ihr Leben durch Apparate künstlich verlängert werden soll oder nicht? Alle Erfahrung sagt, dass keiner von uns weiß, wie er darüber denkt, wenn er oder sie wirklich selber betroffen sind.

Zurückgeworfen auf große existenzielle Fragen werden wir alle. Zwischen aller Anstrengung, Leben zu erhalten, und aller Gelassenheit, den Tod kommen zu lassen, besteht in der Regel ein quälender Widerspruch, der uns zu zerreißen droht.

Wurde die Lebensqual des Papstes Johannes Paul II. zu Ostern 2005 öffentlich zur Schau gestellt – oder war es eine Erinnerung für eine den Tod verdrängende Welt an unser aller Hinfälligkeit und Todesqual?

Öffentlich zur Schau gestellt wurde das unbewegt-lachende Gesicht der Terri Schiavo. Millionenfach wurde es verbreitet zu einer Zeit, da der Tod weithin tabuisiert und vielmehr ein Fitnesskult zelebriert wird.

Welche Gewissensqualen macht jemand durch, der abwägen soll, ob die Lebensfunktionen eines geliebten Menschen weiter durch Apparate aufrechterhalten werden oder »ob dem Betroffenen zuliebe lieber abgeschaltet« werden soll. Nachdem die 15 Jahre künstlich ernährte, im Wachkoma liegende Frau buchstäblich verdurstete, waren Menschen weltweit einem Wechselbad der Mit-Gefühle ausgesetzt. Ich konnte mich in die Position des Ehemanns von Terri Schiavo genauso einfühlen wie in die ihrer Eltern.

Allerdings will mir überhaupt nicht in den Sinn, dass ausgerechnet fundamentalistisch orientierte Christen ein so wenig gelassenes Verhältnis zum Tode zeigen. Konnte das *Sterben*-Lassen in dieser Situation für Terri und für ihre Lieben nicht auch eine Gnade sein? Ist es denn nicht wahr, dass die *Liebe* nimmer aufhört (1. Korinther 13)?

Der Tod ist ein großes Geheimnis, das Leben ein anderes. Klug sein heißt, sein Leben nicht als selbstverständlich und jeden Tag als ein Geschenk zu nehmen. Mitten im Leben wissen, dass es endlich ist, dass wir Vorübergehende sind. Unser Leben fährt dahin, »wie ein Strom, wie ein Gras, das am Morgen noch sprosst, das am Morgen blüht und sprosst und des Abends welkt und verdorrt« (Psalm 90,5–6).

Wer wirklich glaubt, kann mit Hiob getröstet sagen: »Der Herr hat's gegeben, der Herr hat's genommen, gepriesen sei der Name des Herrn.« (Hiob 1,21) Wer Gott vertraut, stirbt doch nicht ins Nichts, sondern in Gott hinein. Er weiß, dass kein Mensch tiefer fallen kann als in die Arme Gottes. Wer sich so aufgefangen weiß, muss nicht verkrampft festhalten wollen, sobald seine Lebensuhr offensichtlich abläuft. Der Apostel Paulus hat das christlich gewendet. »Leben wir, so leben wir dem Herrn; sterben wir, so sterben wir dem Herrn. Darum, wir leben oder sterben, so sind wir des Herrn.« (Römer 14,8)

Ob wir uns an jedes Zipfelchen Leben um jeden Preis klammern wollen oder aber gelassen loslassen können, wenn unser Stündlein kommt – ganz plötzlich mit einem Gehirnschlag oder nach einem schweren Unfall oder langwährend-quälend im Fall einer unheilbaren Krankheit oder in hohem Alter –, wissen wir alle nicht im Voraus.

Das ärztliche Ethos verpflichtet dazu, Menschenleben zu erhalten, Kranke und Sterbende zu begleiten und sie zum Leben zu ermutigen. Jeder soll sich sicher sein können, dass sein Recht auf Leben nicht durch wirtschaftliche, politische oder andere Gründe infrage gestellt wird. Wie segensreich kann eine künstliche Niere sein, ohne die viele Menschen nicht mehr leben würden. Aber sind alle lebensverlängernden Maßnahmen hilfreich oder ethisch vertretbar, wenn ein Mensch dauerhaft an medizinische Geräte angeschlossen ist?

Jeder medizinische Eingriff setzt die Einwilligung des Patienten voraus. Wir können und müssen also selbst bestimmen, ob und wie eine Behandlung durchgeführt wird. Diese Freiheit bedeutet eine große Bürde, besonders wenn die ärztliche Prognose vage ist oder wenn es um modernste lebensverlängernde medizinische Methoden geht, die uns ganz neue, schwerwiegende ethische Folgeentscheidungen abverlangen.

Es wäre eine Hilfe für Angehörige wie Ärzte, wenn *jeder* sich entschlösse, nicht nur seinen materiellen Nachlass zu regeln, sondern auch zu hinterlassen, was er für den Fall wünscht, dass er keine Entscheidung mehr über sein Weiterleben treffen kann. Selbst wenn eine Patientenverfügung vorliegt, wird eine Entscheidung nicht leicht sein – nicht sein dürfen! Diese muss sorgsamste Einzelfallabwägung bleiben und darf nicht weltweiter Skandalisierung und einem hemmungslosen Voyeurismus ausgeliefert werden.

Wir sind nicht Herren des Lebens, schon gar nicht Herren über Leben und Tod. Zwischen menschlicher Einmischung durch aufwendige Lebensverlängerung und der problematischen Entscheidung, künstlich erhaltenes Leben in Würde verlöschen zu lassen, bleiben Grauzonen. Es darf nicht tabuisiert werden, welche finanziellen (Verdienst-)Aspekte oder Prestigegründe für ärztliches Handeln bisweilen eine Rolle spielen. Aber Unterlassung einer intensivmedizinischen Maßnahme kann unter bestimmten Umständen – zumal, wenn sie dem Willen des Patienten entspricht – sogar eine Verpflichtung sein. Einem schwerstkranken Menschen zu erlauben, in Würde zu sterben, *kann* als eine aus Liebe kommende Entscheidung gelten. Eine aus Mitleiden mit dem Leidenden resultierende Entscheidung ist nicht zu verwechseln mit aktiver Sterbehilfe.

Eine Schweizer Organisation verspricht einen »völlig schmerzlosen und ruhigen Übergang in den Tod«. Doch es häufen sich Berichte über furchtbare Todeskämpfe von Kranken, die das angebotene Gift eingenommen hatten. In unserem Nachbarland kann dieses Gift jeder Arzt verschreiben; der Lebensmüde muss es sich selbst nur »eigenhändig« zuführen.

In Deutschland ist aktive Sterbehilfe verboten. Wäre dieses Verbot erst einmal aufgehoben, müssten wir berechtigte Angst haben, dass andere künftig über unser Leben nach Gutdünken verfügen. Wegen der Euthanasiepraktiken im Nationalsozialismus oder wegen anderweitigen Missbrauchs kann unsere Gesellschaft jedoch nicht darauf verzichten, auch über ein würdiges Sterbenkönnen nachzudenken und gesetzliche Regelungen zu schaffen, die dem nicht zuwiderlaufen.

Am 22. Dezember 2006 meldete dpa, dass der Sterbehilfebefürworter Piergiorgio Welby gestorben sei: »Selten hat ein ganzes Land das Drama eines einzelnen Menschen so hautnah miterlebt. Nun ist der unheilbar kranke Italiener Piergiorgio Welby, der monatelang um sein Recht auf Sterbehilfe gekämpft hatte, in der Nacht zum Donnerstag gestorben. Ein Arzt habe das Beatmungsgerät Welbys abgestellt, hieß es. Welby litt seit mehr als 40 Jahren an Muskelschwund und wurde seit fast zehn Jahren nur noch mit Hilfe künstlicher Beamtung am Leben erhalten. Zuletzt war der 60-Jährige gelähmt und konnte nur noch mit den Augen kommunizieren. Er selbst bezeichnete sich als ›einen Gefangenen des eigenen Körpers‹ und bat um die ›Gnade der Sterbehilfe‹.« Welby hatte zuvor vor Gericht beantragt, die Beatmungsgeräte abzustellen. Das Gericht hatte das abgelehnt.

Der Präsident der Bundesärztekammer Jörg-Dietrich Hoppe erklärte zum Fall Welby: »Jeder Patient müsse sich stets sicher sein, dass Ärzte für die Erhaltung seines Lebens einträten und nicht auf Grund wirtschaftlicher, politischer oder anderer Gründe das Recht auf Leben infrage stellten. Aber: ›Patienten müssen aber auch darauf vertrauen können, dass ihr Selbstbestimmungsrecht respektiert wird‹. Die ärztliche Verpflichtung zur Lebenserhaltung habe dort ihre Grenze, wo der Patient unzweifelhaft zum Ausdruck bringe, dass er eine lebensverlängernde, häufig auch nur leidensverlängernde Behandlung ablehne.«

Mir scheint die sehr prinzipielle Haltung der Kirchen, selbst wohlabgewogenes Sterbenlassen abzulehnen, gerade aus seelsorgerlichen Gründen und gerade wegen der Achtung des Lebens nicht hilfreich zu sein.

Respekt vor der Entscheidungsfreiheit des Betroffenen und die schmerzvolle Abwägung der Angehörigen steht dem Respekt vor Leben und der Unantastbarkeit menschlichen Lebens nicht entgegen, solange »Würde des Lebens« und »Sterben in Würde« zusammengesehen werden.

Keine Angst vor der Angst

I.

In die Welt geworfene Kreaturen sind wir. Ein lebenslang dominierendes Grundgefühl ist die Angst: Lebensangst und Sterbensangst, Versagensangst und Verlustangst. Sie begegnet, sie umgibt, sie bedrängt uns in vier Grundformen:
 – als Angst vor dem Nicht-Sein, vor dem völligen Selbstverlust, die eine biologische Auslöschung mit sich bringt (*ontologische* Angst),
 – als Angst vor Leere und Sinnlosigkeit allen Tuns und Strebens, als ein Selbstzweifel, der tendenziell in Melancholie oder Depression führt (*geistige* Angst),
 – als Angst vor Selbstverfehlung sowie als Schuld- und Versagensangst (*moralische* Angst)
 – als Angst vor dem Verlust aller »irdischen Sicherungen« im sozialen Umfeld (*soziale* Angst).
Ontologische, geistige, moralische und soziale Angst umstellen jeden Menschen, der bereit und in der Lage ist, sich seines Lebens als endliches Wesen bewusst zu werden. Die »Grundformen der Angst« lassen sich auch als Angst vor der Selbsthingabe, vor der Selbstwerdung, vor der Wandlung und vor der Notwendigkeit kennzeichnen, wie dies der Psychoanalytiker Fritz Riemann getan hat.

Zentrifugale und zentripetale Kräfte streiten unablässig miteinander: die Angst vor dem Eingeengtsein im Eigenen und die Angst vor dem Eindringen des Fremden bzw. vor dem Fremden überhaupt. Ausleben und Abwehren beider Antriebe vollziehen sich in demselben Menschen!

Hinzu kommt eine neue Art alter »apokalyptischer Ängste«, die mit atomaren oder ökologischen Welt-Vernichtungsszenarien verbunden sind – ob als »atomarer Winter« bzw. als »schmutzige Bombe« oder als neue »Sintflut«, wie sie Frank Schätzing in seinem Bestseller »Der Schwarm« beschrieben oder Al Gore in einem Dokumentarfilm gezeigt hat.

Jede Angst kann lähmen und zum resignativen Hinnehmen der Angstursachen und -folgen führen, *oder* sie kann gerade umgekehrt sehr aktiv machen und Widerstandskräfte wachrufen. Unheilspropheten haben selten Lust am vorausgesagten Unheil. Sie wollen wachrütteln, und sie sind selber zumeist Liebhaber des Lebens.

Die einen werden auf Angstszenarien hin hypochondrisch bis panisch, die Mehrheit aber übt sich in Beschwichtigung und Verdrängung, in Verharmlosung und Betäubung, etwa durch die Flucht ins Entertainment.

»Denn wie soll man sonst das Leben unbekümmert genießen können?«, fragt mancher. Verleugnete Ängste werden so zur Ursache der Angst. Angst braucht den Mut, sich ihr und ihren realen und voraussehbaren Gründen zu stellen. Es braucht zu jeder Zeit den Mut, sich der Angst produktiv zu stellen, die Selbst- und Weltzweifel zuzulassen und allem Angstmachenden so aktiv wie konkret entgegenzutreten.

Erich Fried schreibt uns ins Stammbuch:

> Zweifle nicht
> an dem
> der dir sagt
> er hat Angst
>
> aber hab Angst
> vor dem
> der dir sagt
> er kennt keinen Zweifel

II.

Der Philosoph Søren Kierkegaard hat die Angst, man selber zu sein, von der Angst, nicht man selber zu sein, unterschieden. Erstere ist auch zu verstehen als die Angst vor der (erschütternden) Selbstbegegnung, letztere als Angst, hinter dem zurückzubleiben, was an positiver Kraft und besonderer Begabung in einem steckt. Verzweifelt man selbst sein wollen und verzweifelt nicht man selbst sein wollen!

Wie lernen wir, zu uns selbst JA zu sagen und von einem Grundgefühl getragen zu sein, dass man bejaht, gewollt, geliebt ist, dass die Welt im Ganzen gut zu uns ist und es gut mit uns meint? Sich selber bejahen kann man letztlich nur als ein Bejahter. Erfahren wird diese positive Grundeinstellung zum Leben in elementarer Weise in mütterlicher und väterlicher Zuwendung, Zuneigung und Zärtlichkeit, in Ermutigung, Anforderung und Selbstanstrengung – ebenso in frühkindlichen Sozialkontakten, die Weltvertrauen und Selbstvertrauen wachsen lassen. Das geht nie ohne Konflikte ab, nicht ohne Konkurrenzen, Ablösungen und Niederlagen, nicht ohne Einsamkeits- und Verlassenheitsphasen. Auch wenn man nicht aus Gründen der Herkunft oder der eigenen Leistung, sondern *nur* aufgrund wirtschaftlicher Konstellationen oder einseitiger Gewinninteressen ausgeschlossen, ja »erübrigt« wird, fühlt man sich bald selber als zu nichts mehr nutze, traut sich nicht mehr viel zu und wird als Nichtsnutz angesehen.

Wer länger keine Arbeit mehr hatte, *kann* oft nicht mehr arbeiten, wenn er endlich wieder eine Arbeit angeboten bekommt. Wer nie eine Ausbildung oder eine Anstellung bekam, hat nie arbeiten gelernt. Auch auf diese Weise wächst eine neue »Unterschicht« heran. Es gibt eine – nicht schuldhaft zuzurechnende – Arbeitslosigkeitsverwahrlosung.

Dabei hat doch jede und jeder den ganz natürlichen Wunsch, in seinem Sein und in seinem Tun beachtet und geachtet zu werden. Wird dies Bedürfnis nicht befriedigt, so kommt es zu besonderem Anerkennungsdrang, zu Egozentrierung und zu neurotisierten Selbstwertbestätigungsposen, die geradezu gefährlich werden, sowie sie sich mit Macht paaren.

III.

Angst bleibt lebenslang als eine Art Urinstinkt die treueste Lebensbegleiterin. Die Starken vermögen sie besser zu verbergen, und die Mächtigen, die so viel Angst machen, machen meist aus Angst Angst. Das Gefühl existenzieller Unsicherheit kann sich als »Angst vor der Angst« verselbständigen. Lebensangst verknäult sich mit Todesangst.

(Un-)bewusst bleibt eine lebensbegleitende Sehnsucht nach der Geborgenheit im Uterus – und sehr unterschiedlich wird der Schock des Ausgesetztseins und der endgültigen Abnabelung verarbeitet. Für die einen ist das der Ausdruck von Freiheit schlechthin, andere haben eine lebenslange Sehnsucht nach Zurückkriechen und nach »Anbindung« – als eine der Ängste vor Selbständigkeit und Freiheit.

Menschliche Tätigkeit – ob als Arbeit, ob als künstlerischer Selbstausdruck, ob als kriegerischer Urimpuls – ist neben der Abarbeitung destruktiver Triebüberschüsse, neben dem Bestreben nach Selbstbestätigung und Sinnfindung auch eine Methode der Angstbesänftigung und -umleitung.

Und auch im Bestreben, »etwas fürs Geschichtsbuch« zu hinterlassen, meldet sich die Angst vor dem Vergessenwerden und vor der Nichtigkeit allen Strebens. Die monumentalen Grabmäler der Großen und der Gernegroßen geben davon beredtes Zeugnis.

Hilfreich ist eine – die Wahrheit unseres Vergehens akzeptierende und Gelassenheit ausströmende – Weisheit: dass es »dem Menschen gehet wie dem Vieh: wie dies stirbt, so stirbt auch er« und »dass nichts Besseres ist, als dass der Mensch fröhlich ist in seiner Arbeit« (Prediger 3,19.22) – oder man bleibt eben allezeit im Banne seiner (monströsen) Selbsttäuschungen, die von den

Oberen gemeinhin mit Ewigkeitsfloskeln machtvoll garniert werden.

In jedem Menschen meldet sich eine elementare Sehnsucht nach *Sicherheit*. Sie bleibt immer trügerisch. Unsere Angst wird zur Mutter der Vorsicht. Unser Leben heißt leben im offenen Raum. Alles ist prinzipiell unsicher und kann verlorengehen. Nichts ist wirklich vorhersehbar. Nichts ist so sicher wie die Tatsache, dass alles unsicher ist. Nichts ist so erschütterbar wie das *Vertrauen*. Nichts ist so unfassbar wie die Angst, jene Grundangst, die tiefer geht als alle konkrete Furcht vor etwas. Nichts ist so kräftigend wie eine *Gewissheit*, die um die Ungewissheit auf eine getroste Weise weiß. Dann hat man weder den verbissenen Wunsch, möglichst alt zu werden, noch die Angst vor dem Altsein. Zu solcher Haltung kommen wir viel zu selten.

Unter welch widrigen Umständen haben frühere Generationen ein Kind – viele Kinder! – zur Welt gebracht! Warum fehlt in unserem Land so vielen jungen Leuten der Mut zu Kindern und zur Gründung einer Familie? Es dürfte nicht primär die Angst vor Hunger oder Krieg sein, sondern eher ein Sicherheitsdenken: eine – keineswegs unbegründete – Sorge, einen Karriereabsturz zu erleben, nicht mehr mitzukommen, nicht wieder in den Arbeitsprozess zurückzufinden und dann auf Hartz IV oder Sozialhilfe angewiesen zu sein. Nicht wenige mögen befürchten, sich nicht mehr »verwirklichen« zu können – stattdessen bei der Betreuung von Kindern eine »entfremdete Tätigkeit« ausüben zu müssen, die zu wenig gesellschaftliche Anerkennung erfährt. Wo bleibt die ganz natürliche Freude an Kindern – und wie viel Angst, ohne Nachkommen alt zu werden, wird da verdrängt?

Eine Gesellschaft, der weithin der Mut zum Kind fehlt, ist krank. Eine Gesellschaft, die jungen – selbst gut ausgebildeten – Leuten massenhaft keinen Platz in der Arbeitswelt bietet oder eine dem Menschen nicht angemessene permanente »Flexibilität und Mobilität« mit Kurzzeitanstellungen – ohne jede Kontinuität und Berechenbarkeit – fordert, verspielt die eigene Zukunft. Familienpolitik ist ein Herzstück der Gesellschaftspolitik!

Das Aufziehen von Kindern ist teuer und bedarf dringend weit größerer, auch materieller Anstrengungen wie z. B. für alle garantierte Kindergartenplätze. Aber Kinder sind nicht nur ein »Kostenfaktor« bzw. ein Risiko, sondern machen reich. In der Erziehung von Kindern kommen Arbeit und Sinn auf eine ureigene Weise zueinander. Und Kinder stärken das Grundvertrauen, dass das Leben weitergeht und dass es Menschen gibt, denen es nicht gleichgültig ist, wenn du das Leben lassen musst. Wer in einer Mehrgenerationenfamilie »aufgehoben« ist, wird auch seinen Lebensängsten gegenüber tapferer, weil er damit nie ganz allein bleibt.

IV.

Alle menschlichen Sicherheitsmaßnahmen sind Vorkehrungen gegen unsere Angst. Sowie diverse Vorkehrungen geschaffen sind, wecken sie neue Ängste und führen zu neuen Sicherheitsvorkehrungen. Angst macht Angst.

Eine Mauer – genannt »antifaschistischer Schutzwall« – sollte einen mit Schießbefehl nach innen abgesicherten Staat schützen, der vorgab, damit nur »den Frieden zu schützen«. Die SED-Führung war von permanenter Machtverlustangst getrieben, die sie regelmäßig veranlasste, mit diversen Ritualen der Angst (wie etwa mit schwülstigen Paraden) lachende Zustimmung oder willige Unterwerfung der BürgerInnen zu gewährleisten. Sie wusste zu gut, dass die 99,98-Prozentige Wahlbestätigung trügerisch war, und baute sich einen alle Lebensbereiche durchwirkenden Sicherheitsapparat – mit Tendenz zur Selbstzersetzung – auf. Überall »feindlich-negative Subjekte!« Die selbsternannte Vorhut der Avantgarde hielt – bereits seit den Tagen Lenins – alles in Angst und »auf Linie« – zuerst sich selbst. Angstbestimmter Gehorsam wandelte sich unter Abweichungs-Angst-Bedingungen nicht selten allmählich zur Überzeugung.

Die Angst wurde zur eigentlichen Regentin im Betonstaat DDR. Vorauseilende Angst führte zu allgemeiner Anpassung. Zugleich gewährte der Ver- und Umsorgungsstaat »soziale

Sicherheiten« für alle, verschaffte allen Beschäftigung, förderte die kleinen Leute, den Sport und die Kultur, ließ keinen durchs Netz fallen (warf nur über einige bedrohlich das Netz oder die Schlinge) und gab eine »wissenschaftliche Weltanschauung« mit gesetzmäßig garantierter Zukunftsoption vor, wo dann alles Subjektive als zweitrangig gelten konnte. Will man dem »Klassiker« Marx, der Unfehlbarkeitsinstanz schlechthin, glauben, so gilt der Mensch als ein Gattungswesen, und demgemäß ist auch der Tod lediglich ein Sieg der Gattung über das Einzelwesen. Wozu dann noch die subjektive Angst vor dem Tod, vor der Nichtigkeit?

Wie trügerische Sicherheitsversprechen taub für Realität machen, so machen geschürte Ängste hysterisch: Die Burgen brauchen den doppelten Burggraben, der Panzer braucht die doppelte Panzerung, die Kontrolle die Kontrolle der Kontrolleure. Selbst nach Siegfrieds Bad im Drachenblut bleibt eine schutzlose Stelle. Die Maginot-Linie war umgehbar und der Westwall eine Propagandaeinrichtung. SDI und NMB sind teuerste gigantische amerikanische Schutzschildillusionen. Weil alles so unsicher ist, gibt es so viele alltägliche Sicherheitsmaßnahmen: die Leitplanken, den TÜV, die Fluchtwege, die Sicherheitsdienste, die Alarmanlagen. Ist der Strick an der Schaukel dick genug, die Bremse fest genug, das Druckventil genau genug, die ärztliche Untersuchung umfassend genug?

Gerade verstärkte Sicherheitsvorkehrungen machen verstärkte Ängste sichtbar. Das kann so tragische wie groteske Züge annehmen. So wurde Mitte der dreißiger Jahre Ernst Barlachs Haus vom bräunlichen Kleinbürger-Pöbel Güstrows nachts mit Steinen beworfen. Und da baute er sich eine Falltür vor sein Schlafgemach – als ob er sich so hätte schützen können.

Gegen die Grundangst hilft letztlich nur eine unbegründbare und unergründbare Grundzuversicht, ein Urvertrauen, das das Selbst stärkt und eine Unbekümmertheit aufkommen lässt, die das Leben leichter und gelöster werden lässt. Aber nicht sicherer. Trotzdem kommen immer wieder technisch zu bewerkstelligende

Unverwundbarkeitsphantasien auf. Sie sind der Reflex auf unsere Verwundbarkeitsängste. Immer wieder will man seinem gefürchteten Gegner verheimlichen, wo die verwundbare Stelle ist, wo die Sicherheitslücke ist, wo wir in unserem Innersten leicht treffbar sind. Das gilt kollektiv und individuell. Immer wieder gibt es den Schock der Verwundbarkeit, dass sogar ein einziger Satz ins Herz trifft wie ein Messer.

Historische Erfahrungen haben sich ins Völkergedächtnis eingegraben: Die mächtige Armada Philipps II. versank im Sturm in der Biskaya. Die Jagdbomber des siegesgewissen ägyptischen Präsidenten Nasser wurden 1967 auf dem Rollfeld zerstört, ehe ein einziges starten konnte. Und 2006 scheiterte die sieggewohnte und modernste, bestmotivierte Armee der Welt in den Bergen des Libanon bei einem unverhältnismäßigen Militärschlag. Die amerikanische Kriegsflotte in Pearl Harbor wurde in wenigen Stunden versenkt. Das einst größte und stolzeste Schiff mit dem symbolischen Namen »Titanic« zerschellte an einem Eisberg. Mathias Rust machte die ganze sowjetische Luftabwehr mit seiner Landung auf dem Roten Platz lächerlich.

Ein Sprichwort sagt zwar, die Angst sei ein schlechter Ratgeber, doch die gegenseitige totale Vernichtungsangst war zuzeiten der sogenannten gegenseitigen Abschreckung zu einem »guten Ratgeber« geworden und aktivierte eine Art menschlicher Überlebensvernunft, die über Rüstungsbeschränkungsverträge und das Rote Telefon zu Abrüstungs- und atomaren Rückzugsschritten führte. Trotz scharfer Konfrontation und anhaltender gegenseitiger Angst tat man alles Menschenmögliche dafür, dass es nicht zu einer »Vernichtung aus Versehen« käme – bis gar ein angst- und waffenabbauendes Reglement nach dem Konzept »Gemeinsamer Sicherheit« gefunden wurde. Inzwischen wachsen alte Ängste neu und führen zu erneuter Rüstung, wobei die Schwellen für den Einsatz von Atomwaffen weit niedriger geworden sind.

Die Urgewalt des Tsunami traf Hunderttausende. Durch den Hurrikan Katrina brachen die Wände von Kanälen, und

New Orleans wurde fast vollständig überflutet. Angst vor Naturkatastrophen – etwa vor Vulkanausbrüchen, Erdbeben, Meteoriteneinschlägen – oder vor kaum zu bändigenden tödlichen Viren grassiert und wird von den Medien periodisch aufgeheizt. Es wird viel zu wenig Vorsorge getroffen gegen sehr plötzliche gravierende Unfälle mit großen Wirkungen wie gegen längerfristig sich anbahnende Katastrophen. Die große Mehrheit will stets gern mit Unheilsprophezeiungen in Ruhe gelassen werden; schließlich möchte doch jeder seine Tage unbeschwert und besonnt verbringen. Wenn die Katastrophe unvermutet da ist, ist die allgemeine Aufregung riesengroß, und man ist durchaus zu einschneidenden Veränderungen, ja auch zu Verzichtsleistungen bereit. So hat z.B. die Katastrophe in Tschernobyl 1986 beinahe 20 Jahre lang zu einem Umdenken über diese gefährliche Technologie geführt, die allerdings heute vielen – besonders den Betreibern – schon wieder als »sauberste Energieform« gilt.

Muss erst die große Ölverseuchung der Ostsee – etwa durch den Zusammenstoß zweier Großfrachter in der engen, vielbefahrenen Kadettrinne – über uns kommen, ehe strenge Schutzvorkehrungen getroffen werden? Der große Jammer käme zu spät, weil die Schäden irreversibel wären. Die Ostsee wäre auf unabsehbare Zeit »verloren«.

Berechtigte Ängste können zu hilfreicher Vorsorge führen, wo sich ein nüchternes Gefahrenbewusstsein entwickelt und mehrheitsfähig wird.

Neben technischen Vorkehrungen zur Minderung der *Gewalt der Natur* wären viel größere, umfassendere Vorkehrungen aus *Angst um die Natur* nötig. Sollen sie noch wirken, müssten wir die bisher gängige Produktions- und Lebensweise verändern, die der Globus auf Dauer eben nicht aushält. Könnte hier die Angst nicht rechtzeitig zur Lehrmeisterin werden, wenn es schon die *Einsicht* nicht ist? Die Ideologen des sogenannten sachlichen Kalküls – in Wahrheit der »pragmatisch« in Kauf genommenen absehbaren Katastrophen – nennen solche Erwartung kaltschnäuzig einfach illusionär.

Die Unverwundbarkeitsträume sind längst passé, aber seit den SDI-Träumen von Präsident Reagan gibt es jene amerikanische Strategie, einen atomaren Schutzschild zu bauen, der alle anderen verwundbar sein, aber die Vereinigten Staaten als unverwundbar erscheinen ließe. Doch die Schurken kamen am 11.9.2001 nicht aus dem Weltraum, sondern von amerikanischen Flughäfen. Sie kamen nicht als mörderische Gesandte ihrer Staaten mit deren Armeen und Raketen, sondern sie kamen aus ungreifbaren Netzwerken, die immer noch nicht zerschlagen sind. Und die Angst wurde und wird fortan geschürt, um noch mehr Sicherheitsmaßnahmen zu rechtfertigen. Mit Antrax konnte man die ganze große stolze amerikanische Nation in Atem halten. Und mit dem Kampf gegen den Terror begründete Präsident Bush nicht nur die Einschränkung von Rechten der US-Bürger, sondern auch die Existenz der Folterhölle Guantánamo.

Wer keine Grundzuversicht hat, dass es gut gehen kann und gut werden wird, könnte sich gar nicht auf die Straße begeben, schon gar nicht auf die Autobahn: ein einziger Unachtsamer, der ausschert, ohne nach hinten zu sehen; ein Verrückter, der Steine von der Autobahnbrücke herabwirft; ein Rad, das sich löst, weil in der Werkstatt vergessen wurde, es festzuziehen, oder weil ein Verwirrter oder Hasserfüllter es heimlich gelockert hat. Ein Betrunkener, der dich am Bahnsteig vor den einfahrenden Zug stößt.

Wer sich ständig vor Augen hält, was täglich passieren könnte, wird panisch. Zugleich gehört die Angst als natürliche Vorsicht, als Sorgsamkeit, als Aufmerksamkeit, als Abwägung zu unseren lebenserhaltenden Kräften. Sie ist ein gefahrenminimierendes Gefühl und fungiert auch wie alle Vorsichts-Maßnahmen als ein lebensdienliches Warnsystem.

Die Maßnahmen können vielleicht helfen, die Furcht vor etwas Konkretem zu mindern, aber die Grundangst lässt sich nur mit Grundvertrauen, mit Zuversicht und Gelassenheit überwinden. Gegen unsere tiefsitzende Grundangst hilft nur ein tief verwurzeltes Urvertrauen, dass die Welt uns letztlich gut ist und mir gut ist; uns, die wir gehängt sind zwischen Himmel und

Hölle, die wir Angst haben vor uns selbst oder vor den anderen, vor der Zukunft, vor dem Verlust, vor dem Anfangen und vor dem Aufhörenmüssen.

V.

Wer im Vollbesitz seiner fünf Sinne ist und sich das Wunder des Lebens täglich vor Augen führt, statt es selbstverständlich zu nehmen, wer zugleich die Unverfügbarkeit des Lebens täglich vor Augen hat, der mag unablässig »Klage führen über den unabwendbaren Verlust« seiner Augen (Ingeborg Bachmann) – aber eben als einer, der das »Glück der Augen«, des Augen-Lichts und des Sonnen-Lichts bewusst als ein großes Geschenk wahrgenommen und ausgekostet hat – als etwas Kostbares, *weil* Vorübergehendes.

Der junge Bert Brecht hatte konstatiert: »Angesichts der Unsicherheit der Verhältnisse sitzt als letzter Gesellschafter das Nichts am Tisch«.

Und so ist Leben eine Dennoch-Existenz und ein ständiges Sich-Wundern, dass einen die Angst doch nicht auffrisst, sondern dass man ohne Grund fröhlich ist.

Ein berühmter mittelalterlicher Spruch drückt das so aus:

> Ich bin, weiß nit wer
> Ich komm, weiß nit woher
> Ich geh, weiß nit wohin.
> Mich wundert, daß ich fröhlich bin.

Jede Religion ist ein Versuch, mit der (Grund-)Angst fertigzuwerden. Glauben ist ein Grundvertrauen in der Welt der Angst, dass da eine Kraft ist, die mir gut ist. Glaube ist keine Versicherung gegen die Angst, sondern ein Bestehen in der Angst. Glaube ist Zuversicht mitten in der Gefahr.

»Wer unter dem Schirm des Höchsten sitzt und unter dem Schatten des Allmächtigen bleibt, der spricht zu dem Herrn: Meine Zuversicht und meine Burg, mein Gott, auf den ich hoffe.

Denn ER errettet mich vom Strick des Jägers und von der verderblichen Pest. ... daß du nicht erschrecken mußt vor dem Grauen der Nacht, vor den Pfeilen, die des Tages fliegen, vor der Pest, die im Finstern schleicht, vor der Seuche, die am Mittag Verderben bringt ... Denn ER hat seinen Engeln befohlen, daß sie dich behüten auf allen deinen Wegen, daß sie dich auf den Händen tragen und du deinen Fuß nicht an einen Stein stoßest.« (Psalm 91)

Das ist die Grundzuversicht, aus der heraus das Leben sich bestehen lässt. Und nicht von ungefähr sind die Worte des Jesus aus Nazareth in den sogenannten »Abschiedsreden« des Evangelisten Johannes so tiefgehend – und wenn man so will: seelsorgerlich.

»In der Welt habt ihr Angst, aber seid getrost: ich habe die Welt überwunden ...« (Johannes 16,33b) »Den Frieden lasse ich euch. Meinen Frieden gebe ich euch. Nicht gebe ich euch, wie die Welt gibt. Euer Herz erschrecke nicht und fürchte sich nicht.« (Johannes 14,27)

Da meldet sich ein in die Tiefe reichendes Grundvertrauen, ein in der Tiefe durchaus erschütterbares, aber nicht auslöschbares Grundvertrauen, das aus einer Dennoch-Haltung kommt. »Dennoch bleibe ich stets an dir« (Psalm 73, Vers 1 und 23).

Sodann schildert der Psalmbeter, der so trotzig wie getrost »Dennoch« sagt, durch welche Fährnisse des Lebens, durch wie viel Schmerz, Hohn und Spott er hindurchgehen musste und hindurchgekommen ist. Dennoch.

VI.

Die beständige Angst, die Tag- und die Nachtangst, hat den menschlichen Traum von der Unverwundbarkeit immer neu erstehen lassen. Dieser Traum ist in Menschheitsmythen vielgestaltig erzählt worden. Und er wurde im 20. Jahrhundert durch technische Perfektionierung scheinbar Realität – nämlich der Stärkste und zugleich unverwundbar zu sein. Der Staat selbst erhebt »die Sicherheit« zu seinem Idol, mit aller Macht, auch Geheimmacht. »Staats-Sicherheit« wird das Sicherheit vorgaukelnde Angstwort.

Die Pax Romana – der Frieden in »Ruhe und Sicherheit« – wird durch die römischen Legionäre und durch diverse Statthalter, durch Satrapen und ihre Heloten garantiert. Heute heißt solches Gebaren »antiterroristische Koalition der Willigen«. Früher galten die Makkabäer oder germanische Stämme als »Terroristen«. Der Friede, die Sicherheit, die Angstfreiheit beruhten auf der Unverwundbarkeit der eigenen Heere. Da wird der Erfolg als Sieg über andere zum Gott. Der Sieg wird der große Rechtfertiger allen Tuns. Wer den Sieg garantiert, den (militärischen) Erfolg politisch absichert, bekommt die unbestreitbare Macht und auch die Zustimmung der Völker. Die Sicherheit (securitas) will man mit Macht schaffen, und dazu braucht man einen Sieg-Frieden, der zum Angst-Frieden für die Unterlegenen wird. So erzeugt die römische Macht Schrecken und Unsicherheit, um sich sodann als Hort des Friedens (pax romana) anzubieten und zu betätigen.

Im Blick auf die Stämme Britanniens schreibt Tacitus, dass diese »unseren Frieden fürchteten«. Der Sieger organisiert den »Frieden« zu seinem Vorteil. Der Verlierer soll auch etwas davon haben, aber er soll gefälligst gefügig sein und gefügig bleiben.

Der Friede, den Rom bringt, ist ein Sieg-Friede für die Römer, für die Besiegten ein Unterwerfungsfriede. Die Unterschiede zwischen den Friedensvorstellungen der Römer und Griechen zeigen sich auch in bildlichen Überlieferungen. Der römische Friedensgott Pax wird mit dem Fuß im Nacken des Besiegten und mit dem Lorbeerkranz des Siegers sowie Speer, Lanze und Schild dargestellt. Die griechische Friedensgöttin Eirene dagegen schüttet aus einem Füllhorn Wohlstand und Reichtum aus.

Die Friedenspraxis der Pax Romana sah so aus, dass nach glorreichem Abschluss des Krieges mit totaler Unterwerfung die »Geschäfte des Friedens« gemacht wurden, aber immer wieder mächtiger Schrecken durch verheerende Feldzüge verbreitet wurde. Sobald Cäsar genug Schrecken verbreitet hatte, berichtet

Tacitus, schonte er die Unterworfenen wieder und bestach sie durch die Lockungen des Friedens. Durch solche Maßnahmen ließen die Stämme »von ihrer Erbitterung ab«.

Die Angst vor dem Terror war auf beiden kriegführenden Seiten schon immer groß. Terrere bedeutet »in Schrecken versetzen, einschüchtern und abschrecken«. Dieses Terrere üben alle *Großmächte* mehr oder weniger perfekt aus, mehr oder weniger grausam, jeweils aber mit dem Recht des Siegers.

Terroristen sind dagegen Leute, die punktuell Angst und Schrecken verbreiten und so das Trügerische eines Sieg-Friedens verdeutlichen.

Das Christentum stellte dem von Anfang an einen anderen Friedensbegriff entgegen. Und es gab in der frühen Christenheit eine schroffe Entgegensetzung: aut Caesar – aut Christus. Entweder *Cäsar* oder *Christus*.

Das christliche Gottesverständnis als das Herabkommen des Transzendenten in das Immanente ist Widerspruch gegen die Unverwundbarkeitsideologie. Der waffenlose Zimmermannssohn stellt sich der Pax Romana gewaltlos und entschlossen in den Weg.

Gott – so die ungeheuerliche Behauptung der Christen – macht sich in Christus verwundbar. Seine Allmächtigkeits-, Unnahbarkeits- und Unberührbarkeitseigenschaft gibt er auf. Gott erscheint nicht mehr als der gefürchtete »Herr der Heerscharen«, sondern als der, dem man sich mit Urvertrauen zuwendet und ABBA – Unser Vater! – wie ein Kind lallt, singt, bittet.

Diese Selbsterniedrigung Gottes wird sichtbar in jedem hungernden Kind. In jeder geschundenen Kreatur begegnet uns der Menschensohn wieder. »Alles, was ihr diesen meinen geringsten Brüdern getan habt, das habt ihr mir getan«, heißt es in einem der Weltgerichtsgleichnisse bei Matthäus im 24. Kapitel.

Wenn Christus zur Wunde Gottes in der Welt wird, dann ist auch der Verweis auf das Kreuz und die Theologie des Kreuzes eine Theologie der Verwundbarkeit: Der Unverwundbare macht sich verwundbar. Er wird der Mitleidende, der Mitleid mit den Verwundeten hat und inmitten der Verwundeten auftaucht.

Statt der Securitas (also der Sicherheit im Blut des Drachens) wird die Certitudo (also eine Gewissheit, die in dem gründet, der sich verwundbar gezeigt hat) gesucht. Dies wird seit fast 2000 Jahren bildlich in den ausgebreiteten Händen des Gekreuzigten ausgedrückt, der segnend über seinen Peinigern schwebt, statt die geballte Faust der Rache zu erheben.

In diesem Friedensbringer aus Nazareth wird die alte Vision des Jesaja und des Micha menschliche Gestalt: »Und sie werden ihre Schwerter zu Pflugscharen und ihre Spieße zu Winzermessern umschmieden«. Mit dem Pflug wird die Erde umgebrochen, damit der Samen mehr Frucht trägt, und mit dem Winzermesser wird der Weinstock beschnitten, damit er bessere Reben trägt.

So ist es nur konsequent, wenn das erste Wort, das über dem verletzlichen Kind in der Krippe »vom Himmel herab« gesprochen wird, lautet: »Fürchtet euch nicht!« Zuerst hört ein Berufsstand, der traditionell ausgegrenzt wurde, den Ruf – die Hirten nämlich, die als unrein galten, da sie mit unreinen Tieren Umgang hatten.

»Fürchtet euch nicht!« ist das Wort, das der Auferstandene am Ostermorgen den erschrockenen Frauen am Grabe zuruft. Glaube ist nichts anderes als ein Aufstehen gegen die Angst.

Sie kommt täglich wieder, alles durchdringend. Und sie kann täglich gebändigt, einfach beiseite gelassen oder gar überwunden werden. Niemand übersehe, wo einer nicht aus seiner Angst herauskann, und *stehe* ihm *bei* – oder einfach nur zuhörend, verstehend, besänftigend *zur Seite*.

VII.

Jeder hüte sich davor, sich in seiner Angst einzurichten oder sich ohne jede Willensanstrengung auf eine Mutlosigkeit herauszureden, die einfach nur Feigheit ist. Mut braucht Mut. Wer nichts wagt, wer sich nicht wagt, gewinnt nichts. Wer sich etwas traut, ermuntert das Zutrauen bei anderen.

Der Angst nicht das Feld überlassen! Aktivität kann als ein Bollwerk fungieren, als eine existenziell und eine sozial unabdingbare Art und Weise, der Angst durch das Kämpfen gegen die Ursachen der Ängste, der Furcht oder der Befürchtungen – zusammen mit anderen – entgegenzuwirken. Dazu ist freilich Staat, Gesetzgebung, Gewaltenteilung auf eine den heutigen Herausforderungen angepasste Weise unabdingbar, will man nicht allmählich auch alle öffentlichen Güter privatisieren und »im Namen der Freiheit« den Überlebenskampf weltweit zu einem allgemeinen, die sozialen und ökologischen Standards missachtenden Handlungsprinzip machen – so dass alsbald global das Recht des je Stärkeren dominiert. Solche Freiheit macht zu Recht Angst.

Politik, wo sie menschlich ist, ist ein praktisches Handeln gegen alltägliche, insbesondere soziale Ängste. Sie kann das Selbstvertrauen, die Bildung, die Leistungsbereitschaft, das Urteilsvermögen und das Verantwortungsbewusstsein der BürgerInnen stärken helfen. Sie kann und soll den Ursachen für Ängste auf den Grund gehen und sie durch ihr Tun und Lassen verringern; aber ihre Möglichkeiten sollten nicht überschätzt werden – die existenzielle Angst kann sie nicht beseitigen. Wer illusionäre Erwartungen an »den Staat« richtet, muss enttäuscht werden.

Der Staat soll, kann, darf nie wieder »Gott spielen« wollen. Er wird dann stets zum Götzen, zum Ungeheuer oder zum allgegenwärtigen »Großen Bruder« im Orwell'schen Wahrheits- und Liebesministerium.

Und keiner rede sich auf seine Angst heraus; keiner leugne, wie stark sie ist. Um Angst zu bestehen, brauche ich dich und wir brauchen uns.

> Vergesset nicht
> Freunde
> wir reisen gemeinsam

Das schrieb eine dem Grauen der Nazizeit Entkommene: Rose Ausländer.

Sie gab in vielen Variationen der Hoffnung sprachlich so einfach wie berührend Ausdruck.

Hoffnung II

Wer hofft
ist jung

Wer könnte atmen
ohne Hoffnung
daß auch in Zukunft
Rosen sich öffnen

Ein Liebeswort
die Angst überlebt

Nimm dich wichtig

Wenn du dich nicht *zu* wichtig nimmst, geht dir vieles leichter von der Hand und du hörst auf, unerquicklich an dir selbst zu leiden. Du gewinnst Distanz, du lernst, dir über die Schulter zu schauen und auch über dich selbst zu lachen.

Der Ärger wird geringer, und deine Fähigkeit zur Selbstkritik wird größer, ohne dass sie dich im Innersten beschädigt.

Und dann nimm dich wieder wichtig. Bleib nicht gleichgültig und wisse, dass du nicht gleichgültig bist. Begegne dir selbst nicht gleichgültig. (Es gibt doch Menschen um dich herum, denen es ganz und gar nicht gleichgültig ist, was aus dir wird.)

Wir sind alle einmalig. Es geht darum, dieser Einmaligkeit täglich unverwechselbar Gestalt zu geben. Du bist nicht »der Herr Großkotz«. Du kannst dich ruhig, sehr ruhig, vergleichen mit den anderen, die auf ihre Weise einmalig, gar großartig sind. Aber »der Herr Klein« in dir ist ängstlich mit sich selbst zerworfen.

Also bleib auf der Suche nach dem, was für dich gültig ist.

Und versuche zu verstehen und zu akzeptieren, was dem anderen, auch dem dir ganz Fremden gültig erscheint. Dazu aber brauchst du eine alte, so befreiende wie schwierige Tugend: sich selbst zu eigen zu sein, über sich und seine Leidenschaften zu verfügen, aber nicht ohne Leidenschaft zu sein. Das nannten die Stoiker vor 2000 Jahren ataraxia: Freiwerden vom Verwirrenden und Verworrenen, von Unruhe und Streit, Furcht und Schrecken, von Lärm und Getriebe.

So gewinnt man letztlich Klarheit. So wächst in der Stille in einem ein Stillewerden, das nicht Ausdruck von Langeweile, sondern von Innenraumpflege ist. Auch wegen der Seele gilt es, auf eine lebensfreundliche Innenraumausstattung zu achten. Du willst doch kein sich selbst langweilender Mensch oder Langweiler für andere sein.

Wir arbeiten an so vielem und machen uns viel – vergebliche – Mühe, stiften Unruhe noch und noch. Darüber versäumen wir die Arbeit an uns selbst, das Ausreifen unseres unverwechselbaren Selbst.

Wir leiden individuell und kollektiv an einem Joch unserer Zeit: nicht mehr abschalten zu können. Immer vom Lauten umgeben zu sein, die Stille nicht mehr hören zu können. Einmal nichts einschalten und ganz abschalten. Den ganzen alltäglichen Quark, den wir unablässig, angestrengt, hingebungs- oder gar sorgenvoll treten, hinter uns lassen. Wenn man immer nur anschaltet, muss man das Abschalten wieder lernen, weil man wieder lernen muss, etwas mit sich selbst anzufangen.

Sich-selbst-Begegnen und Sich-Annehmen macht innerlich reich und äußerlich stärker. Es erleichtert auch die Begegnung mit anderen und die Fähigkeit, sie ganz anzunehmen. Dazu braucht es Zeit, Zeit für die Selbstbesinnung. Dazu braucht es Ruhe, ja Stille, weil die Welt um uns so laut, so schnell, so schrill, so disparat ist.

Die Sehnsucht nach Stillesein wird listenreich übertönt, aber sie meldet sich wieder und wieder.

Wir haben im Deutschen das treffliche Wort Nach-Denken. Nachdenken braucht Zeit und Raum, es braucht die Stille. Du brauchst Rückzug, Nachdenken, Stillwerden. Dazu gehört, sich für Unbekanntes zu öffnen, Abgründe und Ängste auszuhalten. In der Stille warten, was kommt. Kommt nichts – erschrick nur!

Du erkennst, was du bist. Mancher hört freilich in sich hinein und hört nichts. Nichts. Mancher hört in sich hinein und ist entsetzt über das, was da in ihm hochkommt. Aber das gehört eben zur Katharsis: das Dunkle nicht verdrängen, sich dessen bewusst werden und es nicht beiseiteschieben. Solches Stillsein ist nicht einfach Schweigen, Stummsein, Verstummen. Es ist keine Reaktion auf den Befehl »Sei still!«, schon gar nicht meint es eisiges Schweigen.

Die Stille – sobald man sie auszuhalten gelernt hat – lässt etwas in uns wachsen. Sie wird zum Kraftquell und zur Quelle neuer Gedanken. Denn die Stille bereichert uns. Und der Lärm verbraucht uns. Melodien und Stimmen, einzelne Verse oder Worte, die in diese Stille hineinfallen, dringen ganz in unser Inneres vor.

»Die größte Offenbarung ist die Stille«, meinte Laotse; sie brachte ihn zu den tiefgründigen Erkenntnissen über alles Leben.

»Durch Stillesein und Hoffen würdet ihr stark sein«, hat der Prophet Jesaja eingeschärft. (Jesaja 30,16) Und Martin Luther hat eben dieses Wort zu seiner Lebensmaxime gemacht.

Eintauchen in die Stille ist ein partieller Rückzug, der Klarheit bringt, der Raum zum Justieren und zur Selbstvergewisserung bietet. Gerade dem, der an allem zweifelt und an sich zu verzweifeln droht, dem, der sich in Aktivität und Engagement verausgabt hat, begegnet im Stillsein so etwas wie ein Wunder. Und gerade der, der politisch aktiv ist und bleiben will – ohne sich zu verkrümmen oder zu verbiegen –, braucht eine beständige Selbstklärung, um nicht in unfruchtbaren Aktionismus, in Zynismus, Selbsttäuschung oder Resignation zu verfallen.

> Nicht müde werden
> sondern dem Wunder
> leise
> wie einem Vogel
> die Hand hinhalten.

Dankbar leben – glücklich werden

I.

Wer dankbar sein kann für das, was er hat, wird durch eben diese Dankbarkeit reicher, ebenso wie derjenige ärmer wird, der alles, was er hat, mit dem vergleicht, was er »mehr haben« könnte, oder mit dem, was andere mehr haben.

Selbst das Schwere im Leben wird leichter ertragen, wenn man dankbar das annimmt, was das Leben trotz allem bereithält.

Klaus Mann schreibt im »Wendepunkt« über die Hungerzeit im Ersten Weltkrieg: »Man nimmt Wohlstand und Fülle nicht mehr als etwas Selbstverständliches hin, wenn man einmal erfahren hat, was es bedeutet, von einem Butterbrot wie von einer himmlischen Delikatesse zu träumen.«

Wer den ersten Blick aus dem Fenster am Morgen als etwas Beglückendes, Überraschendes, gar nicht Selbstverständliches erlebt, ist einfach reicher, genauso wie der, dem das »Guten Morgen« eines freundlich zugewandten Menschen mehr als eine Floskel ist. Wer hingegen alles bemäkelt und beklagt, wird vom Neid zerfressen, wird von »Geiz ist geil«-Sprüchen infiziert, nimmt alles mit, was er kriegen kann: die Reichen die »Absetzbarkeit« von Steuern und das steuergünstigste Parken von überflüssigem Geld, jedenfalls von dem, was man persönlich gar nicht braucht und nicht verbrauchen kann.

Bei Hartz-IV-Empfängern aber, die all ihre Intelligenz und ihre Mühe darauf richten, rauszuholen, was ihnen gesetzlich zusteht, ist man sehr schnell mit dem Vorwurf des Missbrauchs und des Schmarotzertums zur Stelle.

Reiche nehmen ihren Überfluss gemeinhin einfach hin, ohne sich wirklich zu fragen, ob sie das, was sie haben, auch verdient haben. Fast alle, die aus dem Arbeitsprozess herausgefallen und zu Bittstellern geworden sind, kaprizieren sich auf ihre persönliche materielle Sorge als die Sorge für sich selbst, ohne sich zusammen mit anderen den politischen und ökonomischen Voraussetzungen der Spaltung der Gesellschaft in Arme und Reiche entgegenzustellen und sich an der Suche nach einem neuen, tragfähigen Gesellschaftsvertrag zu beteiligen. So atomisiert sich die Not selbst, statt zum Widerstand zu werden. Ein Übriges tut die Selbstberieselung durch das, was man anschaltet, statt wirklich einmal abzuschalten, um sich dem Wesentlichen zuzuwenden.

Zur Realität gehört, dass es immer Differenzen geben wird, also unvermeidliche Unterschiede unserer physischen Konstitutionen, unserer sozialen Herkunft, unserer vererbungsbedingten Begabungen bzw. Fehlbegabungen. Es wird immer glückliche und unglückliche Umstände geben, bis hin zum Glück, in einer Zeit zu leben, in der man sich des Daseins erfreuen kann, oder eben dem Unglück, in einer Zeit zu leben, in der das Dasein unerträglich genannt werden muss – und doch auch ertragen wird, wo man im Unglück auch »Glück haben« kann. Das alles nannte man früher Schicksal oder gar Schicksalsergebenheit.

Wir leben in unseren westlichen Gesellschaften in einem Klima des Anspruchs, in dem Dankbarkeit zu einem Fremdwort wird. Ohne Dankbarkeit wird einem niemals der Reichtum des Lebens zuteil. »Gib dich zufrieden und sei stille«, galt als eine religiöse Tröstungsformel. Das ist nicht zwangsläufig eine illusionäre, duckmäuserische religiöse Zufriedenstellung, sondern durchaus eine praktisch brauchbare Lebensweisheit. Zur Lebensweisheit gehört zu akzeptieren, dass es unüberwindbare Unterschiede zwischen Menschen gibt. Man kann sie graduell vermindern, sie mit Gewalt – zeitweise! – überwinden, aber meist unter Verlust der Freiheit oder gar des Lebens aller, die von der dann geltenden Norm »abweichen«.

Das belegen alle Gesellschaften, die in die Barbarei derer ausarteten, die einer gleichmacherischen Utopie einen gesellschaftlichen Leib zu geben versuchten, ob nun die Münsteraner 1534, die Jakobiner 1789, die Bolschewisten seit 1917, die Roten Khmer in den 80er Jahren oder der einstige Befreiungsheld vom kolonialen Joch Robert Mugabe in Simbabwe. Ganz zu schweigen vom roten Terror der Massenmörder Stalin und Mao Zedong oder Adolf Hitlers negativer Utopie des rassistischen Genozids, der mörderischen Reinheit einer Herrenrasse.

Widerstand *und* Ergebung sind die beiden, in Spannung zueinander stehenden Grundtugenden eines gelingenden Lebens.

Wer Verschiedenheit nicht akzeptieren will, wird seines Lebens nie froh werden. Wer Ungerechtigkeit ungerührt hinnimmt, verfehlt sein Menschsein als Mitmensch-Sein, als elementare gegenseitige Abhängigkeit, als elementare Hilfe, die wir Menschen einander geben und die wir voneinander erfahren können.

Dankbarkeit ist eine Kraft, die akzeptieren hilft. Und sie gibt zugleich Kraft, das nicht hinzunehmen, was nicht sein muss.

»Widerstand und Ergebung« hat der Freund Dietrich Bonhoeffers als dessen Lebensmaxime ausgemacht. Bonhoeffer, der unter Todesdrohung im Gefängnis saß, konnte zu Weihnachten 1943 schreiben: »Ohne jeden Vorwurf denke ich an das Vergangene und ohne Vorwurf nehme ich das Gegenwärtige hin ... Die Dankbarkeit verwandelt die Qual der Erinnerung in eine stille Freude. Man trägt das vergangene Schöne nicht wie einen Stachel, sondern wie ein kostbares Geschenk in sich.«

II.

»Einer trage des anderen Last. So werdet ihr das Gesetz Christi erfüllen.«, schrieb der Apostel Paulus. Was ist das »Gesetz Christi«? Die Liebe. Wann beginnen? Jeden Tag. Alle Morgen neu.

Die Redewendung »Aller Anfang ist schwer« kann ein tröstlicher Satz sein von einem, der dieses Anfangen gerade hinter sich hat. Das beginnt mit dem Schrillen des Weckers am Morgen, wenn man früh raus muss. In jedem Tag steckt ein Imperativ, ein freundlicher oder ein bedrohlicher: »Mach' einen neuen Anlauf! Spüre das Leben mit allen Sinnen. Nimm das Risiko des Tages auf dich. Bleib neugierig und zuversichtlich.«

Nichts Neues unter der Sonne. So viel tägliches Einerlei, so viel langweilende Wiederholung. Und zugleich so Schönes, Überraschendes, Unerwartetes.

Jeder Tag ist ein Leben, eine täglich wieder gegebene Chance. Wir lernen im Leben zu leben. Aufzuleben! Und wir sterben mitten im Leben viele Tode: der Vergeblichkeit, des Versagens, der Beziehungslosigkeit, der Öde.

Morgens, wenn du aufwachst, stellst du staunend fest: Ich bin da. Mit allen meinen Sinnen. Und du bist da. Und die Welt der vielen Farben, der betörenden Töne, lauen Lüfte, des kalten wie des warmen Wassers, des flackernden Feuers und des berstenden Eises.

Jeden Tag. Und Danke sagen für das ganze Leben. Danke sagen für jeden gelingenden Augenblick.

Wo einem einzelnen Menschen oder auch einer ganzen Gesellschaft das »Danke-Sagen« abgeht, verrohen die menschlichen Beziehungen und verflüchtigt sich das Glück. Es vermindert sich die Kraft, all dem zu Leibe zu rücken, was unglücklich macht. Nur der Glückliche kann wirklich helfen; die Dankbarkeit ist ein Kraftquell, die Unzufriedenheit produktiv zu machen. Wer, statt seine Ansprüche beständig in die Höhe zu treiben, sich begnügen kann, wird im kleinen Glück das ganz große erleben. Schon probiert?

Wir sind als vergängliche Menschen lebensfrohe und todesbewusste Wesen, die gerade wegen der Vergänglichkeit das Glück als Glück erfahren können. Glück scheint auf im Genießen wie im Sich-Freimachen von den Dingen der Welt. Freiwilliges Maßhalten ist Freiheit. Dankbarkeit schützt vor unzufriedenmachendem Anspruchsdenken. Im bewussten Verzicht wird Gewinn von Freiheit entdeckt.

Wer nach den geistigen Ursprüngen und nach den aus menschlicher Geschichte zu beherzigenden Lehren fragt, ist nicht rückwärtsgewandt – sofern er versucht, das aufzuheben, was an bewährten Lebensweisheiten, Lebenswerten und Lebensaufgaben überliefert ist. Auch das trägt nur den, der das Vergebliche, das Dunkle, das Schuldhafte und das Tragische nicht ausblendet und zugleich in jedem unbeschwerten Atemzug, in jedem schönen Augen-Blick, in jedem zarten Hautkontakt, in jedem gelungenen Handgriff, in jedem schmackhaften Bissen Brot das ganze Glück erlebt. Das heißt, mitten in einem entfremdeten Leben aus zweiter Hand das Einfache, Ursprüngliche, Direkte zu entdecken und zu entfalten:

- Weniges Gute, Wichtige, Tragfähige lernen; Zeugnisse großer Literatur, anrührende und aufklärende Poesie, emotionenweckende, gemeinschaftsstiftende und humane Werthaltungen transportierende Lieder sowie biblische Zentraltexte auswendig lernen, damit wir sie mit uns und in uns tragen.
- Bilder alter und neuer Kunst so lange betrachten, bis ihr Hintergrund erkennbar geworden ist. Endlich selbstbewusst damit Schluss machen, sich den flüchtigen Fernsehbildern beständig auszuliefern.
- In den Zeilen der Dichtung aus den Jahrhunderten die Unterzeilen entdecken. In den Mythen die Geheimnisse der Welt besser verstehen lernen.
- Im Gebet zu letzter Wahrhaftigkeit und vertieftem Dasein finden.

Sich »in Gott« wie in einem großen bergenden Geheimnis mit einem unergründbaren Urvertrauen aufgehoben fühlen, selbst dann, wenn man den Abgrund vor Augen hat.

- Wieder anfangen, selber zu singen. In Flüssen schwimmen, oft und lange Rad fahren, viel barfuß laufen. Auch wieder Pflaumenkuchen mit Hefeteig backen und Mus rühren, Stunde um Stunden. Vögeln ein Nest bieten. Patenschaften für Bäume übernehmen. Regelmäßig lange Spaziergänge – schweigend, redend, schauend – machen. Überkommenen Worten nachhören. Das eigene Wort so lange suchen, bis es stimmt. Briefe mit der Hand schreiben.
- In der alles okkupierenden Konsumkultur widerständig bleiben und ein Leben mit innerer Freiheit entwickeln. Sich freuen an dem, was man hat, statt sich im Inneren daran zu zerreiben, was man nicht hat. Zugleich daran mitwirken, dass die Welt nicht so (ungerecht) bleibt, wie sie ist. Die Vita activa bedarf einer Vita contemplativa! Gelassenheit wird zur Kraftquelle für das Tun.

- Schöpferisch und eigen-willig bleiben. So raue wie schöne Einfachheit anstreben. »Schön und gut« – das tut einfach gut. Unter Reaktivierung aller sieben Sinne den Sinn im Leben durch (Er-)Leben erfahren; Sinn wird nur unter dem Gesichtspunkt der Ewigkeit gefunden. Sub specie aeternitatis.
- Goethe schrieb: »Man sollte alle Tage wenigstens ein kleines Lied hören, ein gutes Gedicht lesen, ein treffliches Gemälde sehen und, wenn es möglich zu machen wäre, ein vernünftiges Wort sprechen.«
- Einen Bissen Brot, einen einzigen, ganz lange kauen. Einen kleinen Schluck Wein über die Zunge laufen lassen. Das Geheimnis von Brot und Wein sinnlich erspüren und als Geheimnis des Glaubens erfassen. Staunen und erstaunt sein können.
- Den Großeltern zuhören und fragen, fragen. Den Enkeln erzählen, erzählen. Umarmen: einen Menschen, einen Baum, die ganze Welt.
- Berge besteigen, Beeren pflücken. Anhalten. Luft holen. Sehen, was vor den Füßen liegt. Schauen in die weite Welt. Ein Blatt Papier, eine Holzplatte, ein Pferd, eine Katze, die Hand, eine Wange, das Haar streicheln. Ein Kuss, zwei Küsse. Küssen. Spüren: Ich bin da. Du bist da. Die Welt ist da. Noch bin ich da.

»Es ist nicht möglich, genußvoll zu leben, ohne verständig und vollkommen und gerecht zu leben. Und es ist nicht möglich, verständig und vollkommen und gerecht zu leben, ohne genußvoll zu leben.« (Epikur)

Jeder Tag kommt ganz unschuldig daher: aus dem Dunkel des Nichts, im Zwischenraum Dämmerung, bis das Licht uns die Welt zeigt. Jeder Tag – ein unschuldiger Tag. Und er ist eine Folge des vorangegangenen, Bedingung für den folgenden.

Eins ist Tag für Tag zu lernen: Wir haben nicht die Zeit. Wir haben nur den Augenblick, der jetzt schon Vergangenheit ist, wir streifen den Augenblick auf dem Wege zum Zukünftigen.

Wieder und wieder dem illusionären Wunsch entgegentreten, die Zeit festzuhalten, sie zu beschleunigen oder sie zu verlängern. Jeden Tag erneut den Versuch machen, den Fluss der Zeit zu akzeptieren, das Vorübergleiten, das Ausgleiten.

»O Lust des Beginnens«, schrieb Bert Brecht. Diese Lust jeden Morgen neu erfahren. Jeder Tag ein ganzes Leben, jeder Tag ein neues Leben.

Der künftigen Generation ins Stammbuch geschrieben

Zu jeder Zeit gibt es einen Konflikt zwischen Jungen und Alten; er nimmt in einer so schnelllebigen, Traditionen abräumenden und immer älter werdenden Gesellschaft neuartige Formen und noch ungeahnte Dimensionen an.

Ich wende mich an die Nachgeborenen, weil sie mir nicht egal sind, weil ich nicht mein Genüge daran habe, dass ich es gut hatte, weil Vergangenheit für Zukunft wichtig bleibt und weil unser fast ausschließlich beherrschender Umgang mit der Welt ein Ende finden muss, damit die Menschheit sich nicht selbst an ihr Ende wirtschaftet.

I.

Mir macht Sorge, was aus euch wird und wie ihr zu dem steht, was vergangen ist. Wohl jede Generation meint, mit ihr beginne ein neues Kapitel der Menschheitsgeschichte. Die Jungen wollen sich nicht einfach auf ein Gleis setzen lassen, das die Alten gelegt haben, schon gar nicht akzeptieren, dass sie auch noch die Weichen stellen. Sie wollen etwas ganz Eigenes. Das führt zu Konfrontation und Konflikt. Der Dialog der Generationen kann zeitweilig verstummen, mitunter gibt es Scherben, nichts als Scherben. Aber ohne ausgetragenen Konflikt kein Erwachsen- und Selbständig-Werden!

Erich Frieds Maxime »Wer will, dass die Welt so bleibt, wie sie ist, will nicht, dass sie bleibt«, sollte jeder beherzigen. Und ihr Jungen dürft euch erst recht nicht abfinden mit dem, was ist, und nicht einfach funktionieren. Ihr dürft nicht so weiterleben wie wir, die wir mit unserer Wachstumsideologie voranzukommen glaubten. Wenigstens diese Einsicht möchte ich weitergeben.

Zugleich möchte ich eure Neugier auf unsere Erfahrung wecken. Ich kann und will euch keine Vorschriften machen, aber ich möchte euch bestimmte Erfahrungen ersparen. Ich wünschte, ihr verrennt euch nicht in Sackgassen, aus denen es kein Zurück mehr gibt.

Jede Generation lebt von den Erfahrungen vorangegangener, die auch einmal jung, ahnungslos, draufgängerisch, radikal waren. Auch wir wollten litaneiartige Erzählungen von »früher« nicht hören, haben widersprochen und versuchten, es ganz anders zu machen. Hätten wir genau darauf gesehen und gehört, wohin das Verhalten und Denken unserer Großeltern und Eltern führte, wären uns und unseren Nachkommen sehr folgenschwere Dummheiten erspart bleiben: Dass man z. B. nie wieder einem nationalistischen Rausch folgen oder einer utopischen Welterlösungsideologie vertrauen und einer selbsternannten Avantgarde nachlaufen, gar auf Krieg als Fortsetzung der Politik mit anderen Mitteln setzen sollte, statt zu begreifen, dass Krieg der Ausdruck des Scheiterns von Politik ist.

II.

Ich verstehe, dass ihr es oft einfach satt habt, immer wieder zu hören, »wie es uns ergangen ist«. Wie ärmlich, wie kalt, wie hart es in jenen Nachkriegsjahren war. Wie bedrückend es war, als 1961 um unser kleines abgespaltenes Deutschland eine Grenze mit Todesstreifen gebaut wurde. Wie bitter es war, alternativlos zu leben, wie schwer, in einer Kollektivgesellschaft seine Identität zu bewahren. Wie wunderbar, ein begehrtes Buch zu ergattern oder eine Tüte Apfelsinen zur Weihnachtszeit. Und dass »nicht alles schlecht« war, wirklich nicht, weil es hier geistreiche, humorvolle, ehrliche, verlässliche, begabte Menschen gab, die neben dem offiziellen ein gelingendes privates Leben organisierten und aufrecht in der »Bück«-Gesellschaft gingen. Nicht überall hinreisen zu dürfen, öffnete die Augen für das Schöne, das vor der Tür lag. Sich-wehren-Müssen, das machte auch stark.

Wir sahen eine Utopie wie einen bunten Luftballon platzen. Wir erlebten (dumme) Funktionäre und viele brav-geduckte »Staatsbürger der DDR«, die funktionierten. Parteilügen schienen zu triumphieren. Befreiend wirkten Gedichte von Reiner Kunze, Volker Braun oder Wolf Biermann. Eine plötzlich aufblitzende Idee, nach so vielen Rückschlägen (1953, 1956, 1968) kam durch die Verbindung von Gerechtigkeit und Freiheit, Demokratie und Sozialismus durch Michail Gorbatschow aus Moskau seit 1985.

Und dann erlebten wir den mutigen Aufbruch eines entmündigten Volkes, das kluge, besonnene, entschlossene Abschütteln einer Weltbeglücksideologie. Eine Feier-Abend-Revolution und jene berauschende Nacht im November, als die Leute plötzlich die Mauer stürmten und Ost- und Westdeutsche sich in den Armen lagen. Viele friedliche Demonstrationen für die Freiheit im Schatten der Angst in Deutschland, in osteuropäischen Staaten – das hatte keiner erwartet.

Wir haben die Grenzen des Kalten Krieges gesprengt. Ihr werdet mit den Grenzen zwischen der EU und afrikanischen Staaten sowie den Barrieren zwischen Arm und Reich fertigwerden *müssen*. Ihr habt den Alltag in einer unübersichtlich gewordenen, multipolaren und multikulturellen Welt zu bestehen. Euer fehlender Arbeitsplatz hat auch mit der Börse in Hongkong und mit Konzernen in Seoul zu tun.

Auch heute haben freilich Leute, die hochkommen wollen, »Rückenprobleme«, auch heute gibt es Mutige und Feige, Bornierte und Kreative. Obwohl es jetzt bei uns alles im Überfluss gibt, leiden Menschen unter Mangel. Immer mehr Leute kommen zu den Suppenküchen und holen sich das Notwendigste von den Tafeln für die Armen. Nicht alle Eltern können mit ihren Kindern verreisen.

Unser einfaches Leben war auch ein reiches Leben. Überfluss macht keineswegs automatisch glücklich.

III.

Auch wenn die Welt sich globalisiert, wie es heute jeden Tag in der Zeitung steht, werdet ihr in einem abendländisch-christlichen Lebensraum groß werden. Unsere Kultur wird sich ihr Profil nur dann erhalten, wenn sie andere Kulturen gelten lässt, aber das Eigene nicht vernachlässigt. Das wird eure Aufgabe sein, denn wo alles gleich wird, wird alles gleichgültig. Zu viele Menschen wissen von unseren Wurzeln nichts mehr und sind so abgestumpft, dass sie davon auch nichts mehr wissen wollen, geschweige denn verstehen. Die Menschheit häuft immer mehr Wissen an, paradoxerweise führt das zu immer größerer Verdummung und innerer Entwurzelung. Wir meinen, viel zu wissen, aber können oft Wichtiges von Unwichtigem nicht unterscheiden. Unsere Seele bewältigt die Fülle nicht mehr, die auf Tiefe verzichtet.

Ich bin überzeugt, dass es *gut* für jeden Menschen ist, wenn er weiß und spürt, wo er wurzelt, wo also seine Lebensgrundlagen sind und wo er sich festhalten kann, was trägt, was über den Tag hinaus gilt und jedem Leben Sinn gibt.

Ich sehe unsere westliche Welt auf eine kulturelle, moralische und seelische Dürrekatastrophe zusteuern. Es gehört zwar zur Freiheit, jeden Schrott herzustellen. Es gehört zur Freiheit, jeden Schrott zu sehen, zu kaufen und zu konsumieren. Es gehört aber auch zur Freiheit, darauf zu verzichten. Das erfordert täglich bewusste Entscheidungen und wertebestimmte Koordinaten. Jeder kann und muss selbst erkennen, auf welche Weise man lediglich zum Konsumenten degradiert wird oder wie man durch mediale Beeinflussung regelrecht verblödet. Das wichtigste Kriterium könnte sein, sich immer zu fragen, wie einem sein Subjektsein erhalten bleibt bzw. wodurch es gestärkt wird und wodurch man sich zum Objekt machen lässt.

Die vergangene sozialistische Welt machte den Einzelnen zum Rädchen, die heutige kapitalistisch-marktwirtschaftliche zum Konsumenten. Es wird darauf ankommen, wie viel dem

Einzelnen seine Freiheit wert ist, wie viel er für diesen »ideellen Wert« einzusetzen bereit ist, selbst wenn er sich seiner Ohnmacht bewusst wird. Und Freiheit wird ohne Verantwortung zur Willkür. Es gilt, Verantwortung für sich *und* für seine Mitmenschen zu übernehmen.

IV.

Die Weisheiten der Alten mögen euch ein Achselzucken wert sein. Hört einfach mal hin. Genau. Behaltet einen differenzierten Blick auf das Vergangene – manches könnte für euer künftiges Leben von Wert sein. Lasst euch weder entmutigen von den großen Leistungen der Altvorderen, noch ignoriert ihre Fehler, verachtet und belächelt nicht, was sie getan haben. Prüft alles! Nichts einfach übernehmen, sondern aneignen, transformieren. Macht euch das Gute zu eigen, löst das Unabgegoltene, noch Unerreichte ein. Denkt voraus! Was jeder tut oder unterlässt, hat Folgen für künftige Zeiten.

Bewahrt Gottes wunderbare Schöpfung, lernt von der Natur, statt sie beherrschen zu wollen. Die uns anvertraute Erde ist vergiftet, verödet, vergammelt. »Die Bewältigung des Klimawandels stellt eine Feuertaufe für die im Entstehen begriffene Weltgesellschaft dar«, mahnen Wissenschaftler. Und es gibt weitere große Risiken und Gefahren, z.B. die Atommeiler, die Waffenarsenale und den Terror. Werdet bessere Haushälter als wir, erhaltet die Erde als Lebensraum für Tiere, Pflanzen und Menschen, sorgt für Frieden und mehr Gerechtigkeit.

Einen Rat, eine Bitte habe ich noch: Begnügt euch nicht damit, gut drauf zu sein und selber gut durchzukommen, cool zu sein oder alles cool zu finden (stets vom Kick zum Event getrieben!), sondern gestaltet die Welt mit. Bleibt und werdet »politisch«, mischt euch in das öffentliche Leben ein (res publica), damit auch euer persönliches Leben gelingt.

In der Bibel heißt es: »Der Geist selbst gibt Zeugnis unserem Geist, daß wir Gottes Kinder sind.« (Römer 8,16) Wir sind

Vorübergehende. Ihr auch. Das Glück des Augenblicks, des glücklichen Augenblicks, macht unser Leben einmalig.

Die Dichterin Rose Ausländer schrieb:

> Vergesst nicht
> Freunde
> wir reisen gemeinsam.

»Man muß sich die Kunden des Aufbau-Verlages als glückliche Menschen vorstellen.«

Süddeutsche Zeitung

Das Kundenmagazin der Aufbau Verlagsgruppe finden Sie kostenlos in Ihrer Buchhandlung und als Download unter www.aufbauverlagsgruppe.de. Abonnieren Sie auch online unseren kostenlosen Newsletter.

Friedrich Schorlemmer mischt sich ein

Absturz in die Freiheit
Was uns die Demokratie abverlangt
»Aber der aufrechte Gang, das aufrichtige und aufrichtende Wort gehört zu unseren menschlichen Möglichkeiten und zu unserer Menschwerdung.« Schorlemmer streitet für die Überwindung der »Sprachlosigkeit«, die sich inmitten der deutschen Medien- und Konsumlandschaft ausgebreitet hat. Er appelliert an die Verantwortung jedes einzelnen für die Bewahrung von Demokratie und Freiheit.
265 Seiten. AtV 7029

In der Freiheit bestehen
Ansprachen
Freiheit, so Schorlemmer, haben wir so viel, wie wir uns nehmen, Demokratie und Zukunft nur, sofern wir sie mitgestalten. Seine Kritik an Sozialabbau und zügelloser Ausbeutung der Natur ist ein Plädoyer für die Solidarität mit den Schwachen und die Bewahrung der Schöpfung. Er fragt nach äußeren wie inneren Bedingungen des Friedens, verweist auf den Mehrwert von Gerechtigkeit und läßt die Provokationen der Bergpredigt für uns produktiv werden.
271 Seiten. AtV 7045

Die Bibel für Eilige
Die Geschichten von Adam und Eva, Kain und Abel, von den Urvätern des Alten Testaments Noah oder Abraham, die Bücher der Propheten und die Berichte von Jesus und seinen Jüngern erzählen von den Wundern des Lebens und den Schrecken des Todes, von Liebe, Rache und Barmherzigkeit, von Schuld und Gnade – Themen, die auch unser Dasein beherrschen. »Eine unvergleichliche Einführung in die Bibel. Eilige, neugierige, kirchenenttäuschte und suchende Leser bekommen alles, was sie brauchen.« PUBLIK-FORUM
264 Seiten. AtV 1920

Mehr unter
www.aufbauverlagsgruppe.de
oder bei Ihrem Buchhändler

Rainer Böhme / Werner Bruns
Die Altersrevolution
Wie wir in Zukunft alt werden
250 Seiten. Gebunden
ISBN 978-3-351-02644-8

Die neuen Alten kommen

WG statt Altersheim, zurück an die Uni, Sex im Alter: Die jetzt in Rente gehende Generation wird die Kultur des Alterns radikal verändern. Das Buch zeigt konkrete Lebensmodelle älterer Menschen in den nächsten Jahren – fundiert, geistreich, unterhaltsam und durchaus polemisch.
Deutschland muß sich darauf einstellen, daß die künftigen Rentner-Generationen sich nicht in Seniorenheime und Schrebergärten zurückziehen, daß sie weder sparsam noch angepaßt ihre letzten Lebensjahre verbringen. Vielmehr wird die zahlenmäßig starke, anspruchsvolle und protesterfahrene Gruppe der 68er sich noch einmal daran machen, einen ganzen Lebenszyklus umzugestalten. Es ist absehbar, daß sich die einstigen Rebellen der Wohlstandsgesellschaft auch dann noch an den Werten und Idealen ihrer Jugend orientieren werden, wenn sie im Ruhestand sind. Konkrete Beispiele zeigen, daß die Altersrevolution schon heute begonnen hat.

Mehr Informationen erhalten Sie unter
www.aufbauverlagsgruppe.de oder in Ihrer Buchhandlung

Regine Sylvester
Bis hierher. Und wie weiter?
Nachrichten aus einem Frauenleben
216 Seiten. Gebunden
ISBN 978-3-378-01090-1

Das Beste aus den besten Jahren

Ein Plädoyer für die reife Lust am Leben: Regine Sylvester resümiert die kleinen und großen Überraschungen im Leben einer Frau in den besten Jahren. Es gibt Zeiten, da zerreißt man ungünstige Fotos, bremst verwirrt vor Abenteuern, wird vergeßlicher. Aber was kommt, wenn die Neugier nicht aufhört und die Zeit zu rennen beginnt? Regine Sylvester erzählt auf kluge und amüsante Weise von der Freiheit einer Frau, die niemandem mehr etwas beweisen muß und gelassener werden kann. Sie berichtet von der Schönheit haltbarer Jugendfreundschaften, von der Erfahrung mit guten Vorsätzen und moderner Technik, von der Irritation, wenn sich das eigene Kind verliebt. Selbstironisch, intelligent und mit viel subtilem Sprachwitz ermutigt das Buch zu uneingeschränkter Lebenslust in jedem Alter.

Mehr Informationen erhalten Sie unter
www.aufbauverlagsgruppe.de oder in Ihrer Buchhandlung

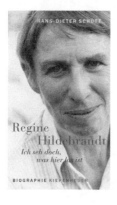

Hans-Dieter Schütt
Regine Hildebrandt
Ich seh doch was hier los ist
Biographie
342 Seiten. Gebunden
ISBN 3-378-01077-0

Die erste umfassende Biographie

Basierend auf unveröffentlichtem Material aus dem Familienarchiv und Gesprächen u. a. mit Günter Grass, Matthias Platzeck, Gerhard Schröder, Manfred Stolpe und Richard von Weizsäcker.
Regine Hildebrandt war nach der Wende die beliebteste Politikerin Ostdeutschlands. Wortgewaltig setzte sie sich als Anwältin der kleinen Leute ein – oft eigenwillig und umstritten. 2001 starb Regine Hildebrandt. Hans-Dieter Schütt geht Fragen nach, die uns ihr Lebensweg aufgibt: Was trieb sie, die von sich behauptete, unpolitisch zu sein, in die Politik? Woher nahm sie die Energie, zu jeder Zeit für alle dazusein? Die Biographie ist auch ein Bekenntnis zu jenen ungeschminkten Wahrheiten, für die Regine Hildebrandt stand.

»Sie war ein Original im eigentlichen Sinne des Wortes: einmalig und unverwechselbar!« NORBERT BLÜM

Mehr Informationen erhalten Sie unter
www.aufbau-verlagsgruppe.de oder in Ihrer Buchhandlung

Landolf Scherzer
Der Grenz-Gänger
394 Seiten. Gebunden
ISBN 978-3-351-02603-5
Als Taschenbuch: AtV 7059

Brisante Reportagen aus dem Grenzgebiet

Jedes seiner Bücher ist ein Abenteuer, diesmal aus dem grünen Herzen Deutschlands: Seit Oktober 2004 wanderte Landolf Scherzer jeden Monat eine Etappe auf dem ehemaligen innerdeutschen Grenzstreifen, insgesamt mehr als 440 km. Zwischen Thüringen und Bayern entstand so eine Langzeitbeobachtung aus dem einstigen Grenzland. Auch 15 Jahre nach der Wende müssen die Bewohner sehen, wie sie ohne Zonenrandförderung oder sozialistische Vollbeschäftigung zurechtkommen. Denn so herrlich die Natur grünt, so bitter sind die Lebensbedingungen in der Region: hohe Arbeitslosigkeit, Abwanderung der Jungen, Schließung sozialer Einrichtungen. Es gibt etliche Verlierer- und einige Gewinnerbiographien, viele Vorurteile zwischen Ostlern und Westlern und vielversprechende Annäherungen. Daß auch dieses Abenteuer beschwerlich, aber wichtig ist, belegen die Diskussionen, die Scherzers Reise bereits ausgelöst hat.

Außerdem lieferbar:
Der Erste. AtV 1241
Fänger & Gefangene. AtV 1470
Die Fremden. AtV 8115
Der Letzte. AtV 1827
Der Zweite. AtV 1597

Mehr Informationen erhalten Sie unter
www.aufbauverlagsgruppe.de oder in Ihrer Buchhandlung